比　較　主　義

張　亞　澐　著

學歷：國立臺灣大學經濟系畢業
國立政治大學政治研究所碩士
現職：國立政治大學三民主義研究所教授

三　民　書　局印　行

國家圖書館出版品預行編目資料

比較主義／張亞澐著.－－初版二刷.－－臺北市；三民，2002

面；　公分

ISBN 957-14-0218-4　(平裝)

572

網路書店位址　http://www.sanmin.com.tw

© 比　較　主　義

著作人　張亞澐
發行人　劉振強
著作財產權人　三民書局股份有限公司
臺北市復興北路三八六號
發行所　三民書局股份有限公司
地址／臺北市復興北路三八六號
電話／二五〇〇六六〇〇
郵撥／〇〇〇九九九八——五號
印刷所　三民書局股份有限公司
門市部　復北店／臺北市復興北路三八六號
重南店／臺北市重慶南路一段六十一號
初版一刷　西元一九七八年二月
初版二刷　西元二〇〇二年十月
編　號　S 57029
基本定價　肆元陸角
行政院新聞局登記證局版臺業字第〇二〇〇號

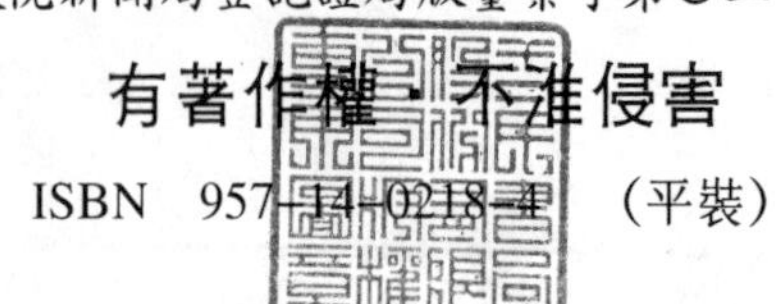

ISBN　957-14-0218-4　(平裝)

浦　序

本書主旨，係在介紹與評估現代思想中之三道主要潮流，而後加以綜合結論。因為探本窮源，指陳同異，搜索真理，尋求解決，故研究所及，言時空則包括古今中外，言科目則牽連歷史哲學：此其中之苦心孤詣與慘淡經營，不難想像。著者固深自謙遜，但讀者定能領會特點和發現貢獻。

其一，本書名實相符。書名「比較主義」，而前後各章，舉凡有關理論之出入與起伏，以及歷史演化之條件與過程，無不鈎元提要，明白羅列，高下重輕，衡量對照，極盡比較之能事。此可以詳陳民族主義之「爭論所在」（頁三六至四一），及評述西方的民主主義（頁一六五至一六八）為例。關於現代主要思潮中之種切理論，書籍繁多，佳作不少，但欲求其包羅豐富，比較詳盡，類似張教授此著者，實屬罕見。

其二，本書深入淺出。著者自序有云，目的所在，乃是闡釋思想，求能易解而普及。吾人如細究其實，則全篇行文落筆，固淺顯生動，激發興趣，而著者對於每一理論，每一史實，每一比較，每一判斷，均經長期思考，反覆推敲。此蓋發揮深入淺出之功用。試讀「民生問題之由來」一段（頁一七二至一七三），當可體味。其中又曾指出：廣義的民生問題自人類開始即有，而狹義的民生問題，則在工業革命以後發生。即此一項認識，似易而實難，似淺而實深。

其三，本書融會貫通。本書詳論「民族」、「政治」與「民生」三大問題之形形色色各種主義，或係大同小異，或係矛盾牴牾，在分章中各有其個別結論，在卷終中復有其綜合結論。以愚觀之，每一結論總是顧及理論事實，衡量輕重高低，以及針對時代需要：稱之為融會貫通，自甚適當。著者敍述國父民權主義，分有「基本理想」、「制度設計」與「本質關聯」數段；試加體味，當能領略張亞澐教授之能融會貫通。綜合結論一章，於鳥瞰全局之餘，通盤籌劃，指陳一套人類應有之合理生活，亦卽一個實施三民主義之大同世界，自具其卓越見解。

愚對研究政治，素持五因素觀點。此卽謂任何政治事項，包括人物、觀念、制度、勢力與現象五項因素。欲加研究，宜一一分析認清，且宜明瞭五項因素之各自轉化與相互影響。正惟如此，任何政治事項，錯綜複雜，發生變化，既難洞悉，更難控制。此可以本書所論民主政治之「成長修正」為例（頁一四三至一四四）。張教授此著內容方法，實暗合愚之五因素觀點。人類欲求大同世界之實現，必須五項因素，方向相同而和諧合作。簡言之，此套合理「觀念」，必須先經各地各界領導「人物」加以接受而流行，同時憑藉種切「勢力」之支持，逐步納入法規「制度」，然後確切實施，成為事實「現象」此一目標，此種步驟，值得人類努力以赴。

逖生浦薛鳳序於臺北

民國六十七年一月二十八日

自序

我只是現代這個社會中的一個小人物，世界潮流中的一顆小水滴，雖然自幼便胸懷壯志，希望長大後能報效社會、國家和人類，多少能夠有些貢獻，但一輩子沒有認真地好好地唸過書，雖有幾分小聰明，但畢竟當不得大用，所以造成今日年近半百，而仍舊是志大才疏，一無所成的局面，說來也真是慚愧。

我愧對我的祖父、祖母、父親、母親和叔叔、嬸嬸，我是我祖母金太夫人心上最疼愛的孫子，我父親福雲公一輩子目不識丁，辛勤工作，是一個道地的中國農夫，她（他）們對我的期望都很深，總希望我能光宗耀祖，為她（他）們爭得一口氣，我的叔叔青永公待我也是恩重如山，他把我從湖南鄉下一個看牛的孩子帶了出來，將我造就成了一個大學教授。他愛我如同親生的兒子，而督責有加，也從未放鬆過。

我也愧對我的各位老師，在小學，最愛我的是鄭業瀛老師，他全家為日寇所屠戮，他當時才五十許人，却不再成家，他收我為他的義子，對我照顧無微不至。還有一位王德薰老師，他也是最愛我的人，對我的品德督導最多，他現在臺灣，身體十分健旺，是我妻子的義父。我中學的老師很多，每一位都對我愛護備至，使我尤其難忘的是我的母校湖南私立明德中學，它所給予我人格上的啓示可謂獨多，使我至今尤以「明德人」自居，且因以倍感光榮。在大學和研究所裏，我最難忘的是臺大的全漢昇老師和施建生老師，他們給我的鼓勵最多，有一次我問了施老師幾個有關經濟政策的問題，他說我雖不是一個很用功的學生，却是一個很有思想、很聰明的人，他的話不但警惕了我，也鼓勵了我，更增加了我的自信。我也永不會忘懷於王雲五（岫廬）老師、浦薛鳳（逖生）老師、薩孟武老師、鄒文海（景蘇）老師，和張金鑑（明誠）老師，他們給我都十分多，只怪我在臺大唸經濟，到政大研究所後，改行唸政治，基礎已經很差了，又一直未能改去懶惰的習性，所以每一位老師對我固然是愛護備至，傾囊相授，而我却有空入寶山之感。但我今日之能在大學中濫竽教席，謀得一枝之棲，還是得感激他們的栽培的，否則我真不知道我這一生會如何的墮落而不堪一顧。但愧對諸位老師，則是事實。尤其浦逖生老師和鄒景蘇老師，民國四十六年，我研究所畢業，成績實在很差，浦老師還是同意讓我在政大修博士，我知道他是一番愛護之情。甚至浦師母陸佩玉夫人待我和內子更有如子媳，照顧無微不至。後來，我的博士學位因故未能完成，我知道浦老師是如何的失望，但他從未責備過我，也就使我愧悔益深。鄒老師待我也極好，他後來以患癌症而不幸辭世，在他去世以前，他還諄諄叮嚀我要學着「適應社會」，他是瞭解我最深，也最為我操心的人。

我是一個至情至性的人，也是一個一根腸子通到底的人　當然，我也沒有徹底讓我的長輩們失望，因為我一輩子永葆天真和清白，我從沒有做個一件壞事，我不但不是社會的一個敗類，而且也不是一個壞人，甚至我也做了一面鏡子，讓別人從我的形象去看他自己，我也做了一支火炬，我曾照亮了許多的人。當然，假如我尚有些微成就，我得感謝這個世界，每一個人，尤其是我的親長和老師們。

我因為一輩子沒能認真地把書讀好，所以我不是一位學者，更從不敢以學者自居，所以也就從來沒有動過著書立說的念頭。因為著書立說，是千秋萬世的事業，我怎麼配？

但是我不能不承認我是一個有思想和有才華的人，否則我便是虛偽和自欺欺人，我相信假如我不教書，而能去從事政治的實際活動，我一定較目前略有成就，當然，也可能較目前更慘也說不定。

我可能是有思想的人，其意思也只是說，我比較一般的「白痴」略有獨立的思考能力和判斷能力而已，我之說我小有才華，其意思也只是說，略有小聰明而已，並非真有什麼了不得的突出之處。正因為我只有一點兒小聰明，又愛獨立地從事思考和判斷，所以也就難免有一些特立獨行的地方。我常常在人前自誇，我的全身上下，沒有一絲一毫不屬於一個人，我是一個徹頭徹尾的人，我是一個絕對真實存在着的一個人，這話是說，我不是神，不是鬼，不是禽獸，不是行屍走肉。就憑這一點，我想我雖無成就以光耀門楣，但我未使任何人因我而蒙受羞辱。

我之寫這一本書，只是一種嘗試，嚴格來說，其中固然也有許多我個人獨到的見解，但大多數却是拾人牙慧的結果。因為我不是一個一流的學者，我缺乏從事嚴謹的著作的能力和精神，事實上，我沒有能力，像我的老師們寫出那樣光耀千秋的學術著作，當然，我也就不作這種無謂的嘗試。

同時，我覺得在這個現代化的世界中，思想似乎比學術要更為重要，假如我們能在人類社會裏散播一些正確的思想種子，我們將可能有更美好的豐收。

我說過我只是一個有思想的人，我根本就不配稱為一個思想家，但是我也並不氣餒，古人說：「人皆可為堯舜」，又說：「彼何人也，予何人也，有為者亦若是」。我是沒有理由把自己看得一文也不值的。因此，我鼓起了我的勇氣編寫出了這一本「不成氣候」的書。

這本書的特色是將現代思想中的幾道主要潮流都用最簡明的筆法將它介紹了出來，對於它們的長短優劣，也作了相當客觀的評論。對於這個思想極度混亂，人類極度迷惘的現代社會而言，可能小有補偏救裨的作用。

這本書曾引證了許多學者專家的意見，包括我的老師薩孟武先生、浦薛鳳先生、鄒文海先生，以及我的朋友政大外交所教授研究非洲問題的專家楊逢泰先生。他們的著述，對我指導特多，也包括羅時實先生、趙蘭坪先生、劉道元先生和鄭學稼先生，羅先生是我國近年來研究民生主義最有成就的學者，我深以未能列在其門牆為憾，趙先生是我的老師，在臺大時，我上他的西洋經濟思想史一課，獲益良多，鄭先生亦是我的老師，在臺大時，我曾跟他研究過龐巴衛克(Eugen Von Böhm-Bawerk)和馬夏爾(Alfred Marshall)的經濟學理論，而他所翻譯的雷岱爾所著「社會主義思想史」尤為我案上每日必事精研的著作，使我受益極多。此外，吾師羅家倫先生的「新民族觀」和巴克著、王世憲譯的「民族性」一書，對我幫助也極多。我在此，特別謝謝各位老師以及其他的幾位先生。

這本書有一個很大的缺點，那便是沒有將各位先生所說的話一一詳細的註明出處，於是乃不免有剽竊之嫌，關於這一點　一開始就說過，這本書不是一本嚴謹的學術性著作，只是一本闡釋思想的書，學術著作講求的是嚴謹，思想的書着重的是這個思想的正確性，學術著作是給學者看的，思想的書則以社會大衆為其傳播對象。孔子的論語，孟軻的孟子，老子的道德經，盧梭的民約論，都非學術著作，所以也沒有一個註，但是它有它的價值。孔子非常自謙，他總說他是「祖述堯舜」，孟子則以「衞孔子，闢楊墨」自居，各有其需要，也各有其立場，我不敢妄擬自己於孔孟，但我却也有一份悲天憫人的心。這就是我編寫這一本書的目的。

這本書的書名，我將它定名為「比較主義」，其內容是就現代所流行的各種思想各種主義作普遍性的介紹，當然也採取了盡量客觀的態度來分別加以評估。我知道這不是一件容易的工作，因為嚴格地說，誰也無能從事這方面的創作，那是由於它包含得太廣的關係，才疏學淺如我者，而作此嘗試，是不應該的，因為我太不自量力了，但我仍然作了這個嘗試，一方面希望拋磚引玉，能因此而激發學者之力鑄新章，一方面則希望能得到海內外諸賢達諸君子的海諒、同情與指正。我是十分誠懇的。

本書之作，我得感謝很多人，包括我的親長和我的老師、我的朋友。因為他們是我這一條思想之根出生的地方。

也得感謝我的內人蘇俊槐女士，她齊家有術，使我專心寫作，而無家室之憂，也得感謝我的三個孩子，他們不但給我寧靜的環境，還給我熱愛，他們稱我為世界上最偉大的爸爸，使我心情愉悅，滿懷信心。

我要把這一本書獻給世界上每一個有愛心的人，包括我的祖父、祖母、父親、母親、叔叔、嬸嬸，以及每一位曾給我教育的老師。

尤其是我的祖母和我的父親，她（他）們雖然是一字不識的鄉下人，但他們有了我這樣一個明理的子孫，但願她（他）們在九泉之下，能夠有知，能夠含笑瞑目。

也以此書獻給世界上一切愛好自由民主生活方式的人，願我們團結起來，為一個目標而奮鬪。

中華民國六十六年十二月七日

張亞澐謹識於國立政治大學三民主義研究所

比較主義 目次

第一章 緒論

第二章 民族問題及其解決之途徑

第三章 政治問題及其解決之途徑

第四章　民生問題及其解決之途徑

第五章　結　論

附　錄

第一章 緒論

第一節 古代到近代的「平衡」原理

國父在民報發刊詞上有一段話，牽涉到現代的思想潮流，他說：

「予維歐美之進化，凡以三大主義：曰民族、曰民權、曰民生，羅馬之亡，民族主義興，而歐洲各國以獨立。洎自帝其國，威行專制，在下者不堪其苦，則民權主義起。十八世紀之末，十九世紀之初，專制仆而立憲政體殖焉。世界開化，人智益蒸，物質發舒，百年銳於千載，經濟問題，繼政治問題之後，則民生主義躍躍然動，二十世紀不得不爲民生主義之擅場時代也。」

這是一個事實！這個事實對人類的命運來說，產生了無比鉅大的震撼，人類自此步入一個新的時代之中。而自從這個新的時代來臨以後，人類的問題可說愈來愈多，也愈來愈嚴重了。換言之，人類曾經懵懵懂懂地在人類歷史中過了不知若干日子，而現在則忽然間進入了另一個新的階段，必須要過新的生活。

在過去，人類無所謂「民族問題」，部族與部族之間、國家與國家之間，並非沒有糾紛爭執，也常常有着你死我活的戰爭，但問題似乎並不嚴重，只是一個簡單的政治領袖間的意氣之爭，或者祇是一個爭奪生存空間之爭，或者祇是一個較量武力的互爭雄長之爭，戰爭過去，也就算了，談不上壓迫被壓迫，也談不上自求解放和解脫，甚至於仇恨也不會延續很久，祇要有足够的時間，一切都會淡忘的，甚至彼此還會終於成爲一家人。就我們中國的歷史而言，春秋戰國時代，華夏諸侯受到來自四面八方的野蠻部族——所謂東夷、西戎、南蠻、北狄——的侵逼壓迫，於是乎有魯國的季文子說：「非我族類，其心必異。」也有齊桓管仲的尊王攘夷的事業，結果如何？蠻夷之邦並非眞的被消滅了，最後却被同化在華夏之中，說起同化，究竟是誰同化誰，似乎也非絕對重要，戰國之世，趙武靈王胡服騎射，難道就不是被異族同化嗎？高文化征服低文化，是很正常的現象，誰也會同意，誰也不會抱怨的。到了魏晉南北朝之世，五胡亂華，中國北部諸野蠻部族——匈奴、鮮卑、羯、氐、羌——相率入侵中國，晉室衣冠南渡，它們則盤據中原一百數十年，彼此之間也曾有過大規模的屠戮，柳詒徵著中國文化史一書，曾敍及其事之原委，他說：

「異族之禍，以永嘉末年爲最甚。石勒劉曜等所殺晉人不下數十萬人，其被驅掠轉徙者尙不可勝計，其後冉閔之殺胡羯，數亦相等。

「四十年間，胡漢相殺，若循環然。事亦慘矣。而石虎苻生等，殺人尤極殘酷，無復人理，自晉以降之史策，殆血史耳。」

但是彼此屠殺固然是彼此屠殺，在另一方，則又有和諧的一面，此亦誠如柳詒徵之所云乎者，他說：

「然自文化一方觀之，則諸族之布在中夏，亦多同化於中國之文教，就其大者言之，約有數端，㈠則諸族酋豪，多躬染中國之文學也。㈡則諸酋立國，亦多倣中國之教學也。㈢則諸國政事，亦多倣中國之法意也。」

異族固然同化於華夏，也帶來了外來的文化，使中國也同樣蒙受其利益，柳詒徵說：

「諸族之興，亦非僅同化於中夏也，其輸入印度文化，亦有力焉。漢季佛教東來，初未普及，三國晧，孫權孫皓，皆致疑於佛敎，崇信未深，至石勒苻堅姚興等，始敬禮佛圖澄，鳩摩羅什，而譯學始興，演說亦盛，州郡化之，事佛者遂十室而九。」

佛敎思想後來在我國學術思想界居於極重要之地位，不能說胡人沒有功勞。

文化如此交流，血統也愈趨複雜，等到文化混同了，血統合一了，一切的爭執也就過去了。一切的仇恨也就煙消雲散了。

但是到了現代，這情形似乎不同了，中國民族成長的軌迹，以及中國民族與其他民族相處的關係似乎並不能應用到現代的民族上來，沒有一個民族不希望建立其自己的民族國家，更沒有一個民族願受其他民族所統治所同化，卽使它是一個尚停留在野蠻階段毫無現代文明的部族，它也希望有一個屬於它自己的國家。

民族與民族之間必須平等，固然是一個好現象，但問題却也更困難，却也更複雜了，這便是現代，現代與古代不同，旣然是現代，生活便當現代化。如何現代化，爭執愈多了，是一個令人感覺到必須正面對着它而且予以用心深思的問題。

其次，就政治問題而言，在古代，人們也一直活得很好，雖然有些思想家在提出不同的意見，似乎是一種「挑撥」，他們希望人類有更好的政治制度，在西方，柏拉圖（Plato）寫出了他的「理想國（The Republic)」，提出了許多新的名詞，也建議了許多新的觀念。在我國，孔子甚至還提出了禪讓政治的「現象」，認爲在上古之世，人類就是掌握着自己的命運和國家的主權的，也有投票的制度，只不過不是用手去投票，而是用脚去投票罷了。這段話，必須加以進一步的闡釋，它是絕對有根據的。且看孟子萬章篇上的這一段師生問答：

「萬章曰：『堯以天下與舜，有諸？』

孟子曰：『否，天子不能以天下與人。』

（萬章）曰：『然則舜有天下也，孰與之？』

（孟子）曰：『天與之。』

（萬章）曰：『天與之者，諄諄然命之乎？』

（孟子）曰：『否，天不言，以行與事示之而已矣。』

（萬章）曰：『以行與事示之者，如之何？』

（孟子）曰：『天子能薦人於天，不能使天與之天下，……昔者堯薦舜於天，而天受之，暴之於民，而民受之。故曰：天不言，以行與事示之而已矣。』」

照這個說法，舜之繼承堯而爲帝，並不是私相授受，而是公開選擧的結果，堯所做的工作是「提名候選人」，而人民才是選民。至於說爲什麼又是用脚投票呢？只因爲堯提名了舜以後，舜自謙以德薄能鮮，走開了政府，而人民却不肯放過他，追隨而去，舜之做皇帝，嚴格說來，是在全國人民共同追隨共同請求共同擁戴而後出任的。

這種政治制度好不好？當然好！雖然歷史上可能根本便沒有這一個事實，但是卽使是一個理想，一個夢，也是够可愛的。但很可悲，這畢竟是一個理想，是一個美夢，不過也沒有關係，因爲這個理想和這個美夢，從來便沒有人認眞地考究過，理想歸理想，美夢歸美夢，現實仍舊是現實。

現實的政治，是一個或多個高高在上的統治者，他們被稱做君王或寡頭，一羣的特權階級和統治工具，他們被稱爲貴族和官僚，然後有絕大多數的人在被統治着，被奴役着，被壓迫着，他們被稱爲庶民，被稱爲奴隸僕役。

在這種政治制度下，只要居上位者不要做得太不像話，居下位者是能够忍受的。彼此能相安無事，各遂其生，各得其所。

就中國的歷史而言，固然有過不少的改朝換代，但改朝換代的原因似乎與「暴政」沒有必然的關係，那都是野心家想做皇帝的結果，我們說，秦始皇行了暴政，應該推翻，是一回事，但劉邦和項羽之起兵，究竟爲了什麼，我們敢於肯定地說，只是爲了「大丈夫固當如是也」，只是爲了「彼可取而代之」。隋煬帝也被歷史批判爲暴君，但李淵和李世民之代起，也絕不是爲了反抗暴政。他們只不過是天下羣「豪」中的成功者罷了，他們未被稱爲「流寇」，只因爲他們不是失敗者。

就西方的歷史言，「君權神授說」一直十分流行，在十七世紀的時候，英王詹姆士一世（James I）竟然敢於大言不慚的說，暴君也是上帝所差遣來的，其目的在懲罰人民，因爲人民是有罪的，人民當然不可反抗，那就更不談革命了。英國人後來終於有了革命，其由來爲何？這得歸功於密爾頓（John Milton），他生於一六〇八年，歿於一六七四年，在他六十六年的有限生涯中，他寫下了許多著作，也肯定了許多觀念。他是一個反抗暴君暴政的先驅，他說：

「至於處君於死及變更政體………假若你堅決求知『根據何項權利？根據何項法律？』，則予卽答覆：根據上帝與自然所訂立之法，卽舉凡任何事件，茍其爲整個國家之普遍福利，卽因是理由而成爲合法與公正。」

密爾頓甚至爲暴君下了一個定義，他說：

「凡既不顧法律，又不顧公衆福利而祇爲自身與私黨者，無論其得位之爲合法與否，是一暴君。」

有了密爾頓，然後才有英國的光榮革命，然後才有洛克(John Locke)，然後才有盧梭(Jean Jacques Rousseau)，然後才有美國的獨立戰爭，然後才有法國的大革命，然後才有今日這現代化的世界。歐洲是如此現代化的，也如此的現代化了，我們中國當然也不能例外，也非現代化不可。

現代化的結果，人性有了覺醒，人類有了人權，人們所要求的是事事要由自己作主，否則便無法忍受，但是自己作主又如何？甚至連自己也會感到絕對滿意嗎？不滿意又如何？關於這個問題，人類究竟應該向前走，還是向回走？也是一個值得人們認眞思索的問題。

再其次，人類從來也沒有過嚴重的民生問題或社會問題。人類的社會與非洲草原上的動物社會在基本上並無任何差異。在非洲的草原上，長着一望無涯的野草，欣欣向榮，一年又一年地，春去秋來，春風吹綠了青草，秋風又把青草變黃。草原上奔馳着無數的羚羊、斑馬和小鹿，牠們以青草爲食糧，牠們像除草機一樣，到時候便把青草刈平了。草原上還生長着一大羣其他的野獸，包括獅子、野狼、花豹、老虎，牠們以羚羊、斑馬、小鹿爲食糧。這眞是一個美妙無比的世界，有了羚羊、斑馬和小鹿，青草不會長得比樹還要高，有了獅子、野狼、花豹和老虎，羚羊、斑馬和小鹿便不會繁殖得讓草原容納不下。這是上帝安排的嗎？無人敢加以肯定，但事實是如此，非洲的草原平衡了，「平衡」是一種良好而不可多得的現象。

就人類而言，在古代，甚至一直到現代出現以前，人類的社會也是這般模樣。就生活的條件來說，就生存的資源來說，有的人非常富有，有的人極度貧窮。富有者田連阡陌，貧窮者地無立錐，富有者「朱門酒肉臭」，貧窮者「路有餓死骨」，難道說這不是社會問題嗎？難道說這不是民生問題嗎？當然是的，但却從來便沒有抱怨，無論是富者，抑或是貧者，大家都同意一句話，那便是：「富人享福，窮人受罪，是天經地義的事！」富人享福，毫無愧怍，窮人受罪，絕不怨尤，若是富人肯同情窮人，分他一杯羹，「賞賜」他一口殘湯剩飯，窮人便感激得不得了，因爲在他們的觀念裏，他們是確實認爲「死生由命，富貴在天」，這是「上天」的安排，任誰也拗不過「天」的。他們並不嫉妬，只是羨慕，他們便從來也不曾想到要把那些富人打倒。

到了眞是活不下去的時候，天災人禍一定會來到的，於是他們獲得解脫了，或者出外乞食，流落他方，或者挺而走險，埋骨異地。所謂「人」，本來就是這麼一回事，生不帶來，死不帶去，何必多所煩惱？

尤其是生而爲一個我們這樣子的中國人，當我們將中國的歷史翻開來仔細一看，我國歷來的社會問題和民生問題，又有那一次不是依賴着天災——水、旱、蟲災——和人禍——流寇及改朝換代——來解決的。這幾乎成了一個自然的定律！當我們與非洲草原上的動物社會相比較時，我們幾乎無從發現其中的差別。

當然，在歐洲以及其他的地方也總是一樣。

但是，到了現代，不同了，大大的不同了，人類已不像過去那樣的樂天知命，人類不但盡力要求自己，督促自己，使自己有更好的生活條件，有更多的生存資源，而且還兩眼瞪着別人。當自己貧窮，無力維生的時候，他並不責怪自己，他將責任推給了別人，當自己富有，有力揮霍的時候，他要努力檢束，因爲這是社會所給予他的。窮人有活下去的權利，甚至想過與富人相同的生活　他要求社會給他更多也更大的支援，否則他便會讓社會產生困難和阻滯。他絕不甘心被宇宙的自然律所支配，他反對非洲草原上的平衡。就這樣子，人類可能有了某一方面的進步，但就這樣子，人類也產生了更多的問題，人與人之間的關係更尖銳了，更對立了，如何使它能更調和些，不是一件易事。這可以說是一種「現代病」，古代已離去得很遙遠了，現代早已踏着沉重的脚步，一步一個脚印地來臨，處在現代中，我們究骸如何？豈不又是如前述的兩個問題一樣，深深的值得我們去窮加思索？

第二節　現代的來臨與問題之叢生

現在我們要進一步討論一下所謂現代的問題。現在的學術界、知識界和思想界都在討論所謂「現代化」的問題「現代化」是什麼？用英文來解釋，最簡單，那就是 Modernization，一般學者的看法，所謂 Modernization，便是 Westernization（西化），這個說法，我個人不甚贊成，現代化固然與西方有關，但二者並不相等。

何謂「現代」？嚴格來說，沒有一定的界說，也從無人敢予獨斷地給予一個定義而能爲所有的人所共同同意。

我一生最欽佩崇拜的老師之一浦逖生（薛鳳）先生，他是我國近年來在政治學術上最有成就也最有卓越貢獻的一位名學者，他在西洋政治思想方面的研究，在國內，堪稱獨步。他寫了兩本有關西洋政治思想的書，一本是「西洋近代政治思潮」，一本是「現代西洋政治思潮」。這兩本書是今日我國研究政治的學者之所必讀的書籍，而所受到的推崇讚譽亦最多。他在第一本書中，將盧梭的思想當作近代西洋政治思潮之開始，至於密爾頓、霍布斯（Thomas Hobbes）、斯賓諾莎（Bruch Spinoza）以及洛克和孟德斯鳩(Charles Louis de Secondat, Baron de Montesquieu）等諸人者，都被稱之爲「近代的初期」。他的這一本書寫到邊沁（Jeremy Bentham）、哲姆斯彌勒(James Mill)及約翰彌勒(John Stuart Mill)父子爲止，論年代應是起於西元一七一二年（盧梭生），而迄於西元一八七三年（約翰彌勒死）。他在第二本書中討論的現代政治思想，已不復提及盧梭，而是以近百年爲範圍爲對象。他說：「由於當前世界局勢危急，人心普遍緊張，今日有關政治、社會以及人生之現實思想主流，無疑是懷疑混亂，徬徨悲觀。較之一百年前實證主義所代表之自信、樂觀、進步與自由，恰成一個強烈的反比。」他並且引述譚寧(Dunning)的話說：「迨十九世紀之中段，關於社會本身以及社會一切制度之變化、發展，以及成長此項觀念，蓋早已深染在社會科學之中。更有進者，思想家對於事物推移之方向，幾乎一致認爲趨於進步，卽各種論點依據，儘可不同，但總認爲朝着一個比舊境界更好的新境界。」是則就吾師浦逖生先生之意見而言，則十八世紀初葉至十九世紀中葉爲「近代」，而十九世紀至廿世紀之今日則爲「現代」。這個意見，不論別人是否同意，至少是值得重視的。尤其自我們中國人的立場而言，這個意見也就特別值得我們重視。一八四〇年，我國與英國發生了中英鴉片戰爭，一八四二年，我們和英國訂立了一個喪權辱國的中英南京條約，自此以後，我們的門戶大開，旣不能閉關自守，也不能故步自封，更不能以天朝上國自居，我們雖然曾經有過不少光輝燦爛和顯赫不可一世的黃金時代，但是那一切似乎都已隨風飄逝。從十九世紀中葉而後，我們已變換了一個人，我們不再生活在「古代」之中，我們已實實在在地踏入了「現代」的社會。

就人類歷史的發展來看，吾師逖生先生的意見也極有價值。從近代初期而到達近代，也確實是人類歷史中一個極爲重要的階段。人類自從有了密爾頓，人類的歷史就開始有了變化，密爾頓生於一六〇八年，歿於一六七四年，他的著作主要都發表在十七世紀的中葉以後，從密爾頓而霍布斯、而斯賓諾莎、而洛克、而孟德斯鳩、而盧梭、而亞當斯(John Adams)、而哈美爾頓(Alexander Hamilton)、而柏克

(Edmund Burke)、而梅斯特(Joseph de Maistre)、而波那爾(Louis Gabriel Ambroise de Bonald)、而邊沁、而彌勒父子，這一個「近代」，出現了多少偉大的思想家，其思想之波瀾，是何其壯濶？

密爾頓的話，我們前面已經引述過了。我們不妨再看看其他的人的一些意見：

霍布斯是君主國的竭誠擁護者，他倡導主權在君的主張，但他也同樣的認爲「凡欲統治一個族國者，必先了解……人類。」

洛克被稱爲英國光榮革命之代表，在他的著作「政府論二篇」中，雖未有明白鼓吹革命之字眼，但他却顯然向其讀者暗示，如遇暴君而行暴政，人民卽可「訴之於天(Appeal to heaven)」。

孟德斯鳩是三權分立學說的創造者，他堅持「人性有權必濫」的信念，所以他提議政府要分權，而權力與權力之間還要抵制與平衡(Checks and balance)。他的設想在今日雖頗受學者批評，但在當時而言，却無人不頌揚他的貢獻。

盧梭更不用說了，他那人民主權的學說，他那主權不可出讓、民意不能代表、社會契約、直接民權等意見，他那「人本生而自由！」的呼聲，是多麼的動聽，是多麼的有力量，是多麼的引人入勝！

也不是沒有反調，且聽美國革命家亞當斯的話，他說：「假使整個政府的權力必須集置於一個集團之中，則集置於少數人之手中(亦卽貴族政體)，較諸集置於多數人之手中(卽民主政體)，實更爲穩妥而久長。此一結論恐係普遍而眞確者。」當然，我們在此，必須解釋一下，他的所謂「貴族」是自然的，而不是人爲的或世襲的。

當然，哈美爾頓也是一個國家主義者，他是主張中央集權的，在他的心目中，國家的統一和富強遠比個人的自由和民主爲重要。

英國的柏克，在思想界來說，可謂一大怪物，在他少壯的時代，他思想急進，到了中年，他熱烈支持自由主義，到了壯年，他反對他的國家，同情美國和印度的獨立運動，到了老年，他變得反動，他竟然抨擊法國的革命。

法國的梅斯特也是一個「反動者」，他反對革命，尤其反對革命的哲學，他將之比作偶像，他說：「最初不過由大罪犯私自鑄造，其後則竟流行於誠實人民之手，後者雖傳播罪惡而絕不自知。」

另一位法國的思想家波那爾與梅斯特可謂一丘之貉，他呵斥盧梭，他說：「予攻擊社約論，……蓋因其前後一貫爲個人而犧牲社會，爲意見而犧牲歷史，爲日內瓦而犧牲全世界。」他醜詆孟德斯鳩，他認爲「法意」一書，祇「講實然之精神而不講應然之原理。」

至於英國的思想家邊沁，世人皆知他是功利主義（Utilitarianism）又稱邊沁主義（Benthamism）的大師，他與彌勒父子合稱功利主義之三大領袖。他們強調快樂，但所重的是全體的快樂而不是個人的私樂。所追求的是「最多數人之最大量樂」。

就政治思想而言，所謂近代，其波瀾已是如此壯濶，就民族思想、就社會思想、就民生思想而言，又何嘗不然？

但近代畢竟隨着大江東去而永不回頭了，至於其思想之餘波盪漾，則是必然而無可避免的。

如果我們說人類在近代以前的古代是安謐的、是寧靜的，那我們便要問一句：「平湖如鏡本無波，是誰吹得千層縐？」是近代的思想家，不管他是站在正面，還是站在反面，不管他是主張向前踏進，還是主張向後退回，他都有着責任。

現在我們已不必再追究這個責任究竟在誰了，我們要面對的是擺在我們前面的現代。

因爲現代的問題已經更爲嚴重了，而各種各派的思想也更爲複雜了。讓我們先把這幾個主要的問題提出來：

第一個問題，是民族的問題。包括在現代化社會之中，民族究竟應有如何的一個地位？不同民族之間，其關係又應如何安排處理，始謂適宜？甚至於就其將來之發展而言，又應有如何一個方向？

第二個問題，是政治問題。包括主權究竟該屬於誰？它又應如何掌握行使？採取怎樣的統治方式？甚至國家、政府、法律究竟有否存在的必要和價值。

第三個問題，是民生的問題，也是社會的問題。求富是一個主要目標嗎？如何方足以致富？求均是一個目標嗎？又如何而後可以得均？還有幸福的追求，快樂的得到，又有什麼辦法可以抵於斯境？

這些都是問題，都有待於迅速的解決。現代的思想家所提出的方案太多了，而每一個思想家也無不對自己所提出的方案充滿了信心，是否條條大路通羅馬呢？可不一定，有些路看來寬敞康莊，其實却是死胡同，有些道路一直不爲大衆所重視，可能却是唯一的通路。

我們今天要對現代的各種主義作深入的比較研究，其目的就在找出我們應走的路。人類歷史或將永無止境，但我們個人的生命却只有短短的百數十寒暑，不爲我們自己着想，也得爲人類的前途着想，我們是要好好地尋找這一條唯一之路的。

第二章　民族問題及其解決之途徑

第一節　概　說

一、「民族（Nation）」之定義

何謂民族？根據繆爾（R. Muir）的定義，是如此的：

「一個民族（Nation）可暫定爲一羣人民自己覺得由於某種吸引力量而自然地密切團結，而且此種吸引力量異常堅強眞實，使得他們共同生活則快樂，拆散分離則憤懣，遭受異族統治則不能忍受。」

根據胡耐安教授的看法，他說：

「民族構成的要素：便是人類與自然，人與人，人與『超自然關係』（文化因素）的綜合。因此，廣義的說，一個民族，常是超種族的；一個民族所包涵的種族，就常常不只一個。至於狹義的說法，那僅指血緣關係的「氏族」（Clan）；而且，卽令是一個人口不太多的「部族」（Tribe），也常常是包涵有兩個以上的氏族所組合。所以，我們通常所說的民族，大都並非單指純血緣的氏族。」

胡教授又說：

「凡屬棲息生存於某一國家的領土之內就被稱做某一國家的國民（胡先生將之與英文的 Nationality 同其含義），也就成爲某一個國家的『民族』。」

繆爾教授的說法和胡耐安教授的說法似乎便略有不同。繆爾教授所着重的似乎是一種「認同的心

理」狀態。而胡耐安教授所着重的便不一了。他所強調的是說民族和種族不同，不能僅從血緣關係去看，而更重要的，一個民族之所以成爲一個民族，似乎與兩點相關，一點是必須有一羣人，而這一羣人又有一個特定的生存環境，並有其獨特的文化因素，這樣就可稱爲一個民族了。另外一點則是說，只要是一羣人，當他們生活在一個國家之中的時候，他們便是一個民族了。嚴格來說，胡教授的這兩種不同的說法仍然是有所差異的。其前者所強調的是自然的力量，後者所強調的是人爲的力量（因爲國家的領土是牽涉有政治力和武力保護的問題）。

國父孫中山先生則說：「民族是王道自然力結合而成的團體。」他又說：「國家是武力造成的。」這個說法便和胡耐安教授的觀點不盡相同了。

此外，加納教授（Prof. James Wilford Garner）在其所著「政治學與政府（Political Science and Government）」一書之中，也曾試圖予以一個適當的定義，他說：

「民族（Nation）這個名詞，在許多學者的看法，是指一個政治組織而言的。換言之，民族不單是一個文化和精神聯合的團體，而且還是一個有政治組織的團體。」

加納教授並且引證蒲萊士（James Bryce）的意見來說明民族（Nation）和宗族（Nationality）的不同，蒲萊士說：

「一個宗族是一羣人民，由幾種關係聯合在一起。例如語言、文字、思想、風俗習慣，由此發生一種團結的關係，而和其他由同樣關係聯合在一起的人民不同。一個民族是一個宗族所組成的一個獨立的政治團體，或是要求獨立的政治團體。」

對於民族主義（Nationalism）之研究有所卓越成就的學者海斯（C. J. H. Hayes）則如此說：

「一個宗族（Nationality），由於得到政治統一和主權獨立，遂成爲一個民族（Nation），或卽建立一個民族國家（National State）。」

就加納、蒲萊士以及海斯的看法而言，民族都是具有政治性的，事實上，這裏面有個問題需要特別加以澄清，那便是英語中的「納遜（Nation）」，究竟應該譯成「民族」呢？還是應該譯成「國族」或「國家」的問題，同時「納遜納裏梯（Nationality）」這個英文字眼，究竟是應該譯成「民族」呢，還是應該譯成「宗族」的問題。就事言事，「納遜」以譯「國族」爲是，「納遜納裏梯」以譯「民族」爲是。但是就我國之學術界及一般之習慣而言，則「納遜」便譯爲「民族」，而「納遜納裏梯」便譯爲「宗族」。像我們的 國父便將「納遜」譯爲「民族」，像吾友政大外交研究所教授楊逢泰先生，他是目前國內研究非洲問題的名學者，他曾寫了一本書，名爲「民族自決的理論與實際」，他也將「納遜」譯爲「民族」，因爲我的老師浦逖生先生是將「納遜」譯爲「國族」，有時候又譯爲「族國」，而我的意見也與逖生先生相同，所以我便跟他（楊教授）討論這個譯名，他說他與我也有同感，他之所以如此譯法，只是「從俗」而已。我覺得他這話很有道理，文字本來只是一種符號，不必有一定的不變的內涵，「相約成俗」，十分重要，譬如說， 國父所提倡的「民族主義」，如果要英譯的話，一定是 Nationalism，假如我們一定要將 Nation 譯成「國族」或「族國」，則 國父的「民族主義」豈不便非改名不可？改成「國族主義」，或「族國主義」，固然並無不可，但至少有不方便的可能，既然不方便，又何必改呢？那就相約成俗好了。至於「宗族」這個名詞，是 蔣總統在「中國之命運」這本書中提出來的，蔣總統在提這個名詞的時候，是說中華民族是由漢、滿、蒙、回、藏等各宗族聯合而成，他並沒有將它英譯爲 Nationality。嚴格說來，在學術界，第一個將「宗族」和「納遜納裏梯」聯結在一起的人，恐答案是：

「我屬於中華民族。」

我的學生有漢人、滿人、蒙古人、高山族，但他們都自承是中華民國國民，屬於中華民族。

我們可以很肯定地說，這是一個好現象，他們——這年輕的一代——不但愛國，而且事實上已融合而爲一個民族。

當年，美國的杜魯門總統曾經說過如此的一句話，他說：

「中國不是一個民族（China is not a nation.）。」

我們聽了，十分生氣，其實不必，當時的現象確實如此。中國是不是一個民族，重要的是要看我們自己，如果我們這一羣人不但有胡耐安教授所稱的那些條件，且有繆爾教授所稱的那種心理，甚至還有加納教授和蒲萊士以及海斯的看法，那我們便自然是一個民族了。別人如何說，不是重要的問題。

二、幾個需要確定一下的名詞

爲了閱讀本書的方便起見，有關於民族問題的一些名詞，我們不能不稍微從事一點努力，有些名詞其定義或內涵究竟如何，必須設定一個「庶乎近矣」的範圍。事實上，這是一件十分艱困的工作，因爲卽使對科學方法十分認眞的外國學者，甚至像威爾遜（W. Wilson）總統那樣有學養的偉大政治家，也常常將許多不同的名詞胡亂混用。

關於這個問題，吾師浦逖生先生固嘗慨乎言之：

「研究族國（民族）主義首先遭遇之困惑，當爲若干名詞之濫用與混淆。原夫任何名詞之使用，固本於習慣，難求一律；但此對通俗而言，自無所用其責難。在學術界而依樣畫葫蘆，任意使用，遂致以不同名詞，指同一事物，而同一事物，却用不同名詞，且同一名詞而具不同意義，亦卽指不同事物；此其混亂眞相，平添困擾，可以想像。玆姑以英文名詞爲例，明明是『國』際法，『國』際聯盟，或聯合『國』；但英文均爲“Nation”而不用“State”。明明所指者是『民族』，但或用“Nation”，或用“Nationality”，或用“People”。例如威爾遜總統所提『民族』自決原則，係用“People”以指民族（所謂“Self-determination of Peoples”）。」

本書爲了使這個問題不致產生太大的困惑，乃試着將若干有關的名詞予以特定的內涵，可能狂妄了一些，但也並非毫無根據，完全是擅作主張，隨意杜撰。

1.人羣（Peoples）　聚居在一定土地上的一羣人，便是「人羣」，這個「人羣」可能少至幾人、幾十人或幾百人，也可能多至幾億人。這個「人羣」可能是一個民族（Nation），也可能是一個宗族（Nationality），也可能是一個部族（Tribe），也可能是一個氏族（Clan），也可能是一個家族（Family）。也可能是幾個，或者許多個民族、宗族、部族、氏族、家族。這是一個最簡單的名詞。聚居在一起的這一個「人羣」，其人與人之間的關係可能很密切，也可能老死不相往來。

2.家族（Family）　這是一個純以血統爲歸的「人羣」，一個家長，許多子孫。它可以說是一個自然的社會單位。也可能有政治，家長就是領袖，北平西南房山縣周口店山上所發現的「山頂洞人」，他不但有妻，也有妾，也有子女，甚至還有一根代表家長威權的指揮棒。這個便是一個家族。

3.氏族（Clan）　合若干家族，便成爲一個氏族，這個氏族可能是幾個，也可能是幾十、幾百、幾千個家族組合而成的。它是家族的擴大。其特徵可能是有一個共同的祖先，而這個氏族也可能「源遠流長」，其源之遠，容或難以查考，都是可能的。

4.部族（Tribe）　合若干氏族而成，便是一個部族，在我國古代，甚至現代的非洲，有着許多落後的「人羣」，他們雖極度野蠻，缺乏文化，不足以稱爲文明，但却有此政治的組織，我們習稱之爲「部落」，這個「部落」恐怕就是今日國家的雛形，而部族也就極可能是各氏族武力對抗兼併的結果。

5.宗族（Nationality）　宗族不但是部族的擴大，而且已儼然有了它的性格和靈魂，它是部族進化而來的結果。羅斯（Holland Rose）曾有如下的一段話，他說：

「宗族（Nationality）是基於一種本能，很難確切予以定義。它是家族情感之發揚光大和尊敬崇拜……它是衆心的聯結，一經粘合，便不復能分開——它甚至是一項精神的概念，不能予以征服，不能加以破壞。一旦而衆部族、衆氏族、衆地區，而得到此種較大較深的熱烈心理，他們便形成爲一個民族（Nation）。」宗族是民族形成的前一步，也可以說是民族形成必須經過的階梯，事實上，它與民族也無太大差別，只是一階之隔，可能更只是毫髮之差。這就是爲什麽西方人常常將二者混淆使用的原因。

6.民族（Nation）　一個人羣而達到了民族的階段，其最大的特徵，便在要求更進一步的建立其自我的國家，也就是所謂「民族國家（Nation-state）」。

這種有關名詞界定的工作可能吃力而不討好，而個人才疏學淺，更非有能從事此種名詞界定之人物，無奈名詞界定有其必要，故作者個人實承乏爲之，若有不妥，還望學者先進不吝指教。

再者，今日人類誠不知有多少民族，而民族之成長形成，亦非有一共同之軌跡可循。就非洲之現代化而言，甚多國家之從其殖民主義帝國奴役下獲得解放而終於成爲一個現代國家，嚴格來說，完全是「躍進」的結果，它們可能本是一個部族，今則超越了宗族和民族的階段而逕成爲一個民族國家，這並非不可能，事實上也未造成任何重大悲劇，但是就我國民族之形成而言，便大大地不同了。且讓我們試着繪出一個成長的輪廓：

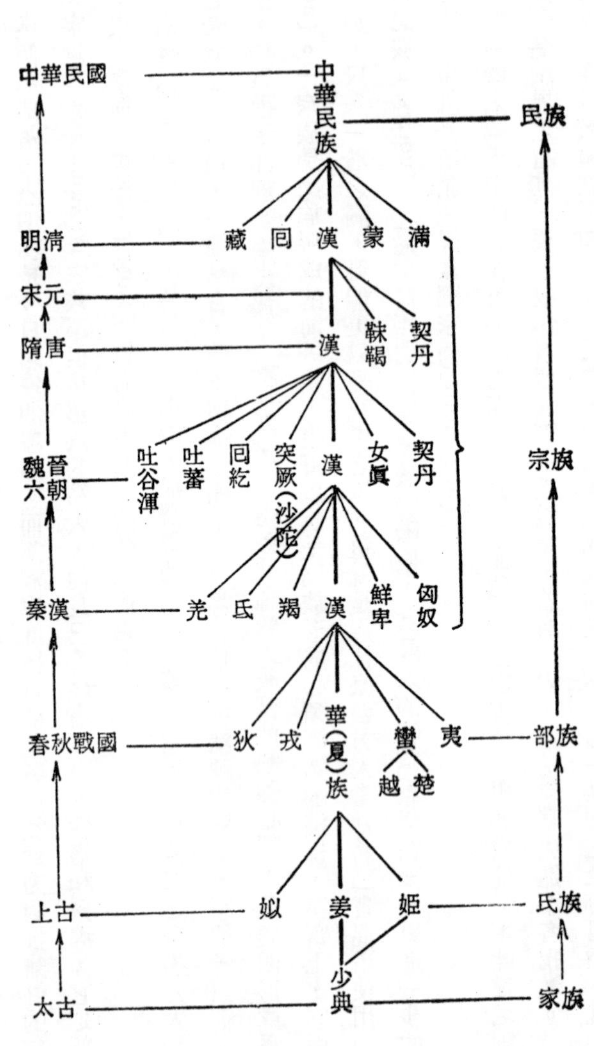

這個圖是根據趙鐵寒教授所著「中國通史」而畫出來的，欲知其詳，可參閱其書。

三、民族性與民族的構成

巴克（Ernest Barker）著「民族性」一書，他認爲每一民族均有其民族性（ationality）。所謂民族性者，他曾爲它下了一個定義，他說：

「民族性者，乃一民族社會在其種族、土地、人口之本質基礎上建立若干獲得之傾向。——思想之屋宇乃人類造成之，人類之精神可共同居處於此屋宇之中。」

伯克斯敦（C. R. Buxton）亦曾謂民族性乃是「人類文化之個別特徵」。每一民族，正猶如每一個人，各有其不同的個性。英國另一位學者蒲萊士對於當年的美國曾有這樣一段的話來表示他的看法，他：

「用今日流行的話語來說，北美十三州實在是由於一個共同的民族性，然後才長成爲一個民族，再由一個憲法，然後把民族發展成爲一個國家的。」

是可見「民族性」的重要，民族性可以說是構成一個民族的基礎，但是民族性是怎樣來的？巴克在他那本「民族性」的書中，曾詳舉了物質的因素和精神的因素。

所謂物質的因素，包括：

1. 遺傳因素——種族，當然是指血統
2. 地理因素——土地氣候
3. 經濟因素——人口職業

所謂精神的因素，包括：

1. 民族精神之發展及其影響
2. 政治因素——法律與政府

3. 宗教因素及教會之影響

4. 語言文學與思想

5. 理想與教育制度

6. 時代之象徵

巴克對於這些因素都分析得很詳盡，整本書所討論的就是這九個問題。

英國的史學家湯恩比（Arnold Toynbee）也曾討論到「民族性」的問題，他說：

「這是一種精神，使人認爲某一社會的某一部份，宛如這個社會的全體，他這樣感覺，這樣思想，也這樣行動。」

約翰．彌勒（John Stuart Mill）曾經這樣說：

「民族性的核心，在屬於民族各分子間相互的同情，及其要團結在一個自己的政府之下的願望，這是經過歷史上和政治上共同社會生活而產生的，也是經過已往經驗中共同的榮辱悲歡之情緒而產生的。」

總之，我們可以肯定地說一句，民族性於民族的構成是有着極爲重要的關係的。但，所謂極爲重要，也並非唯一的意思。

持不同看法者，尙有其人，我國已故名學者吾師羅志希（家倫）先生曾著「新民族觀」一書，卽曾舉出種族、地理環境、人口、經濟、政治、宗敎、語言文字、敎育文化及歷史九項因素來加以檢討，雖語涉批判，但至少仍有維護之意。

至於我們的 國父，他有兩種並存的看法，一方面他認爲：

「造成這種種民族的原因，概括的說，是自然力，分析起來，便很複雜，當中最大的力是血統。……次大的力是生活。……第三大的力是語言。……第四個力是宗教。……第五個力是風俗習慣。」

另一方面， 國父又說：

「民族主義之範圍，有以血統宗教爲歸者，有以歷史習尙爲歸者，有以語言文字爲歸者，敻乎遠矣，然而最文明高尙之民族主義範圍，則以意志爲歸者也。」

國父的這兩段話，有關於民族之構成，事實上牽涉到兩方面，一方面是客觀條件——如血統、生活、語言、宗教、風俗習慣——之共同，一方面是主觀條件——如心理、意志、願望——之共同。主觀的條件尤屬重要，此又誠如金曼（A. E. Zimmern）之所言：

「民族有似宗教，是主觀的，是心理的，是一種心靈狀態，是一種精神所有，是一種感覺得到的、屬於思維的和生活的方式。」

也有如法國雷南敎授（Ernest Rènan）之所言：

「民族不是種族，不是宗教，不是國家，不是文明或經濟利益。民族觀念建築在英雄的歷史，偉大的人物和眞正的光榮上面。由共同的經濟達到一個社會意志的形成。而共同的悲愁，比共同的勝利還更能把民族團結一致。所以一個民族是一個偉大的集團，在過去的犧牲和將來更願繼續犧牲的志趣上建立起來的。」

此話雖不免着重歷史，與金曼之着重心理，似略有不同，而其實則有其大同之處。

民族究竟怎樣構成的？牽涉的問題太多了。各位學者以及各位思想家的看法雖不盡相同，但大致沒有太多的不同，則是事實。我還是更同意 國父的見解，在人類早期，文化尙未發達之前，談不上民族感情，也談不上民族意志，其所以一個人羣而能逐漸變成爲一個民族，實在是由於客觀條件之故，實在是由於在客觀條件下漸漸長成的。到了現代，則不同了，因爲人性之自覺，每一個人的算盤都打得够精，所以客觀因素比較起主觀因素來，就顯得不重要多了。此亦正如羅志希先生所說的：

「民族是國家的軀幹，民族性便是民族的靈魂。」

其實還可以更正確些，應該這樣說：

「國家只不過是一個軀體，民族才是一個靈魂。」

現代的學者，尤其斯賓塞（H. Spencer），特別強調國家有機體說，國家之成爲一個有機體，主要的便是因爲有了民族這一個靈魂的關係。

嚴格地說，過去的人類歷史上不是沒有民族，民族也不是近代，一至於現代的產物，只是現代和近代的所謂民族與古代的所謂民族多少有些差異，文化愈高的人羣比起野蠻愈多的人羣要更像一個民族，因爲過去的民族只是生活在共同環境以及有某些客觀的共同之故，而現在的民族則主要是由於一份心靈的相通。我們中國早就成爲了一個民族，秦始皇統一中國，厲行「書同文，車同軌，行同倫」的統一政策，四分五裂的中國封建社會，部族社會結束了，於是有漢代的大一統的帝國的產生，這個漢朝之所以能成爲一個大帝國，主要的是中國的人民團結起來了，成爲了一個巨大無比的整體之故。

同樣地，民族也會死亡，正猶如人死了，靈魂也出竅了一樣，所以要救國，必先得救靈魂，把靈魂招回，把靈魂喚醒，國家便自然復活了，也自然強大了，這就是現代許多國家所以從帝國主義桎梏下解脫出來之方法，任誰都是這樣做的，這是一個共同的軌跡。

德國的費希特（Fichte）便是如此救起德國來的。

意大利的馬志尼（Guiseppe Mazzini）便是這樣去救意大利的。印度的甘地也是採用這個方法去拯救印度的。我國的　國父孫中山先生之拯救中國，也是這樣做的。甚至於迦納的恩克魯瑪(K. Nkruma)、肯亞的甘雅泰(Kenyatta)、尼日利亞的阿齊克威(Azikiwe)、坦干伊喀的倪爾瑞（Ngerere），他們之救他們的國家，也都無不是這樣做的。這是我們應該認識清楚的。

四、民族（Nation）與國家（State）的關係

吾師羅志希先生在所著「新民族觀」一書裏，曾於「民族」與「國家」之關係有極為中肯的說明，他的意思包括如下的六點：

1. 一個民族的安全，無國家不能確保。其意是說民族的生命如欲得到安全保障，則惟國家之富強是賴。

2. 一個民族的事業，無國家不能經營。其意思是說每一個民族有其必須完成的志業，如領土的保持、擴充，如文化的影響傳播，都有賴於一個強而有力的國家，否則便無法經營。

3. 一個民族的文化，無國家不能掩護。其意是說任何一個民族，他都有其自我的文化，文化而能發揚，而能不受其他民族文化的侵略和壓迫，也非有強大國家的掩護支持不可。

4. 一個民族的地位，無國家不能提高。其意是說民族有其固定的地位，它必須在國家的努力之下，始能保持和不斷的提高。譬如說我們民族過去受到列強的輕賤和鄙視，甚至在中國領土上的外國租

界裏，其公園門口尚掛着「中國人與狗禁止進入」的牌子，但是自從二次大戰結束後，中國成了「四強」之一，中華民族的地位也提高了，中國人走到那裏都是可以揚眉吐氣的。這是一個事實。

5. 一個民族的進步，無國家不能開展。　其意是說民族是要求進步的，無論其教育、科學、文化、以及精神的和物質的種種生活，都要求有日新月異的進步，但此種進步若非有國家爲之開展，則困難必多，民族的一點一滴的進步，都是有賴於國家以爲之助力的。

6. 一個民族的願望和理想，無國家不能達到。　其意是說一個民族也和一個人一樣，它之成爲一個民族，不但它有它的願望，也有它的理想，它想成爲如何的一個民族，它希望達成如何的一個境界，他希望得到一些怎樣的東西，甚至它希望在這整個的民族世界中扮演如何一個角色，它都必須仰賴它的國家之努力。如果國家而是一個儒夫，而是一個沒有強壯體魄的軀殼，則民族的一切，便都將無法得到應有的支援而終歸只是一個幻想。

這個意見可謂十分高明，它說明了二者關係之密切性，我們可以如此說，一個民族而沒有一個國家，那它便是一個沒有軀殼的靈魂，它是無所歸附的。舉個例子來說，猶太人不能說不是一個民族，在二次大戰前後，它並沒有它的國家，所以它受盡了摧殘、壓迫、歧視和屠殺，它被納粹稱作人類中最低賤的種族，社會中的寄生蟲，在世界各地，猶太人很多，雖然有錢，却不爲任何社會所重視和接納，即使在美國，他們盤據了華爾街，控制了美國的金融，掌握了美國的政治，但他們却仍然是沒有社會地位的一羣，這也說明了二次大戰以後，他們爲什麼要費盡一切努力來建立他們的國家——以色列——的原因。以色列今天生活得十分艱苦，四面八方都是敵人，四面八方都是楚歌，戰爭的威脅一直沒有解除過，它並不要求侵略別的國家。它只要求一份活下去的權利，但別人不一定肯給它，別人一定要消滅它，但它是如此的堅強，令人刮目相看，到今天，它更堅強壯大了，幾次的戰爭的洗禮，不但沒有讓它歸於毀滅，事實上，世界上的每一國家都更同情它了，更沒有再看不起猶太人了。現在舉世都公認猶太是一個了不起的民族，這一份榮譽，固然是他們整個民族奮鬥得來的，也是他們的國家——以色列——的幾次戰績贏取來的。

當然，國家也不能沒有民族，沒有一個堅強、統一而有奮發圖強的民族，這個國家無論它有多麼廣大的幅員，它有多麼衆多的人口，它都是不堪一擊的一個國家。舉個例子來說，當年的印度，當年的中國，人口不可謂不多，幅員不可謂不大，物產不可謂不饒，但由於民族沒有覺醒的關係，所以我們毫無希望，印度是被英國征服了，成爲了英國在海外最大的一塊殖民地，中國呢？我們的地位比印度還不如，我們是「次殖民地」的國家，用　國父孫中山先生的話來說，我們的處境眞個是「人爲刀俎，我爲魚肉。」只有任人宰割的份，怎樣會這樣子呢？最重要，也是唯一的原因，那便是我們的人民雖多，但却沒有國家民族的意識，每人都只爲自己打算盤，叫他愛國，他偏要崇洋，連食衣住行，也都是件件外國的好，他的口中都要講洋話，最近（民國六十六年十二月三日）我的一個學生在中央日報上寫了一篇題爲「親格里兮」的文章，她是一個女孩子，她現在留美，在美國大學中教書，她感慨於中國人說中國話總是夾上幾句或幾個英文及其單字，我記得我在大學讀書的時候，有一位教邏輯的先生，上課時總是寫着一黑板的英文，有些專門名詞，我們實在不懂，請他解釋一些，他總是推托說：「中國的語言文字都太差，不够使用，使用起來也不方便，這些字是沒法子用中國語言來加以解釋的。」難道這現象眞個如此嚴重嗎？「牛奶」就是「牛奶」，不必稱它爲「米羅克」，卡車就是卡車，也不必稱它爲「特拉克」，在今天，我們的民族仍然相當的缺乏自信心，除了吃鷄要吃「土鷄」，吃肉要吃「土猪肉」之外，那樣不是外國的好？包括「外國的月亮比中國的月亮要圓些」，包括「外來的和尙會唸經些」，其實絕無此事，天上的月亮只有一個，要圓一樣的圓，要不圓一樣的不圓，至於外來和尙會唸經嗎？今天的學術界是特別講究留學的，尤其是在大學裏敎書的人，別人一定會打聽你是留學那國，得的什麼學位，其實一隻猪、一條牛送到外國去一趟，卽使將他的毛刷上了一層金色，卽使它吃了不少牛油麵包，回到國來，還不是一隻猪、一條牛嗎？它若天生是一條猪、一隻牛，任誰，在什麼地方都是一樣的，它是無法被改造成爲蘇格拉底的！

六、七年以前，某敎育部長說是要爲大學聯招尋出一個解決的方案來，他不去請敎國內的專家，他却花了一大筆外滙去請了一個美國的學者來，結果怎樣，除開浪費了國家一筆公帑外，只換來了不着邊際的「隔靴搔癢」的幾句話。這種行爲眞是可恥極了，本來，中國人一向主張「隱惡揚善」，這些話是不必在此寫出來的，但我還是寫出來了，我的意思是一個人做錯了事，是要負責的，是應受譴責的，給後人也是一個敎訓，千萬重蹈覆轍不得。

就印度的問題而言，我不甚了了，但是我知道這個擁有廣土衆民的國家，想在世界上揚眉吐氣，不甚容易，因爲它的民族問題太嚴重了，其嚴重一方面是由於複雜，一方面是由於缺乏向心力，在它們的國家中，人民太過於缺乏對國家應有的那一份忠誠與歸屬感。

就我們中國的問題而言，我們的問題簡單多了，我們本來也一直不是一個統一的民族國家，但八年抗戰把我們打得團結起來了，也把我們的信心培植起來了，在現代的中國，可以說每一個人都充滿着自信，也愈來愈關愛着我們的國家，像某敎育部長那樣崇洋媚外的人不是沒有，而是愈來愈少了。這是一個好現象，中國總會強大起來的，因爲中國這個民族覺醒了。有覺醒的民族，就有強大的國家，有強大的國家，便有光芒萬丈的民族。

別的國家和民族的關係，我們就無需多所談論了。

像英國，即使二次大戰後，其殖民地都相繼獨立了，它不復再被稱爲「日不落的帝國」，它即使只有英倫三島，它在世界政治上的發言權，是繼續存在的。因爲誰也不敢輕忽它那一個民族以及其民族所造成的文化。

像德國，二次大戰的結果毀滅了它，但它沒有倒下去，到今天，它站得更爲威武堅挺了，誰敢輕視它的民族，誰不佩服它的民族，誰不對它的民族深懷敬意？

一般來說，很多人看不起法國，大家幾乎一致承認法國人很有文學天才，但是它太浪漫了，太沒有責任感了。所以第三共和和第四共和的政治不但乏善可陳，簡直是一無是處，有人說，法國民族的破壞性很強，從不知贊成什麼，但却什麼它都反對，像這樣的一個民族，國家如何強大得起來，又怎會受到其他民族國家的尊重？

五、民族問題之解決

現代到來以後，誠如前面所述的，人類的第一個問題，便是「民族問題」，不能不設法加以解決，但如何解決呢？現代的學者和思想家甚至政治家，提出了他們的看法，有的是理論，有的是實踐。換言之，有的理論是學者思想家所思想出來的，有的則是政治家或政客實際從政後所得到的結論。

關於這個問題，在思想家而言，最重要者莫如下述之五點：

1.西方的「民族主義」（Nationalism） 我特別加上「西方」二字，主要的作用在用以與　國父的民族主義加以辨別，我師浦逖生先生是譯作「族國主義」的。

2. 世界主義(Cosmopolitanism)又稱大同主義，又稱天下主義。
3. 國際主義(Internationalism)
4. 帝國主義(Imperialism)
5. 國父所倡導的民族主義(Dr. Sun Yat-sen's Nationalism)

第二節　西方的「民族主義」(Nationalism)

一、定義

在世界百科全書裏，對於「民族主義」(Nationalism)一詞曾經有着如下的一個定義：

「民族主義乃是一種信仰，認爲其一己的國家，乃是世界上最好的國家，認爲其一己的民族，乃是世界上最傑出的民族。民族主義有時也可指一種心理狀態，認爲一己的國家，理當發憤圖強，俾能一至不與其他任何民族或國家維持密切關係而仍能獨行其是。此種心理狀態，如說其爲優良，則只是對於其一己之國家所抱持的一種健全的驕傲。如說其爲惡劣，則必將造成凌虐其他弱小民族或國家之悲劇。」

其實，此一定義，實殊堪斟酌，在西方，民族主義何止數十百種，而提倡之學者、政客、思想家又何止千數？每個民族主義固不盡同其內容，而各人之說法亦絕非趨於一致，如此慨乎言之，實殊背科學之精神。總之，意見，固甚紛紜，誰也難爲肯定。

二、產生因由

吾師浦逖生（薛鳳）先生曾提出如左之意見，他認爲應從兩方面去觀察「民族主義」思想之所以產生：

㈠歷史條件，包括：

①反抗壓迫

②爭取自由

③交通發達

④語文統一

⑤文教普及

⑥經濟互賴

㈡心理因素

①團結情緒

②同類意識

③個人自尊

④權力共有

⑤利害共同

⑥忠愛至上

逖生師曾就其所持意見，加以說明。他認爲內抗暴君，外禦強敵，而後才有甘苦與共、生死與共之感覺，這種感覺產生「團結情緒與同類意識」。他又認爲民主政治之使每一國民都得以參與國家政治，於是深感自由之可貴，責任之莊嚴，權利之重要，朝野既打成一片，於是民族主義便自然形成，這是牽涉到個人自尊與權力共有的問題。他又認爲利害共同與忠愛至上爲民族主義形成之必然的心理因素，因爲「一般民衆如非休戚相關，榮辱與共，則不會專心壹意，效忠其族國。」

就歷史因素而言，逖生師亦曾就所提意見加以說明。他認爲這一切歷史因素均甚重要，因爲此乃產生族國（民族）主義心理之必要條件，「如果人民之間來往既不頻繁，語文又未統一，則彼此如秦人之視越人，痛癢並不相關」，民族主義也就無法形成。而文教普及與經濟互賴，「更能促進族國（民族）主義所包含之情緒意識。」

這種說法，確實十分有理，現代民族主義之形成如此，往代又何嘗不然。就我國而言，春秋之世，管仲相桓公，九合諸侯，一匡天下，所從事的是「尊王攘夷」的事業，故雖孔子亦大爲頌揚，至說：「微管仲，吾其披髮左衽矣。」這只因爲「非我族類，其心必異」的心理因素之故。而我們中華民族，民族國家之形成，嚴格言之，固應成於秦漢，秦始皇統一六國後，雖所行多不義之舉，然於民族之統一，則不無微功。試略舉一二如后：

(1)書同文　統一語言文字之謂。戰國之世，各國分立，語言固不完全相通，如楚國，便被稱爲「南蠻鴃舌」之人，文字之使用亦不相同，北方之詩，南方之騷，相去何止千里？

(2)車同軌　統一典章制度之謂。卽僅度量衡一項而言，各地不同，頻添多少不便，頻添多少爭執？

(3)行同倫　統一道德觀念之謂。一個國家，一個社會，而有多種價値系統，不便孰甚？是亦非求統一不可。

(4)闢馳道　開闢交通促進睦誼之要途也。據賈山至言（此書已佚，下引書文係出自太平御覽）所云：「秦爲馳道，東窮燕齊，南極吳楚，江湖之上，濱海之觀畢至；道廣五十步，三丈而樹，厚築其外，隱以金椎，樹以青松。」用現代化的話來說，那便是興建高速公路，遍佈全國，國家那有不統一之理。

(5)修長城　啓民以共同禦侮之謂，匈奴自戰國末季，即頻擾中國，使中國不勝其煩，舉國一致對外，固亦有其必要。

雖然，始皇固仍被歷史批判而爲暴君，是其役民未免過度之故。但客觀而持平實之論，則設無秦始皇之統一運動，又安得而有兩漢之盛世？又安得而有「漢民族」之誕生？歐洲之地與我國相較，固甚相若，歐洲現有二十餘國，而民族亦甚紛繁，而我東亞則不然，西起帕米爾高原，東至臺灣澎湖，北起蒙古戈壁，南至南海各島，其國爲一，其族亦一，混然天成。當然此固歷史之功，亦列代英雄豪傑之力，但始皇則功尤不可沒。

至於我國現代民族主義之產生，則　國父孫中山先生當居首功，是誰也不能否定的，後將專節論及，此處卽不復贅述。

三、歷史進度

現代民族主義之歷史進度，吾人如翻閱歷史，當不難發現實始自歐洲，其情大致如次：

(1)十五世紀中葉，東羅馬帝國亡，而民族國家於焉次第產生。

(2)迄於十六、十七世紀，內求統一，外求獨立之民族主義思想卽開始在歐洲萌芽生長。

(3)十八世紀，民族主義思想始由歐洲大陸傳播而至美洲。

(4)十九世紀，法國拿破崙橫掃歐洲，鐵蹄蹂躪之所至，民族主義之種子亦隨而播下，於是漸普遍流行於歐洲各地。

(5)十九世紀中葉以後，由於歐洲各國勢力之向外擴張，亞洲各國深受其害，民族主義乃再流傳而至亞洲，其首先覺醒者，有日本、有暹羅、有印度，而中國亦在列中。

(6)二十世紀後，由於兩次大戰之故，世界各地民族普遍覺醒，民族主義遂成爲一股莫可遏阻的世界性洪流，卽使被人類所遺忘的「黑色非洲」、「黑暗大陸」亦站起來了，由於民族主義之故，非洲在今日的政治舞臺上，不但不再是被迫害者，而且是「強人」，而且是世界政治的左右者。

關於這個問題，也有不同說法，如史奈特（Louis L. Snyder）則認爲近代民族主義思想實萌芽於十七世紀之英國，而高奇（George P. Gooch）則謂「民族主義起於十八世紀，是法國革命之產兒。」

有一個問題，我們似乎應該注意，「民族主義」(Nationalism)這一個名詞，乃是最初發現在十八世紀之歐洲各國的字典之中。這是一個值得我們想想的問題。

四、重要里程

就純學術的觀點立論，愛國情操、民族意識、民族主義，容或並非一事。吾師浦逖生先生曾引唐代司空圖之詩以爲說明，其詩如左：

一自蕭關起戰塵，

河湟隔斷萬家春；
漢兒盡作胡兒語，
却向城頭駡漢人。

遜生師以爲這是「愛國主義」，不是「民族主義」，其實二者並無重大差異。民族主義來自愛國情操，敵我分辨，而愛國情操、敵我之際正是民族主義之最正常表現。

以此而言，則現代民族主義之興起，其重要里程，卽可有如下述：

(1)十五世紀，法國聖女貞德（Jeanne d'arc）之愛國勤王。

(2)十五世紀，馬克維尼（意）、卡摩恩（Camoens 葡）及十六世紀馬丁路德（德）之白話文學，語文統一運動。

(3)十五世紀以降之葡、西、英、義的海上爭霸及重商主義。

(4)十七世紀之英國淸敎革命及光榮革命所釀成的強烈民族意識。

(5)十八世紀波蘭之三度被瓜分（1772, 1793, 1795）及其旣仆又起的復國運動。

(6)十八世紀中葉以後的美國獨立戰爭。

(7)法國大革命，然後「每個國民，其生死存亡，均爲其國家」之觀念廣爲流播。

(8)十九世紀拿破崙將民族主義的種子散播及於歐洲每一角落。

(9)十九世紀，有德國之斐希特者，發表了其「告德意志國民書」的強烈民族意識的演講，德國終於覺醒。

(10)工業革命，尤激起了各民族國家間爭生存資源，爭商品市場，爭國家光榮之激烈競爭與嚴重衝突。

五、爭論所在

所謂民族主義，前固詳爲言之，各種派別分立，各家學說紛紜，而爭論尤多，玆擇其要者略述如後：

(1)就民族之構成因素而言，何者爲必不可缺？大抵言之，可以分爲四派：

①特重「血統」者　如希特勒、戈壁努(Gobineau 法)、張伯倫(Chamberlain 有英國血統轉而爲德國人)、格蘭(Grant 美)、根杜(Gunther 德)、羅森培(Rosenberg 德)者，均堅持「血統」爲民族構成之唯一要素。

②特重「文化」(包括語言文字、文化歷史)者　如斐希特、甘布羅維玆(Gumplowiz)二位德籍人士便是。他們僅強調文化要素之重要，並非堅持其爲唯一之因素。

③地理　認爲地理環境對民族構成極具左右作用，此如意大利之馬志尼(Mszzini)、英國之彌勒(John Stuart Mill)均可爲其代表。

④心理　如法國之雷南(Joseph Ernest Rènan)、英國之柏因斯(L. Burns)等人均是。他們認爲共同的心理狀態，共同的歸屬感，才是民族構成的眞正原因。

嚴格來說，這種爭執，殊非必要，只是各有目的而已。吾師羅志希(家倫)先生在其所著「新民族觀」中固嘗言之極詳，希特勒之所以強調血統，無非加強民族自信，造成屠戮猶太人之藉口而已，二次大戰期間，日本軍閥強稱與我中華民國同文同種，其目的亦甚顯明，無非掩飾其侵略行爲，爲其侵略行爲尋找正當理由而已。

⑵就每一民族之族格而言，究應獨立自主，自組其族國（Nation-state）？抑應與其他民族共存共榮，合組一共同之族國？易言之，究應一民族一國家乎？抑應多民族一國家乎？

各家各派的看法也殊不一致，有者主張前者，有者主張後者，雖涉強詞，雖嫌狡辯，但爭執之不相上下，則爲事實，今卽略述各家意見如後：

①主張「一民族一國家」者　如馬志尼、彌勒、赫德（Herder）等人均是其中健者。馬志尼熱心於「少年義大利」、「少年匈牙利」、「少年波蘭」等運動，是可見其「一民族一國家」之主張。

彌勒亦有如左之言論：

「自由制度有一必要條件，卽其國家所統治之疆界，應當與民族所包括之疆界兩相吻合。」

「在由許多民族所組成的一個國家中，自由制度不啻是不可能的。」

②主張「數民族一國家」者　如艾克頓（Lord Acton）和金曼（Zimmern）等卽是。

艾克頓曾謂：

「許多民族之集合在一個國家之中，正猶許多人們之集合在一個社會之中，乃是文明生活之必要條件。低次的民族，倘能和理智較高之民族，生活在同一政治結合之中，可以上進發展。元氣衰弱與精神頹唐的民族，倘能與比較年輕而具有活力的民族緊密接觸，可以復活而蓬勃生長。凡是喪失組織因素與統治能力的民族——不論其或則遭受過專制政治之敗壞影響，或則遇到了民主政治之分化作用——倘能置於較強壯而少腐化民族管制之下，可以再造而復元。」

艾克頓甚至認爲「少數民族之最大敵人，乃是現代民族理論。」他竟指民族之不平等，統治民族之態度不佳，均因現代民族理論而起，所以往往使少數民族很難有生存的機會。此一意見誠如我人在本書第一章之所述者，「天下本無事，庸人自擾之」，「吹縐一湖春水，干卿底事？」問題也早已不在此了，現代就是現代，「現代病」就是「現代病」，艾克頓不問病況，如何診治，未免另有居心。

金曼也有與艾克頓相似的意見，他說：

「世界所以有各民族，正猶世界所以有各個人，此乃爲全體之利益而非爲彼此之爭競。……要建立一個現代化國家，誠需各民族之共同參加。」

金曼的話可說尙合乎理性，與艾克頓的話實非可等量齊觀。艾克頓所提供的是大的民族有凌虐小的民族的權利之理論根據，金曼所說的是在一個既由多數民族組合而成一個國家之時應有相互容忍之精神，金曼不一定主張數民族一國家，而只是在數民族一國家的局面出現之後，他提供了一種和諧的理論，希望有一個融洽的關係，如是而已。

(3)就數民族一國家而言，究應保持各民族在語文習慣等方面之紛歧差異，抑宜設法使其同化，卒歸於一？

無疑地，這也是一個極爲嚴重的問題，就國家而言，一切歸於統一，乃是必然的要求，換言之，一個軀體之內，怎可容納幾個不同的靈魂？怎可有着幾種不同的人格？

蘇聯境內，少數民族極多，計有一百七十五種血統不同，一百二十五種語言不同之人羣。其今日之法律，仍以十六種文字公佈，其全國學校，迄仍使用七十種語言，教科書迄仍使用一百有十種文字。彼此如何相處？它們的辦法是厲行同化，在帝俄時代，有「一個沙皇，一個宗教，一個語文」之口號，在今日，則仍是「一個階級，一個政黨，一個主義」。口號雖不同，做法是只有更惡劣而不會好轉的。

美國號稱世界民族之大熔爐，民族關係著重在自然的同化。

南非則迄無改變既定方向之意圖，它一直厲行種族隔離，造成嚴重的種族歧視，但不同民族則仍被准許維持其原來之個性。就這一點來說，我們無法指斥它百無一是。

希特勒主張低劣民族應予屠戮淨盡。

我國民族亦甚衆多，根據柴松林教授之研究，迄至一九六四年爲止，中國大陸上已確定的少數民族，計凡五十四個，佔全大陸人口百分之六，而所居住面積，則佔全大陸面積百分之六十。人口超過百萬以上者有十族，依次是：

	總人口	比例
僮族	六、六一一、四五五人	一・一三%
維族	三、六四〇、一二五人	〇・六二%
回族	三、五五九、三五〇人	〇・六一%
彝族	三、二五四、二六九人	〇・五六%
藏族	二、七七五、六二二人	〇・四八%
苗族	二、五一一、三三九人	〇・四三%
滿族	二、四一八、九三一人	〇・四二%
蒙族	一、六四二、九五六人	〇・二五%
布依族	一、二四七、八八三人	〇・二一%
朝鮮族	一、一二〇、四〇五人	〇・一九%

這個問題也不能謂爲不嚴重， 國父在世之日，他曾提出許多不同的意見來處理這個問題，諸如「五族共和」、「民族自治」、「民族自決」、「民族扶持」、「民族同化」、「民族平等」、「中華民族」等，現在一般硏究 國父思想之學者，或則全面介紹，「不知所云」，或則避而不談，隨筆帶過。其實，據我個人之研究，則應該是以「民族平等」爲原則，而以「民族同化」爲手段，藉以達「中華民族」大一統之成功。關於這個問題，請參閱本人卽將撰著之 國父思想新論一書。

一個國家之內而有許多民族，則民族關係之難處，確費周章，美國雖號稱世界民族之大熔爐，但那只是指個別投入美國社會之不同人種，不同人口而言，若是一個龐大人羣之投入，則同樣困難良多。黑白問題之終於無法圓滿解決，實爲任何人均可得而逆睹之事。

(4)就每一族國（Nation-state 不但是一民族，而且已建立其國家）之對外關係而言，究宜提倡獨尊與使命，抑宜提倡聯繫與合作？

①獨尊使命派 如拉森（Lassen 德國哲學家）、奧斯瓦（Ostward 德國科學家）均是其中代表。二次大戰時之日本軍人，亦多持此主張。

拉森有言曰：

「言道德和理智，德意志民族實較一切人類爲優越，我德意志人可謂出類拔萃之至。」

奧斯瓦有言曰：

「德意志民族，以與其他各民族相較，實已達到一種高型態的文明而無疑。此次戰爭之結束，當爲組織全歐洲並置於德意志領導之下。」

二次大戰期間，日本軍人亦迄無自覺地以爲到中國來從事武裝侵略，乃是「替天行道」，其責任在建立「東亞共榮圈」，在造成世界新秩序。他們把中國看作一個低劣的民族，他們之來，與其說是侵略我們，不如說是幫助我們。

②聯繫合作派　如毛根滔（Margenthau）、赫德等均是。而美國之威爾遜總統及二次大戰後之政治家，亦多持此種看法。

毛根滔批評民族主義及民主政治，認爲其固然帶來了本民族國家之幸福，却也帶來了對其他民族之災害，實殊可憾。

威爾遜在一次大戰結束之際，卽力主人羣自決，要求強大族國給予其殖民地以自由解放，而反對蠶食鯨吞。

二次大戰後，中、英、美、法諸國政治家之對待德、日、意等戰敗國之態度，均逈異疇昔，固甚可喜。不惟不再持報復態度，命其割地賠款，償付戰債，使其永不翻身，受亡國滅種之痛，且復以德報怨，不但將仇恨一筆勾銷，且力予軍事保護，政治革新，經濟培養，務使能早日復原，成爲國際社會中有力份子。此中唯一之例外，則爲蘇俄，非僅將東歐關入鐵幕，控諸掌握，且將立陶宛、拉脫維亞、愛沙尼亞等三波羅的海小國予以併吞，其行實甚可恥。

(5)綜結

無論學者，無論政客、無論思想家，其對於民族主義之諸多問題爭論不休，吾人似已司空見慣。但爭執儘管爭執，却並非絕無出路之可尋。此種爭執遲早終將過去。一件事情只有一個最適宜的處理之方，人類理性愈發達，則前途愈光明，能合則合，應分則分，只有自由，沒有奴役，是誰優秀，是誰低劣，人就是人，民族就是民族，人死了，一切問題結束了，民族滅絕了，一切問題也結束了，只要人還活着，只要民族還存在着，人就有活下去的權利，民族也就有生存的權利。人類固受某些觀念或思想所統治，但更由其民生需要所決定。

六、重要派別

吾師逖生先生曾就民族（族國）主義之派別從事簡略之介紹，他首舉金氏（J.C. King）之二分法：

①自衞性民族主義

②侵略性民族主義

逖生先生繼則介紹萊特氏（Q. Wright）之五分法：

①中古民族主義

②君政民族主義

③革命民族主義

④自由民族主義

⑤極權民族主義

逖生先生又介紹海斯氏（Hayes）之五分法：

①人道民族主義

②雅各賓民族主義

③傳統民族主義

④自由民族主義

⑰君政民族主義

⑱中古民族主義

逖生先生亦認爲此種分類殊乏意義，過於認眞，則未免「咬文嚼字」，「刻舟求劍」，然亦不無用處，所謂用處，只在有所識別，有所啓示而已。

就現代之趨勢而言，則吾人欲擬另添二新名詞如後，不知是否有當？是卽：

①現代民族主義

②非洲民族主義

現卽略舉數例如後，以略窺其內容之大要：

(1)文化民族主義　赫德、費希特可爲其代表。主張一民族一國家，認爲民族之構成因素以文化爲主，倡導民族國家間應推誠佈公，彼此合作。

文化之範圍殊廣，頗難予以確切之定義，最重要的，當然包括語言、文字、歷史、傳統……之類。文化相異，排他性自然也是難免的。

根據赫德的意見，則：

「每一種語言文字，都含帶着該一民族心思與品格之特質。……一個民族之天才，在其語言文字之中，表現最多。」

「一個民族之文化，乃是該一民族生命所培植滋長而開放的花朶。」

費希特與艾爾德（Arndt）均認德語爲世界上最純粹的語言，不像英、法、西班牙各國之均雜有他國語言。故德國民族乃最爲優秀。

此種觀念幾乎亦深入世界其他各國人士之心中，日本與韓國本受我國文化影響極深，有如我民族文化之附庸，二次大戰後，即由於民族自尊心之故，而兩國均大力消滅漢字，務求文化獨立，此種行爲，固可諒解與同情也。

(2)純種民族主義　其最重要之代表人物爲法國之戈壁努（Gobineau）、德國之張伯倫（H.S. Chamberlain）、美國之格蘭（M. Grant）及德國之根杜（Hans F.K. Gunther）與羅森培（A. Rosenberg）。彼等咸認純粹血統爲構成民族之最重要因素。

戈壁努著「人類種族之不平等」一書，認爲白種人最優秀，黃種人次之，黑種人最低劣。而白種人中，又以雅里安最突出，其次則爲盎格魯撒克遜人。他認爲「各民族之所以衰弱退化，只因其血統日益混雜之故。」

張伯倫著「十九世紀之基礎」一書，亦認白種人最優秀，白種人中又以條頓最突出，他認爲一位典型的條頓人，一定是「神采光耀的大眼睛，金黃瑰麗的長頭髮，高大偉岸的身軀，平均勻稱的肌肉，長形的腦殼，高貴的表情。」

格蘭則用腦狄克（Nordic）以代條頓或雅里安（Aryan），認腦狄克爲十全十美的白種人。他認定腦狄克是「一個生而爲武士、航海家、冒險家、探測家，尤其是生而爲統治者、組織家和貴族的種族。」「每一民族所含腦狄克血統之多少，可相當準確地衡量此一民族之戰鬥能力與文化程度。」

根杜認爲腦狄克之所以出類拔萃，當不在其外形，而尤在其精神的優秀卓越，他竟認日本人的祖先必有腦狄克血統。——眞是可笑之至！

羅森培認爲整個人類歷史乃是一部種族鬥爭史。雅里安最優秀，猶太人乃是類似寄生蟲的反種族人羣。主張優秀民族必須竭盡全力，保持血統之純正。

這種觀念可能謬誤之至！畜類可能需要血統證書以證明其「身份」，人類決非如此，美利堅民族絕談不上純正之血統，但無人能否定其爲優秀，我中華民族在歷史上曾有五次血統文化的大融合，亦早已非復純種之民族，誰能否認我民族之爲優秀？甚至白人優秀、黃種次之，黑種最劣之說亦毫無根據，個人曾詢問十位以上曾在非洲任職外交使節的朋友，以非洲黑人的品質究屬如何？其結論幾乎是千篇一律的，他們目前誠然不如白種人黃種人優秀，那是因爲未受教育之故，受了現代教育的黑人，絕不稍遜於任何其他人種。

所謂血統，其爲偏見，殆無可疑。

(3)地緣民族主義　主此說者以英國之麥金德（H.J. MacKinder）及德國之霍斯胡佛（Karl Haushofer）爲代表。

麥金德著「民主之理想與現實」一書，將世界分爲「心腹地區（Heartland）」——指東歐及中亞，及「世界大島（World island）」——指歐、亞、非洲，認爲能控制心腹地區，即能控制世界大島。

霍斯胡佛認爲民族應能控制各處生產中心，並揭五大主張，包括：①經濟之自給自足，②要求「生存空隙」，③成立大地域單位，④以大陸權對抗海洋權，⑤繼續不斷擴展疆域。

二次大戰期間，日本軍閥亦認爲稱霸世界，首須控制亞洲，控制亞洲，首須控制中國，控制中國，首須佔領東北三省（所謂「滿洲」）。

馬漢著「海權論」，認爲誰有力量控制海洋，誰將有權控制世界。

這種類型的民族主義侵略性可謂極強，大有批判之餘地。

(4)經濟民族主義　主此說者甚多，德國之歷史學派經濟學者及國家社會主義之思想家皆爲此中巨擘。德國在一八七九年採行保護關稅政策，一八八〇年對勞工羣衆詳訂一套強制保險辦法，各國亦步亦趨。甚至近年來，歐洲有共同市場之設置，其目的固在保障各會員國之經濟利益，近兩年，美國亦有輸入設限之類似措施，此固難怪，一方面貿易逆差，於國實在不利，另方面，民族工業受外來壓力，無法抬頭，則國內失業必更嚴重。從經濟立場着眼，保護本國生存，固甚必要，卽向外傾銷，亦不能謂情無可原。

(5)極權民族主義　此可以法西斯意大利、納粹德意志、共產蘇聯爲代表。

海斯教授曾指述其特徵如次：

「專心壹意，片面追求其自己族國之利益，而且勢將發揮好戰精神，尚武觀念。其對國內，則必取締國人異議，控制支配每一團體之活動，此固無論經濟、社會、宗教、教育、均所不分，亦無例外。其對國外，則必充分準備，從事挑釁，藉以擴張影響，創造光榮。」

其特質在對內極權，對外侵略，而目的則似仍在擴張國力，誇耀國威。損人而不利己。

(6)完整民族主義　此則可以法國之模拉斯(Charles Mauras)爲代表。強調武力，崇尚戰爭，誠如模拉斯之所言：

「堅決貫徹族國政策，絕對保持族國光榮，以及繼續擴大族國力量，一個族國而喪失其武力，則必趨於衰敗。」

就此而言，故人有將之與極權民族主義相提並論者，其實並不相同，如英國之已故首相邱吉爾氏(Winston Churchill)固亦此中健者，他在一九四五年英國大選時仍大聲疾呼以建立國家光榮，擴大國家影響，發揚帝國傳統爲號召，他堅持不將香港歸還我國，但他在國內，則並不採用極權爲手段，且極尊重人民之自由權利，是可見完整民族主義與極權民族主義，其實並不相同。

(7)現代民族主義　民族主義而至於現代，則又有許多新的思想家出，此如美國之威爾遜、土耳其之凱末爾、印度之甘地以及二次大戰後之各國政治家，卽使法國之戴高樂亦包括其中，他們主張每一人羣均有其獨立自主之權利，他們反對帝國主義者或殖民主義者以任何藉口作爲拖延殖民地或被壓迫民族取得獨立之藉口。於是首先則有韓國與菲律賓之獨立自主，繼則有安南三邦及印尼、馬來西亞、緬甸、印度、星加坡等之獨立自主，在這獨立自主的過程中，並非沒有流血，奠邊府的血是流得够多的。印度的獨立自主，也有一段艱辛的經歷，我們只要每一想到其革命領袖甘地的形像，就不禁油生同情之心，其獨立自主是付之高代價的。

當現代民族主義流行之今日，一個人羣不必是一個民族，也不必是一個宗族，只要是一個部族就够了，其人口不需多，其幅員也不需大，它可以不需一兵一卒，它可以毫無國防，它也可以組織其獨立自主的國家（State），而更無任何其他族國敢於侵犯。

這可能是大風雨欲來以前的一段寧靜時日，但卽使只有如此短短的一個「片刻」，也够我們快慰的了，這將是人類一段新旅程的開始。

(8)非洲民族主義　到了二次大戰結束以後，非洲覺醒了，非洲有了他自己模式的民族主義，我們不妨姑稱之爲「非洲民族主義」，其主要代表人物包括迦納的恩克魯瑪（K. Nkruma）、肯亞的甘雅泰（Kenyatta）、尼日利亞的阿齊克威（Azikiwe）、以及塔干伊喀的倪爾瑞（Ngerere）等。

他們的主張包括：「白人統治必須結束！」「非洲人應管理自己。」「非洲是非洲人的非洲！」（看到這些口號，我們不禁想起了美國孟祿（Monroe）總統所說的「美洲是美洲人的美洲。」其味道似乎完全相同。）「自由！」「立刻自治！」

儘管有人稱這種思想不是民族主義，而是「非洲主義」（Africanism）或「非洲性格」（Africa personality）或「汎非洲主義」（Pan-Africanism）。譬如海雷勛爵在「非洲觀察」一書中說：

「在歐洲，民族主義縱令不易予以定義，却是一種公認的力量，可是民族主義此一概念的許多聯想很難適用於非洲的情形……撒哈拉大沙漠以南大部份的非洲國家和人民能置於一個形式的政府下是歷史的偶發事件，他們沒有共同淵源的傳統，也沒有對政治前途共同的觀點，……以一般民族而言，以『非洲主義』一詞來敍述若干國家的運動似乎更接近，的確，非洲主義精神的表現是戰後非洲最大特徵之一。」

其實，非洲民族主義的思想在基本上並不與其他各種現代民族主義的中心思想有所任何差異。霍奇金（Thomas Hodgkim）就是持有此種看法的著名學者之一。

本來，非洲民族主義在非洲剛興起來之時，其思想只不過是消極的，它只是一種「拒絕次等關係和要求平等的思想」。

當年，白種人大談其「白種人的擔負」（White man's burden），其實，白種人除了壓搾和予取予求之外，他們究竟擔負了什麼？現在是非洲人討論「黑種人的擔負」的時候了，他們怎能不揭竿而起？丟掉他們的「擔負」？

你不必擔心它沒有能力，無法站得起來，它可能有一段悲慘的日子要過，但最後它們會自由的。美國已故國務卿杜勒斯曾警告說：

「新獲得獨立的國家可能結果只變成了殖民統治和國際共產主義獨裁統治之間的一個極短的間隙時期。」但他又說：

「此種危險的事實必須不要使我們放棄各民族有統治自己的權利和能力的基本信念，我們所需要的是加強此一信心，來協助這些新國家自由地解決他們的問題；從而保護他們新近獲得的獨立。」

到今天爲止，非洲站起來了，事實上並未仆倒下去。

七、主要代表

就西方之民族主義而言，費希特（J.G. Fichte）、馬志尼（Guiseppe Maggini）以及屈賚乞克（Heinrich Von Treitschke）三人者，其思想非惟最爲突出，且極富代表性。

(1)費希特　其主要見解見於一八〇〇年所撰「閉關貿易國家」一文及一八〇八年在柏林大學所從事之「向德意志民族講話」一套演詞之中。費氏推重國家權力，主張擴大政府職務，提倡自給自足之經濟，強調自然疆域，認爲語言文字乃民族、國家之基礎與靈魂，其目的則在建立獨立統一之民族國家。有兩段他的話，很值得我們一讀：

「當國家危急存亡之秋，有什麼一種精神，能當仁不讓，把舵指揮，並且當機立斷而毫不猶豫？有什麼一種精神，能具有莫可爭競的權利，以號召每一個人，命令每一個人，不論其自己是否願意，並且對於任何抗拒的人，加以強制——使每一個人犧牲一切，包括犧牲其自己的性命？此種精神必非普通愛好和平的國民，僅僅對於憲法和法律之愛護，而必是一種較高的愛國心，其轟轟烈烈萬丈火焰，包圍着民族國家，作爲永恒長存之有形衣冠。爲此永恒長存，傑出的志士仁人，固然甘心樂意犧牲自己，而彼匹夫匹婦，其生存本只爲着別人，亦得同樣犧牲其自己。」

「凡是使用德意志語文的地方，每一位降生而成長的人士，可以把自己看作雙重意義的國民——即一方面爲降生所在國家的國民，另一方面同時爲一個德意志民族共同祖國的國民。」費希特可以說是一位愛國者，也是一位偉大的民族主義思想家。

⑵馬志尼　馬氏認爲民族之構成因素乃是多元的，包括地理、歷史、語文及神意。認爲民族應平等，應自由，不可有奴役，不可有橫暴。爲一實踐主義者，曾入獄六個月，後流浪各地，歷法蘭西、瑞士、英吉利諸地；初則創設「少年義大利」，又組「少年歐洲」，更鼓吹協助成立「少年匈牙利」與「少年波蘭」等等。與加富爾（Cavour）、加里波的（Garibaldi）共爲世人許爲意大利復興三傑。其民族主義思想以及其一生作爲殊多可歌可泣之處，英國詩人斯文本恩（A.C. Swinburne）曾對之特加讚許，其詩中最爲人們所樂於傳誦者，有如此兩句：

「試剖割而審視予之心胸，

可見義大利雕刻在其中！」

其理論溫和純正，且有世界主義之傾向，在舉世民族主義理論諸宗師中，可謂最是別樹一幟。其主要見解見於其所撰擬之「少年歐洲」規條之中。只看這一份廣濶的胸襟，就令人心生敬服。

「一切人們乃是自由，乃是兄弟，乃是平等。」

「一切特殊權益，乃是違反平等。」

「一切肆意統治，乃是違反自由。」

「每一自私行爲，乃是違反博愛。」

「一切民族乃是自由，乃是兄弟，乃是平等。」

「每一民族有其特殊使命，此蓋配合而促進人類之共同使命，此特殊使命構成其民族性格。民族性格乃是尊嚴神聖。」

「一切不公平統治，一切暴橫，每一自私行爲，凡以此而加諸一個民族，乃是違反各民族之自由、平等與博愛；一切民族應相互協助，予以制止。」

「不要說『我』，要說『我們』，你們每一位要能成爲你們國家的化身。」

「凡應行諸一個民族之中者，亦應行諸各個民族之間。各個民族，乃卽是人類之個人。」

(3)屈賚乞克　他特別強調歷史、地理、血統等對於民族構成之關係，衷心崇拜英雄、尊重貴族、頌揚戰爭。相信一個民族之中固應有無數的羣衆，尤應有數以千計的「自然貴族」，甚至輕個人而重國家，既不贊成政黨政治，亦不熱心民主運動。故其理論實趨向於國家主義，有變質而爲狂熱主義(Chauvinism)，甚至更惡化而爲帝國主義之可能。現卽引述他的幾段意見如後：

「一個民族不只是包括同時相處的無數個人，而尙包括一代又一代的同血統之人。只有人類歷史之永久延續，方能使人成爲一個政治動物，人不特因襲其祖宗之成就，而且有意地繼續其祖宗之事業，俾能更屬完善，而以之遺傳給子子孫孫。」

「國家乃是原始而必要，與歷史同其爲永恒，與語文同其爲要素。……謂國家是一種必需的禍害，乃係十分謬誤。」

「國家所根本需要者乃是順服，國家堅持人民必須默從。國家之本質，在其意志之成就，一個國家，倘或不能達到其意向，則卽在無政府狀態中崩潰。」

「國家乃是民族在法律上聯合團結而成爲的一個獨立整體。」

「國家保護並包括民族之生命，在每一方面，均控制其外在事項。」

「歷史中曾再四證明，能使一民族進而成爲一民族國家者，乃是戰爭，而且亦只有由共同努力而成就之偉大事業，乃能鑄成許多不受鎔解的鎖鍊，將一個民族中的人羣結合起來。」

(4)三人各代表一種不同的民族主義。費希特之所有者接近於愛國主義，對危弱之民族有刺激振興之作用，對其他民族亦無所傷害，是一種正統而中庸的思想。馬志尼之所有者接近於世界主義或大同主義，有同胞物與、悲天憫人之情懷，乃民族主義之昇華，是一種更理想化，也更高雅清潔的思想。屈賚乞克之所有者乃是一種國家主義，一種狂熱主義，有惡化而爲帝國主義之可能，此種思想如予推廣，則勢必禍延人類，殃及子孫。

三人思想之同源而異路，主要在於其各人之社會背景有所不同，由此，殆亦可見民族主義思想之派別所以如是紛歧之故。

八、威爾遜的人羣自決（Self-determination of peoples）之主張

我們在此要特別介紹威爾遜的思想，即使與前述之現代的民族主義有重複之嫌，亦在所不惜，因爲確實有其價值。

當第一次世界大戰方酣，俄國崩潰，意大利慘遭敗績之際，美國總統威爾遜爲了鼓舞協約國之士氣，揭櫫戰爭的目標，在一九一八年一月八日的國會演說中提出了著名的「十四點（Fourteen points）」計劃，其內容除提倡召開談判和平，維護航行自由，廢除關稅壁壘，裁減軍備，建立廣泛的國際組織

外，更提出人羣自決（一般均譯稱爲「民族自決」）的原則來解決錯綜複雜的國際問題，且獲得公正和持久的和平。在十四點中，與人羣自決原則相關者爲第五點至第十三點。其重要原則包括「自由、開誠佈公和絕對公正的調整所有殖民地的要求。」（第五點）一個國家之國境應與其部族界線相同而予以調整。（第九、十點）每一人羣應有生活安全和自治發展的機會。（第十二點）每一人羣應有生存空間的滿足。（如波蘭應有出海口，第十三點）

這個意見終於在一九一八年十月底爲英法意比四國所宣佈接受，「人民有處理他們自己命運的權利」已成不爭之論。直至一九一九年初，巴黎和會召開之際，此一思想仍瀰漫國際。當威爾遜抵達歐洲，其所受到的歡迎，乃是「自從古羅馬帝國時代以來，歐洲從來沒有過這樣熱烈動人的景象」。但是這個理想很快便爲現實政治所否定，法國的老虎總理克雷蒙梭（Georges Clemenceau）諷刺着說：「甚至於連上帝也只以十誡爲滿足，但是威爾遜却堅持要有十四點。」「勞合喬治以爲他自己是拿破崙，但是威爾遜却以爲他自己是耶穌基督。」

英國也不予支持，其代表鮑爾福（Lord Arthur J. Balfour）便表示，若是由於戰略的必需（Strategic necessity），則部族原則實無理加以維持。

甚至威爾遜之國務卿藍辛（Robert Lansing）亦不表贊同，他形容人羣自決爲「滿載着炸藥」，充滿着危險，他說：人羣自決「將引起永遠不能實現的希望，我怕它將要支付成千上萬生命的代價，最後，它一定會得不到信任，而成爲一位不瞭解危險的理想主義者的夢想。」

巴黎和會終於在喧嘩吵鬧聲中結束了，威爾遜的主張只有極小部份得到實現，而二次大戰的火種則埋下了，只等着希特勒前來加以點燃。

九、二次大戰後世界性的民族主義運動

雖然早在一九一八年一月五日，英國首相勞合喬治（Lloyd George）卽曾宣佈民族自決原則同樣適用於殖民地地區，但事實上，在當時，從無人予以認眞考慮過。甚至對德國的殖民地，亦不予以實踐，斯邁茲將軍（General Smuts）在所著「國際聯盟：一個實際的建議」一書中說：「德國在太平洋和非洲的殖民地中都住着野蠻人，他們不僅是不可能治理他們自己，而且將歐洲意義的政治自決適用於他們亦是不切實際。」一九一九年，巴黎和會舉行之際，由杜布瓦（W.E.B. Du Bois）所領導的泛非洲運動亦在巴黎舉行第二屆泛非洲大會，出席代表五十七人，來自非洲者僅十二人，大會雖曾通過冗長決議，但却隻字不及非洲人獨立之權利，杜布瓦甚或表示：「民族自決不適用於未開化的人民（Uncivilized people）。」

但是在二次大戰後，非洲殖民地大多均獲獨立，新的民族國家之建立，有如雨後春筍，亞洲亦然。其實這個歷程仍是相當艱難的。一九四一年八月十一日，羅邱大西洋憲章雖採納了威爾遜人羣自決的原則和理想，其第二條稱：「他們不願見到任何領土的改變不以有關人民自由表達的願望爲依據。」其第三條稱：「他們尊重所有人民選擇其政府形式的權利，他們願意見到那些人民能恢復其強被剝奪的主權和自治。」但邱吉爾隨後便澄淸了他的立場，他將此種理想局限於「納粹桎梏下的歐洲國家」，並不及於其他地區。直到一九四四年，英國的殖民大臣瓊斯(Arthur Creech Jones)仍堅持其殖民主義的主張。

獨持異議的大國仍是美國，一九四二年五月三十日，其國務次卿威爾斯（Undersecretary of State, Summer Welles）表示：「我們的勝利必須導致所有國家的解放，帝國主義的時代已經結束。」七月二

十三日，其國務卿赫爾（Cordell Hull）又再度澄清美國的立場說：「我們常常相信，我們今天仍然相信，所有人民，不分種族、膚色或宗教，凡準備和願意接受自由的責任者卽有權享受自由……這是我們過去的目的，亦將是我們將來的目的。運用我們全部的影響力來支持所有的人民獲得自由，這些人民，以他們的行動，表示他們值得獲得自由，而且準備爭取自由。」

民族主義運動之眞正抬頭與如火如荼，事實上應係始自一九四五年四月二十五日至六月二十五日的舊金山會議，由中、美、英、蘇四強出面邀請，制定了聯合國憲章，便強調了民族自決的原則。惜乎此一憲章仍停留在紙上談兵階段，若干大國對之置若罔聞，於是亞非各地殖民地之獨立戰爭乃如烽煙之四起，天下一片擾攘。許多地區獲得民族自決了，但却是流血來的，人類付出了巨額的代價。而仇恨的種子却仍在四處散播之中。這便導致了一九六〇年聯合國大會「承認殖民地人民獨立宣言」之通過。這個宣言認爲外國統治是人權的否定，不但是違反聯合國憲章，而且是促進世界和平的障礙，所有人民均有自決之權，均有自由決定他們的政治地位和他們經濟、社會和文化發展之權。任何阻止一個國家的民族統一和傳統完整的企圖，均與聯合國憲章不符。更重要的是，這個「獨立宣言」更規定了「缺乏準備」永遠不能作爲拖延獨立的藉口。

非洲的民族解放運動也許可以說明民族主義在世界各地所以如火如荼的原因。政大外交所教授楊逢泰著迦納的民族主義運動一書，就民族主義的鐘聲驚醒非洲的原因提出了看法：

(1)戰爭散佈了人權思想

大批非洲人參加殖民國家的海外部隊作戰，試看此種現象：

①東非土著部隊從平時編制的一一、〇〇〇人擴充到二二八、〇〇〇人。

②西非土著部隊從平時編制的八、〇〇〇人擴充到一四六、〇〇〇人。

③尼亞薩蘭（Nyasaland）每三個壯丁便有一人在海外服務。

他們感染了大西洋憲章、聯合國憲章、人權宣言之思想。

(2)新的領袖業已產生

如迦納的恩克魯瑪（K. Nkruma）、肯亞的甘雅泰（Kenyatta）、尼日利亞的阿齊克威(Azikirve)、坦干伊喀的倪爾瑞（Ngerere）均曾在英法受教育，得到了新的知識，學會了領導統御和組織的技能。

(3)工業化以後，城市興起，人口集中，而傳播工具更引導他們進入了現代化。

①比屬剛果都市居民在一九三八年佔全人口的百分之八·三三，在一九四六年佔百分之十五，到一九五四年佔百分之二〇·五。

②法屬塞內加爾的達卡城（Dakar）在一九一〇年的人口爲二四、九一四人，到一九五五年就增加到三〇〇、〇〇〇人。

③尼日利亞的拉哥斯城（Lagos）在一九二〇年的人口爲七四、〇〇〇人，到了一九五五年，就增加到二七〇、〇〇〇人。

(4)殖民國家統治力量的衰退。

(5)自我能力的發現與承認。

十、民族主義之建立過程及其目的

（關於這個問題，我將在我行將出版的另一部著作「國父思想新論」中加以詳述。此處即不復贅論，而只提一個綱目。）

(1)受異族欺凌、統治、壓迫

①軍事的侵擾

②政治的控制

③經濟的剝削

④思想的影響

⑤實質的佔領

⑥不平等條約的束縛

(2)民族生活發生困難

①民族生存失去保障

②民族生計無由發展

③民族生命頻臨斷絕

(3)民族的覺醒

①卓越領袖的產生

②工業化使人口集中

③傳播及交通之發達

④外界思想及時代潮流之衝擊

(4)民族主義之鼓吹及其廣泛運用

①增進自我認識——強調人羣之爲共同，如血統、生活、語文、風俗習慣、宗敎、地理、歷史、傳統等之共同。

②誇耀自我成就

③加強自我團結

④強調異族差異

⑤醜化敵人面孔

(5)民族國家的建立

①自由（不再受異族覊絆）

②平等（不再受異族歧視）

③統一（各宗族之併合而爲一）

④獨立（建立其自我之民族國家）

這幾乎可以說是一種「程式」，現代民族主義之建立過程，乃是先則有異族之欺凌、統治與壓迫，於是造成民族生活發生困難之現象，因而造成民族之覺醒，於是利用民族主義之鼓吹與行動，乃卒有民族國家之建立。

上述五點幾乎有着連鎖的關係，也可以說是外在的壓力與內在的自覺兩相刺激，兩相影響，兩相纏鬥的結果。

十一、作用、貢獻、流弊、救濟

(1)作用　有如一股洪流，一發便不可收拾。既具巨大無比的整合力，亦具巨大無比的分解力。史達林在德軍壓境之日，所憑以抗敵者不是共產主義，而是民族主義，可見民族主義比共產主義更具威力。法國第四共和結束之前夕，其大將薩蘭將軍空有四十萬精銳的法軍，却無法對抗裝備低劣的阿爾及利亞游擊隊，更可見民族主義之力量。藍道爾（J.H. Randall）說：「今日人們尚肯爲其捐軀赴死之觀念，不啻祇有民族主義。」

(2)貢獻——增進幸福的道路

①促進人類的自我覺醒　人類本在懵懵懂懂中，卽或生活在一起，而成爲一個人羣，但不一定要有彼此的聯屬性，更不一是要有密不可分的感情，民族主義的思想起來後，人類開始逐漸覺醒，一個人羣之成爲一個民族，是民族主義之故。

②清除帝國主義的壓迫　在民族主義思想沒有出現以前，許多人羣業經受着帝國主義的壓迫，而且歷有時日，但痛苦固然感到痛苦，却也想不出適當的法子可以將之擺脫，自從民族主義思想起來後，人類覺醒了，也認清了敵我，更團結一致了，就這樣子容易，帝國主義被淸除了。

③鼓舞弱小民族的獨立　在民族主義思想沒有抬頭以前，那些被壓迫的弱小民族無不將其命運歸之於上帝或上天或神祇的安排，他們絕不存心反抗，因爲他們相信反抗是徒然而沒有用的，那就乾脆聽天由命算了，但是民族主義興起以後，他們的想法變了，他們也認識了自我的存在和價值，於是他們在卓越的領袖或聰明的先知的號召下採取了行動，他們知道，除非他們自己不要獨立，則無話可說，如果自己想要獨立的話，是任誰也阻止不了的。

④達成人類平等的目標　在民族主義思潮未曾澎湃以前，人羣與人羣的關係是不平等的。有的是

統治與被統治的關係，有的是壓迫與被壓迫的關係，有的是奴役與被奴役的關係，彼此之間，雖有快樂與痛苦的感受上的不同，但相安無事，不但如此，被統治者、被壓迫者、被奴役者反而有「無上光榮」的感覺，此話絕非浮誇，只看抗戰前英國租界上那些「印度阿三」的神氣和嘴臉，你就覺得無人騙你。但是民族主義的思潮來了，即使「印度阿三」也要回去跟隨着甘地鬧革命，爭平等了，人類的平等，怎能說與民族主義思想沒有關係？

民族主義的最大貢獻，無疑地是增進人類的幸福。

(3)流弊——滿載炸藥的列車

①塑造不同型態的民族個性　在民族主義思想出現以前，人羣就是人羣，它可能是一個氏族，一個部族，一個宗族，也可能已經是一個民族，但它對於它自己的個性可能茫無所知，它只是隨遇而安而已，它當然更不可能重視它的個性，強調它的個性；所以人羣與人羣之間縱或多所差異，但不一定有衝突，而衝突之起也不一定是由於個性之不和而來。現在民族主義的思想起來了，為每一個民族塑造了不同的個性，而民族衝突增加了，這是無可避免的事。

②製造對立仇恨的感情因子　在民族主義思想沒有發達以前，不是說沒有壓迫被壓迫，奴役被奴役，但快樂關快樂，痛苦關痛若；對立的關係，仇恨的感情，則是談不上的。被壓迫者與被奴役者從來便沒有想到要解脫，要報仇，即便說有仇恨吧，也是個別的，也是不深刻的，絕非整個人羣的，更無不共戴天的三江四海都洗不盡的感受。但民族主義的思潮來了，人羣與人羣之仇恨愈來愈深了，幾百年前的老帳都翻了出來。舉個例子來說，　國父從事革命，為何不提張獻忠的七殺碑：

「天生萬物以養人，人無一德以報天，殺、殺、殺、殺、殺、殺、殺！」

却偏要提「揚州七日，嘉定三屠」？難道滿洲人入關所殺的中國人比張獻忠所殺的中國人還要多？不是的，只因爲張獻忠是「漢人」——其實是「漢賊」——的關係。我們說，在這個世界上，人羣關係已經够惡劣了，民族主義却還要到處點火，火上加油！

③演成空前緊張的國際關係　在民族主義的思想沒有發達以前，國家與國家之間的關係從來沒有一如今日這般的緊張過，並非沒有糾紛，沒有爭執，沒有戰鬥，嚴格說來，那都是一些無意識的行爲，正等於幾個白痴，或幾個鄉愚在爭執，在吵鬧，談不上深仇大恨，現在不同了，民族主義的興起，使國家有了靈魂，國際間不打仗則已，一旦打了起來，那就一定要拼個你死我活。因爲這個戰爭所牽涉的，不僅是國家的利益，而且也牽涉到民族的感情。在這樣情勢的相逼之下，國際關係那有不益見緊張的？

④糾紛動亂戰爭的層出不窮　在民族主義思想興起以前，世界各處並非沒有糾紛、動亂和戰爭，但少的太多了。在人類過去的歷史上，曾有幾次大規模的戰爭，包括蒙古西征，十字軍東征，戰爭的次數既不多，規模也不大，但現在不同了，僅以本世紀而言，就有兩次世界大戰，一次韓戰，一次越戰，三次中東戰爭，韓戰、越戰和中東戰爭似乎是地區性的，其實牽扯到的民族和國家之多，是難以估計的。而一切戰爭也無不與民族主義有着密切的關係。

藍辛說：現代民族主義的思想有如滿載炸藥的列車，眞是絲毫不錯！「吹皺一池春水，干卿底事？」還說哩，就是你一個人（民族主義思想的發明者也不知究竟是何許人物，「始作俑者，其無後乎？」）的關係。

萊特（Q. Wright）也曾有如下的一段話，非議現代的民族主義思潮，他說：

「民族主義已發展一個階段，使得人類在政治方面，均屬過分緊張，在經濟方面，則各嫌欠缺不足。除了重行加以解釋，予以改變，否則民族主義勢將毀滅整個人類文化。」

柯恩（Hans Kohn）亦批評民族主義，認其破壞人類之自由。

海斯（C.J.H. Hayes）亦予以惡評，認爲這種思想至少造成四大禍害，那便是：偏向自尊自大，養成盲從心理，着眼尚武備戰，鼓勵整齊劃一。這是從另一角度予以批評，不能說毫無價值，至少值得我人參考。

(4)救濟　西方的民族主義不能說百無一是，至少從上面客觀的評斷來看，它是功過參半的。姑不論其功過如何，它之業已存在，則是另一項事實，我們既不能拋棄它而回到古代去，卽使回到古代，我們也同樣不會快樂，否則我們便不會走到現代來的。既然生活在現代了，那我們就祇有將就着使用這一切既有的觀念和器皿，如果它有缺點，不是如何棄置，而是如何改進的問題，就西方的民族主義而言，一方面，我們必須承認其缺點是愈來愈少了，另一方面，我們知道也並非便無人提出改革救濟之道。海斯的意見包括如左的四點，可以代表一般共同的期望：

①開拓國際視線　海斯認爲「民族主義，原本是帝國主義之摧毀者，而今却又成爲新的帝國主義之孕育者與鼓動者。」這實在是一個嚴重的問題，要加以避免，首先要開拓國際視線，不要太強調族國利益，這就是「自我中心」（egoism）的修正問題，自我中心帶來自私與偏見，帶來戰爭與衝突，是應該盡量減弱的——不是完全泯除，完全泯除是不可以的，正猶如一個人一樣，不能沒有自尊和自信，民族和國家也是同樣的，但不能太強太烈，過於強烈，一定傷害到其他人或民族國家的存在。

②宣揚各國文化　各民族各國家均各有其自我之文化體系，何妨加以有效的宣揚？民族國家間之溝通發生困難，主要的原因實來自相互的不瞭解與文化的差異。何謂高文化？何謂低文化？嚴格地說，

並無一個客觀的標準，若是文化能够交流，則自有同化之作用，而溝通便可以增加，瞭解亦可以增加，仇恨可以消除，怨憤可以減少。

③增加人民接觸　各民族國家間之常有誤解，坐井觀天，自以爲是，固然是一個重要的原因，文化不同，生活各異，也是一個重要原因，而人民與人民之間缺乏接觸，有所隔閡，也不能不說是一個重要的原因，所以海斯主張人民之接觸應盡量增加，則一切誤解自然冰釋。民族之對抗與糾紛，應從根本處着手解決，增加人民接觸，人民有了友誼　則民族自然沒有了糾紛。

④欣賞文化歧異　各民族有各民族之文化，誠如前述，文化很難有高低之分，若能以欣賞眼光去從事觀察，則一切均堪欣賞，均有特色與其可取之處，原始有原始之美，古典有古典之美，現代有現代美之，在現代生活中，需要原始和古樸，在野蠻生活中，需要現代和新潮，文化一如消費市場，供需狀況視市場心理而定，消費市場之需要常是瞬息萬變，生產者之供給絕不可掉以輕心而不予重視。我不知別人對高山族高歌一曲時的感受如何，但我曾聽過政大邊政研究所一位眞正高山族研究生的歌聲，他使我感到沒世難忘，尤其是那渾厚和粗曠。

除了上述海斯所舉出的四條途徑之外，據我所知，許多經濟學者則舉出增進國際貿易也是可行途徑之一。國際商品的交流自亦不失爲促進民族瞭解的有效方法。在臺灣的市場上，充斥了來自各國的舶來品，其品質之優劣，其價格之高低，予人們之印象極爲深刻，民族間之相互尊敬與信任，往往與此有着密切的關係。我國近年來在國際上聲譽鵲起，號稱經濟大國，不能說與國際貿易沒有關聯。

第三節　世界主義(Cosmopalilanism)

一、定　義

美國社會百科全書曾就世界主義（Cosmopolitanism）一名詞下了如左的一個定義，他說：

「世界主義是主張個人以其眷戀故鄉和親屬關係的類似態度來對待世界人類，把世界看作更大更高的祖國的一種心理狀態。」

大英百科全書亦曾爲世界主義下了一個如左的定義：

「世界主義屬於一種世界公民，他的同情、關心和文化不限於自己的人種或國家而遍及於世界和人類。」

國父孫中山先生則極簡單的表達了他的看法：

「不分夷狄華夏，就是世界主義。」

據此，吾人似可爲「世界主義」下一簡明扼要的定義：

「世界主義者，乃是一種信仰狀態，其人之眷戀對象非復故鄉或國家，非復宗族或民族，而以全世界全人類爲之，其人可稱之爲世界公民，而不復隸於任何國家民族，而對於其他一切之人類亦抱民胞物與之精神，絕無歧視之態度。」

二、由來及其產生之原因

(1)由來久矣　在我國禮運大同篇卽已有此思想，在西方，則斯多噶（Stoics）學派及基督教義亦揭此主張。

(2)產生原因　有些主義之產生，乃是歷史演進之結果，換言之，乃是先有現象，後有理論，理論乃是基於現象而來，理論乃是爲了解釋現象，如資本主義(Capitaliom)便是一例，人或有曰，在人類社會中，即從來沒有過資本主義的社會，確未爲過，於此，容當於第四章中詳論，此處非所解釋之範圍。但就世界主義一思想而言，則可能僅有理論，而迄無現象。如我們視之爲一種空想主義，亦未爲不可。

至於其產生的因由則包括：

①思想家之特殊氣度及悲天憫人之情懷。

②民族國家間之爭戰頻繁，而且規模巨大，人類有被毀滅之可能。

③人類普遍覺醒，渴望和平得以長久。

④民主政治之影響，從人權的維護進以求人類之共存共榮。

三、派別理論

(1)安那其主義(Anarchism 即無政府主義)　其主要人物有傅立葉(Charles Fourier)、聖西門(Henri de Saint-Simon)、卡佩(Etiènne Cabet)等，主張廢棄法律、政府及私有財產，以達成人皆平等之理想。

(2)馬克斯主義(Marxism 即共產主義 Communism)　其主要人物有馬克斯(Karl Marx)及恩格斯(Friedrich Engels)等，主張實行世界革命和國家消失論，幻想人類有一個沒有國家、沒有階級的「新共產社會」。在「新共產社會」裏，人類是自由的而且平等的。

(3)基督教社會主義(Christian socialisn)　其主要人物均爲基督教之教士，其代表人物則爲茅利斯

(J.F.D. Maurice)、荆司累(Charles Kingsley)與勒特魯(Ludlow)等。他們深信「耶穌說：凡遵行上帝意志的人，就是我的兄弟姊妹。」(馬可福音)的道理，主張人類不應互相殘殺，而應有博愛的精神。

(4)我國傳統的世界主義

①禮運大同篇的理想社會

a.政治主權——「天下爲公」(非一人一姓一族所可得而私。)

b.政治制度——「選賢與能」(賢者有位、能者在職的「賢人政治」。)

c.政治關係——「講信修睦」(推誠相待，言出必踐，守望相助，近悅遠來。和平雍熙而無戰爭。)

d.社會現象——「人不獨親其親，不獨子其子。」(博愛而重人倫。)

e.社會制度——「老有所終，幼有所長，壯有所用，鰥寡孤獨廢疾者皆有所養。」(社會安全制度之建立，人民各遂其生，各得其所，安和而樂利。)「男有分。」(充分就業，人民無失業之虞。)「女有歸。」(婚姻快樂，美滿家庭賴以建立。)

f.財產制度——「貨惡其棄於地也，不必藏諸己。」(承認私有財產制度，反對浪費，但却不以自私自利爲經濟制度之基礎。)

g.勞動觀念——「力惡其不出於身也，不必爲己。」(鼓勵勞動，勞動爲個人應盡之義務，却不強調自利之動機。)

h.必然結果——「謀閉而不興，盜竊亂賊而不作，故外戶而不閉，是謂大同。」(道不拾遺、夜不閉戶，無盜竊，無亂賊，和平安謐，止於至善之境。)

②論語的境界

「四海之內，皆兄弟也。」又有曰：

「子張問仁於孔子，孔子曰：『能行五者於天下，為仁矣。』『請問之。』曰：『恭、寬、信、敏、惠。恭則不侮，寬則得衆，信則人任焉，敏則有功，惠則足以使人。』」

這兩段話，代表一個世界主義的理想：

a.博愛——人際關係，如兄如弟，如手如足。

b.恭——人之相待以恭，敬禮無違，故和諧。

c.寬——人之相遇也寬而且厚，故兩皆相得。

d.信——言出必踐，彼此互信互賴，乃無欺無詐無爭。

e.敏——凡事敏捷處置，絕不拖泥帶水，故立竿見影，凡事有功。

f.惠——遇人以恩，而忌刻薄，故人皆可使。

③張載的理想

「民吾同胞，物吾與也。」——這是張橫渠（載）先生在所著西銘中所提出的境界，不但要愛民，也要愛物，愛是一種最完美的境界，人生有了愛，就有了滋潤，人類有了愛，就有了前途，民胞物與就是愛的意思，　蔣總統勉國人以親愛精誠四字，是大有道理的，臺大的校訓「敦品勵學，愛國愛人」也是很可取的觀念。

④康有為的遐思

清末保皇要人南海康有為氏著「大同書」，他主張「破除國界」以致大同，他說：

「夫以有國對立，兵爭之慘如此，人民之塗炭如彼，此其最彰明較著者矣。……今將欲救生民之慘禍，致太平之樂利，求大同之公益，其必先自破國界去國義始矣，此仁人君子所當日夜焦心敝舌以圖之者，除破國界外，更無救民之義矣。」

所謂「破國界」、「去國義」，其意蓋謂不可以有國家觀念，而國家民族之觀念實世界大同之障礙也。

(5)經濟的世界主義

所謂經濟的世界主義，乃是作者個人杜撰之名詞；其意是說尚有一羣經濟思想家純從經濟眼光出發，以求達成世界主義之目標，其主要人物，包括如左之三人：

①亞當斯密(Adam Smith) 他著「原富」(Wealth of Nations) 一書，主張打破關稅壁壘，進行自由貿易，消除經濟上的國家。他認爲經濟上的國家利益是國家民族衝突之源泉。

②塞伊 (Jean Baptist Say) 他是一位法國思想家，他主張經濟應爲全人類的利益着想，不應只顧及個別國家民族的利益。只顧及個別利益或單獨利益，是一切衝突之源。

③彌勒 (John Staurt Mill) 他是英國思想家，其「經濟學原理」一書，亦乃古典學派名著之一，他提出：「國家貿易的擴大，是世界和平的保障」的說法。

(6)現代西方之世界主義思想

早在希臘時代，蘇格拉底 (Socrates) 便曾如此慨然地說：

「我不僅是雅典和希臘的公民，我更是一個世界的公民。」

蘇格拉底的這個話引起了無數智者的共鳴，費廸曼 (Clibton Fadimam) 便嘗如此說：

「蘇格拉底的話，今日比以往更有力量。如果我們不把自己看作整個人類的一份子，人類也許就在這一個時代裏，便要降爲蠻荒時代的野獸了。」這話是極爲認眞的。

在本世紀中，西方出了一位名儒，那便是英國的哲學家羅素（Bertrand Russel），他可稱得上一位現代西方世界主義的代表人物。他在一九四八年出版了「世界之新希望」（New Hope for A Changing World）一書，在書中，他建議成立一個「世界政府」（World Government），他對於人類之未來是充滿了幻想的。他說：

「世界政府若欲防止重大的戰爭，則其必須保有一些起碼的權力。首先，它必須佔有重要的戰爭武器，且保有適當的軍力以供使用。我們必須採取一切必要步驟，保證此軍隊在任何情況下均效忠中央政府。世界政府應公布使用此軍隊的規則，其最重要條款應爲：兩國間若有任何爭端，各當事國應服從世界政府的裁決，對任何使用武力的國家則認爲是公敵，世界政府得以武力制裁之。這些權力是爲保持和平所必要的。世界政府有了此等權力之後，自然將有其他權力。如立法和行政機關當然是必須有的。……」

羅素亦承認人類有其基本衝突之存在，是卽人口、種族和信仰的問題，如何避免？羅素的答案是經濟平等、教育普及、技術現代化等。但他自己對此亦並無絕對信心，祇認爲此種構想祇不過是一種「展望」而已，實現的可能性當極渺茫，因此他的結論也仍然是模稜兩可的：

「……現在的情勢距此尙遠，所以我們的結論也許似乎是黯淡的，不過它也有其決非黯淡的一面。」

在我國現代亦有一位名學者，那便是胡適，他受的是西方的教育，他亦持世界主義之主張，與羅素二人東西輝映，其見解亦殊卓越。他的具體主張包括：

①摒棄狹義的國家主義。他說：

「今之大患，在於一種狹義的國家主義，以爲我之國須陵駕他人之國，我之種須陵駕他人之種。……凡可以達此自私自利之目的者，雖滅人之國，殲人之種，非所恤也。凡國中人與人之間之所謂道德、法律、公理、是非、慈愛、和平者，至國與國交涉，則一律置之腦後，以爲國與國之間，強權卽公理耳。所謂「國際大法」四字，卽弱肉強食者也。……此眞今日之大患。吾輩醉心大同主義者不可不自根本着手。根本爲何？一種世界的國家主義是也。」

②主張人道主義。他說：

「己所不欲，勿施於人。所不欲施諸吾國同種之人者，亦勿施諸異國之人也。此孔子所謂『恕』也。……」他又說：

「今世界之大患爲何？曰：非人道之主義是已，強權主義是已。弱肉強食，禽獸之道非人道也。以禽獸之道爲人道，故成今日之世界。」所以他主張：

「救世之道無他，以人道易獸道而已矣，以公理易強權而已矣。」

③主張廢止自我中心與自衞觀念　他認爲人類之所以不能和平相處，主要在於每個人都以自我爲中心及動輒自衞之觀念，所以他說：

「我以爲今日世界之所需乃過度『自我』優越的廢除。我們這一代的人，多數過於重視『自我中心』的哲學；『自衞』的觀念也未經考驗。因此，種種權宜的手段，却假『自衞』之名而付諸實行；非但如此，種種罪行，也都假『自衞』之名而起。」

④主張非戰主義　胡適甚至反對一切戰爭，認爲一切戰爭都是「非義」的，他說：

「如謂戰爲非義，則不可謂戰有時而義。歐洲社會黨之失敗，在於強析戰爭爲兩種：侵略之戰爲不義，而自衛之戰爲義。乃戰爭之起，德人皆以爲自衛而戰耳，法之人亦以爲如此，俄之人亦以爲如此，於是社會黨非攻之幟倒矣。」

⑤期待混同的世界文化之出現　胡適對於世界主義固有甚多奇想，但亦有頗切合於實際者，是即對於世界文化之期待也。他曾有如下一段的話：

「自從輪船與火車出來以後，世界上距離一天天的縮短，地球一天天縮小，人類一天天接近。……這些重要的交通工具，在一百年之內，把地面更縮小，把種種自然的阻隔都打破了，使各地的貨物可以流通，使東西南北的人可以往來交通，使各色各樣的風俗習慣，信仰思想，都可以彼此接觸，彼此了解，彼此交換。這一百多年，民族交通，文化交流的結果，已經漸漸的造成了一種混同的世界文化。」

嚴格地說，胡適之的世界主義思想較之羅素似乎更切實際，但是我們觀察其人一生之行徑，雖非熱心政治者流，但亦絕非毫無興趣，而理想與實際之間，似乎也不無距離，在他的個性表現中，有許多矛盾之處，他一生最欣賞范希文的一句話：「寧鳴而死，不默而生。」我們怎能說他是一個毫無「自我中心」，是一個與世無爭的人？

(7)一次大戰期間的世界主義運動

在第一次世界大戰之前，世界各處風雲險惡，有識之士，莫不爲之驚心，故有世界主義之運動，其中鉅子包括如左數人：

①墨茨（Dr. John Mez）　墨茨博士爲德國人，一九一四年十二月，世界學生同盟會（"Carda

Fratres" International Federation of Students）開第八次大會於美國之綺色佳（Ithaca），墨氏與會，被舉爲同盟會長。其人乃一理想家，能執其善而固之者，不爲流俗所移。此次盛會，胡適正留學美國康乃耳大學，亦以學生代表身份周旋其間，據其在留學日記中所寫，對其印象極佳，認爲他「愛國之心不如愛主義之心之切也，其愛德國也，不如愛人道之篤也。」又說：「今見博士，如聞鳳鳴，如聞空谷之足音。喜何可言？」

②訥司密士（Dr. George W. Nasmyth） 氏爲美國籍之學者，嘗周遊歐陸諸國，隨在演說，鼓吹世界主義之思想，曾創設大同學生會，時爲「世界和平基金會（World Peace Foundation）」之董事，於世界和平之前途，極具信心。

③其他重要人物

a. 安吉爾（Norman Angell）
b. 陸克納（Louis P. Lochner）
c. 麥克唐納（James G. MacDanald）
d. 甘乃特（Lewis S. Gannett）
e. 狄更生（Caroline E. Dickson）
f. 伍德（Eleaner D. Wood）
g. 克萊佛士夫人（Mrs. Kliefoth）
h. 克魯克（Wilfred H. Crook）
i. 貝爾（James C. Bell Jr.）

j.尼可爾遜（Nicholson）

④活動

以德國的墨茨博士、美國的訥司密士博士以及英國的安吉爾博士爲首的這一羣世界主義的理想家，他們曾有各種活動的組織，亦具活動之基金，據胡適日記之所載，他們復曾於一九一五年六月十六日起在綺色佳城（卽康乃爾大學所在地）集會兩週，會議名稱爲「國際政策討論會」（Conference on International Relations），與會者皆各大學名流學者及出色之學生領袖，胡氏亦與其列，所討論者無非如何致力促進世界和平，消弭人類爭端。

考當時實爲一國家主義，亦一民族主義，亦一帝國主義猖獗囂張之時代，據胡適日記之所載，卽以美國而言，自從美墨戰爭以後，美國卽普遍流行「不論是或非，她終是我的國家。」（"Right or Wrong, My Country!"）我們知道這句話原本是美國一位海軍將領第開端（Stephen Decatur 1779-1820）所說的，他說：

> "Our country! In her intercourse with foreign Governments may she always be in the right; but our country, right or wrong!"

就世界主義而言，此一觀念，實屬一種莫大的禍害。它使人但知有國家，有民族，而不知尙有公道和正義。就弱小族國而言，此種理論容或能激起民衆之奮發向上之自強心，但如過分強調，則勢必形成帝國主義而造成惡劣影響。世界主義思想家之活動，主要卽以此種思想作爲其抨擊之對象。

第四節 國際主義 (Internationalism)

一、定　義

班累斯福 (H.N. Brailsford) 曾就「國際主義」(Internationalism) 一名詞下了如左一個定義：

「國際主義乃是一項理想，要產生一個超越各民族國家而具有機體的大社會，卽將各個民族國家包括在內而爲其構成份子，每一份子雖受上面控制，却仍保留其獨立職能與活力。國際主義雖然企求能夠克服而超越民族國家間之仇恨……並且限制各民族國家的主權，但是對於各民族之個性仍予維護，祇是略加調節控制而已。」

這個定義將國際主義說得十分明白，國際主義原非一種理論，而純係一種現象，一次世界大戰後的「國際聯盟」、二次世界大戰後的聯合國，都是一種政治現象，它與世界主義之純係一種理論，固有迥然不同之處。此一定義只不過刻劃國聯與聯合國之面貌而已。

二、現象濫觴

國際主義並不否定國家與民族的存在及其性格，只是藉國際聯合以解決彼此之爭執與共同之問題而已。或有曰，國際主義乃是針對國家主義 (Statism) 而產生，其實國家祇是軀體，民族才是靈魂，靈魂控制軀體，國家之一切行爲，尤以就現代而言，何者又非「民族」之傑作？換言之，國家問題，就是民族問題，國際對抗就是族際對抗，然則國際主義，實則卽是族際主義。而在文字之運用上所謂 "Internationalism"，固亦有其深意，然則爲何不用 "Interstatism" 一詞？其實這是一個二而一，一而二的問題。在現代，民族主義發達後，國際主義應運而生，以圖解決彼此爭執，在古代，民族主義沒有發達，照樣有國際主義以解決彼此爭端。這就牽涉到「現象濫觴」的問題。

就「現象濫觴」而言，我們曾看到不少的「縱橫捭闔」，就其著者言之，則莫如

(1)我國春秋時代的霸主會盟制度，齊桓、晉文之輩藉會盟以聯諸夏，進以討伐蠻夷不服之邦。齊桓公伐楚盟屈完卽是一個顯例。據左傳之所載，魯僖公四年春，齊桓公率諸侯之師伐蔡，旣勝，乃伐楚，楚問被伐之故，管仲的答覆是：

「昔召康公命我先君太公曰：『五侯九伯，女實征之，以夾輔周室。』賜我先君履，東至於海，西至於河，南至於穆陵，北至於無棣。爾貢包茅不入，王祭不共，無以縮酒，寡人是徵，昭王南征而不復，寡人是問。」

這一事件用現代語言來表達，乃是齊國在會集其他各國組織聯合國軍以後，前往討伐楚國，管仲是齊國的總理大臣，亦卽兼任聯合國軍之總參謀長，或聯合國之秘書長，他加給楚國的罪名有二，其一是久未向朝廷（周朝王室）進貢，有不臣之心，其二是周昭王南巡未返，楚國保護未周，應負責任。他對於自己的立場也認爲很站得穩，他是代表周朝王室來興師問罪的。因爲當時是封建社會，一切諸侯均應聽命並效忠於周王，楚旣不忠，卽爲破壞社會安全，擾亂政治統一，造成「國際」不安，所以言之成理。這件事最後是和平解決了，因爲一則由於聯合國軍並無必勝的把握，二則由於楚國之屈服，楚國的使節屈完太能幹了，便只是幾句話，就化干戈爲玉帛了。但由此也可見出卽使在古代，國際主義也是解決問題的方法之一。

春秋時的霸主很多，包括齊桓、晉文、楚莊、秦穆、吳王夫差、越王勾踐，霸主的特權在表面上看，是會盟時的「執牛耳」，其實則是「超級強國」，有對其他弱小國家發號施令之權。它與今天聯合國唯一不同的地方是沒有經常的組織，今天的聯合國重在以政治手段解決問題，而當時則重在以軍事解決問題。今天的超級強國在聯合國安全理事會中享有否決權（Veto power），與當年的霸主獨佔執牛耳之權，其差別又安在？

(2)我國戰國時代蘇秦倡合縱，組六國同盟以抗虎狼之秦。蘇秦爲趙國相，遊說齊、楚、燕、韓、魏，配六國相印，而秦兵卒不敢出函谷關一步。這也可說是一種國際主義的制度。蘇秦的合縱策略，使當時的集體安全得以確保。

(3)歐洲十字軍的東征也多少有着聯合國共組軍隊以維持國際安全的意思。

在一個多國家的社會裏，不管是古代也好，現代也好，國家與國家之間，總有着一些爭執　在古代，爭執是單純的，而解決的方法也較簡易，戰爭幾乎是唯一的方法，但力量有強弱之分，弱不足以敵強，惟一轉弱爲強的方法便是弱者的大聯合。弱者之大聯合，便形成一種強大的武力，是可以自保，也是足以維持國際秩序的。弱者中亦有較強者，較強者爭領袖地位，也是難免的，春秋稱五霸，戰國有七雄，互稱霸主，互爭雄長，是必然的現象。而會盟和聯合這種手段之被採用，在今天來看，固然是古老的法子，但也正是今日國際主義現象之由來與濫觴。

三、人物與理論

雖然現代的國際主義只不過是一種政治現象，但在較早時期，人類中早有許多思想家提出了一些構想而形成國際主義之先驅，其著者如：

1.但丁（Dante Alighieri）　他在十四世紀初葉卽寫了一本名爲「君主國」（De Monarchia）的書，提出其世界國的構想，他認爲世界能統一，自永無糾紛，所以他懷念當年羅馬帝國的宏規。

2.杜布瓦（Pierre Du Bois）　他在一三〇六年卽寫了一本名爲「論收復聖地」（De Recupuratione Terrae Sanctae）的書，提出世界邦聯的計劃。

3.蘇理（Duc De Sully）　他曾任法王亨利第四的首相，他在十七世紀初葉所提出的「計劃書」(Memoires)，是第一個提出和平大計劃的人。主張共組歐洲聯邦，聯邦有聯邦議會，裁決彼此間一切糾紛爭執。

4.柯魯賽（Emeric Crucé）　他著有「新世界觀」（Le Nauveau Cyneé）一書，他目睹三十年戰爭的慘狀而力主獨立國家應聯合而組成一世界聯盟（World Union）之必要。他建議應有常設會議，此會議之作用在解決國際爭端及維持公共安寧。

5.彭恩（William Penn）　他是一位美國人士，他在一六九三年著「論歐洲和平之現在與將來」（Essay toward the Present and Future Peace of Europe）論文集，便主張設立「歐洲議會」（Parliament of Europe）解決彼此爭端。

6.聖比葉（Abbé de Saint-pierre）　他是法國一位修道院的院長，他在一七一二年所著「實現歐洲永久和平計劃書」（Mémaires Pour Rendre la Raix Perpétuelle en Europe）中，主張歐洲二十四個基督教國家組成一個聯盟，就今日之語彙而言，實卽一個邦聯，聯盟設議院（Senate），由會員國各派二人代表組成之，設立聯盟軍，經費由各會員國按收入分擔。曾送各國君王及當道，普魯士的腓德烈大帝大加讚賞，認爲可行，法王路易十五的首相傅雷瑞（Cardinal Fleury）則予以諷刺，他說：「計劃雖好，只可惜未有遣使轉變各國君王心意之規定。」法儒盧梭十分欣賞，曾在一七六一年寫了一本「聖比葉永久和平計劃綱要」（Extrait du Projet de Paix Perpétuelle d M. l'Abbé de Saint-pierre）的書，加以推崇和介紹。

7.邊沁（Jeremy Bentham） 他在一七九三年著「國際法原理」（Principles of International Law）一書，其中一章名爲「普遍和永久和平之方案」（A Plan for an Universal and Perpetual Peace），他認爲和平不可分割，他主張縮減軍備、放棄殖民地、設置仲裁法庭、排斥秘密外交等。認爲政治家而僅以國家利益爲着眼點，則人類將永無和平之可言。

8.康德（Immanuel Kant） 他在一七九五年著「永久和平之路」（Eum Ewigen Frieden）一書，他主張國家應脫離絕對的放任而遵循理性的法治，各國應組織「國際聯合」以實行聯治。他建議「一切常備軍應在相當期間後完全廢除。」「國際法之成立，應以一切自由國家之聯治爲其基礎。」「各國人民應自由往來，包括旅行和交通。」

朱建民敎授曾著「國際組織」一書，對這些思想家的意見曾經作了一個簡單的綜結。他說：

「這些理想家所設想的國際組織只是歐洲的組織，而非世界性的組織，原因是他們主要受了歐洲戰爭的刺激。他們的共同之點可歸納於下：1.創立國際組織，各國須先訂立正式條約；2.設立會議，會員國均可參加；3.會議採多數決，無需全體一致；4.會員國必須和平解決其爭端；5.對於違反共同原則從事戰爭的國家實施經濟、軍事制裁；6.有些主張提供軍力，供國際機構使用；7.規定經費分攤辦法。」

「這些計劃卽令不完備，不少已容納於十九世紀和二十世紀的國際組織之中。」這是朱敎授的結論，也可看出他們的意見於現實的政治家多少尚有其作用，若謂毫無影響，自非持平之論。

四、制度與實施

在一百年以前，法國的大文豪雨果（Victor M. Hugo）曾預言說：「總有一天，戰場會變成貿遷有無的市場，槍炮、子彈會被大小國家一體參與的投票所取代，天下萬國會組成一個至高無上的議會，其裁決將被視爲莊嚴而神聖。」

這個預言到了現代，簡直幾乎完全成爲事實了，至少「雖不中，亦不遠」了。尤其當民族主義的理論興起以後，民族國家與民族國家間的衝突愈來愈多了，也愈激烈了，到今天，國際主義似乎已被當作唯一解決問題之道途。

自十九世紀以來，政治學界卽流行「國際組織」（International Organization）一名詞，它是一種制度（An institution），也是一個過程（A process）。根據朱建民教授在其新著「國際組織新論」一書中之所分析，則「組織含有持久性與獨立意志」的意思。而「國際」者，則是「介乎國家之間」（Between the States or among the States）的意思，而非「駕乎國家之上」（Above the States）的意思。

國際組織在現代學術界早已成爲一門專門的學問，不但有理論，有實踐，而且還有許多可資研究的範型。

國際組織可以說是國際主義理論實踐化的結果。

國際組織因其宗旨的性質及代表的範圍之不同而有不同的分類。

論其宗旨的性質，總不外促進經濟社會福利事項與處理和平安全的問題，因此，就宗旨而言，則兼具此雙重宗旨者，吾人稱之為一般性國際組織（General International Organization），如國聯及聯合國是。反之，宗旨僅限於一項，或是有限的，如僅處理和平安全問題，或僅促進經社福利事項，則吾人稱之為專門性國際組織(Specialized International Organization)，如國際電訊聯盟（ITU）、萬國郵政聯盟（UPU）、世界氣象組織（WMO）、國際復興開發銀行（IBRD）、國際貨幣基金（IMF）、歐洲經濟社會（EEC）、國際勞工組織（ILO）、世界衛生組織（WHO）、北大西洋公約組織（NATO）、東南亞公約組織（SEATO）、華沙公約組織（WTO）等均是。

就參加國家的範圍而言，國際組織可分為普遍性組織(Universal Organization)與區域性組織（Regional Organization)兩種，前者會員以全世界為範圍，無地理限制，如國聯、聯合國均是；後者會員國以一定區域為範圍，有地理限制，如美洲國家組織（OAS）、非洲團結組織（OAU）等是。

就國際主義之觀點而言，區域性的國際組織祇要有助於國際和平安全的建立，便都在鼓勵之列。而世界性的組織固更有其偉大之價值。至於從國際組織之宗旨的觀點出發，則國際主義者當然更是二者均極重視。總期望國際組織能為各國謀求和平安全與福利，甚至更產生一種教育之功能，足以轉移國家一心一意追求權力、擴張權力的念頭，久而久之，且可望產生一種道德革新作用，以為世界和平安全問題的釜底抽薪之策。

國際組織在本質上，有着雙重的性質，一方面，它可視為一種工具(As a means)，同時，又可視為一種過程（As a process)。就前者而言，它的目的在使現代國家體系得以運行無阻，發揮較佳功能。就後者而言，它的目的在希望藉它為起步以邁向世界政府，甚至脫離現有的民族國家體系，進入一個新的境界，以實現千百年來志士仁人所抱天下一家的理想。不管怎樣，國際組織之價值，就國際主義者而言，是有着相當價值的。現卽略述幾種主要的國際組織之內容於後：

1.十九世紀的國際組織　十九世紀的國際組織有三大主流：歐洲協調（The Concert of Europe）、萬國聯盟（The Public International Unions）及海牙體系（The Hague System）是。

①歐洲協調　歐洲協調是一種會議制度，是一種定期舉行的多邊的、高階層的政治會議制度，又稱爲協商制度（The Consultative System）。他在國際組織的發展中居於重要地位，一則由於它扮演調停角色達一百年之久，再則由於它在國際組織的發展上樹立了一些爲後世效法的楷模，包括：

a.會議頻繁。

b.大國地位特殊。　被稱爲大國的獨佔俱樂部（Exclusive Club）。

c.協商宗旨繁多。

d.會議程序改進。　不僅建立了共同協商的原則，也發展了會議外交的技巧，創造了多邊談判的心理條件。

當然，也難免有所缺點，其最大者如：

e.無常設機關。

f.缺少法治精神。　大國稱霸，小國俯首。

g.協調而不同調。　噪音多於和聲，利益難求一致。

②萬國聯盟　所謂萬國聯盟，其實便是一種「國際行政」的組織，它包括早期的國際河川委員會中之萊茵河委員會（The Rhine Commission）及多瑙河委員會（The Danuble Commission）最有成就。以及後來的萬國電報聯盟（The International Telegraph Union）和萬國郵政聯盟（The Universal Postal

Union）最為著稱。

萬國聯盟就國際組織之發展而言，自亦有其成就，此包括：

a. 功能雖不同於政府，却便利政府之合作。

b. 組織型態方面亦具創新成就。

c. 會議技巧方面亦大有進步。

d. 專家得以參與國際事務，國際事務不再為政客所獨佔把持。

e. 國際關係之觀念的轉變。它與歐洲協調在精神上頗有不同，歐洲協調代表的是「妥協」(Compromise)，萬國聯盟代表的是「合作」(Co-operation)。

③海牙體系　在十九世紀末至二十世紀初，一個新的國際體系在海牙誕生，這就是一八九九年及一九〇七年兩次「國際和平會議」(International Peace Conferences）所建立的「海牙體系」。海牙會議原不止兩次，後因一次世界大戰而中止。嚴格說來，兩次海牙會議雖無輝煌成就，但却仍使國際組織在發展上向前邁進了一大步。因為它自有其特點之所在。

a. 參加的國家近乎普及。

b. 大小國家地位平等。

c. 樹立和平解決程序。

d. 建立常設制度。

e. 改進會議技巧。

f. 所關心的和平是一般的、抽象的和平，而不是某一特定危機中的和平，所建立的和平制度在防止或控制全面的，概括的戰爭，而非撲滅某些情況下的戰爭。這一點也可謂開了二十世紀國際組織的先河。

2.國際聯盟（The League of Nations）

當一次大戰的烽煙四起，當時的仁人志士無不憂心如焚，於是國際主義又再度抬頭，在英國，有蒲萊士（James Bryes）所主持的「國際關係研究會」（Council for the Study of International Relations）在默默地研究防止未來戰爭的計劃，且終於在一九一五年二月二十四日提出了稱爲「避免戰爭計劃」（Proposals for the Avoidance of War）的研究成果；在美國方面，則前總統塔虎脫（William H. Taft）及哈佛大學校長羅威爾（A. Lawrence Lowell）等名流亦發起組織「和平促進聯盟」（The League to Enforce Peace），並於一九一五年六月十七日在費城獨立廳召開創立會，通過四項和平綱領，稱爲獨立廳方案（The Independence Hall Program）。

在政府方面，英國、法國、美國均亦有所行動。而「國際聯盟」一詞始見於英國外交部之擬議方案中，在英國，一九一六年冬，有了「國際聯盟問題委員會」（Committee on the League of Nations），由費立摩爵士（Sir Walter G.F. Philimore）主持。在法國，則由前總理布爾喬亞（Léon Bourgeois）主持，稱爲「布爾喬亞委員會」（The Bourgeois Committee）。在美國，則威爾遜總統及其好友兼心腹顧問豪斯上校（Col. Edward M. House）尤爲熱忱人物。威爾遜在一九一八年一月八日向國會兩院聯席會發表了其有名的「十四點」（The Fourteen Points），主張組織「一個全般性的國際組合」（"A General Assaciation of Nations"）以確保大小國家的政治獨立及領土完整。

除此之外，南非聯邦的傑出政治家英國戰時內閣閣員史邁玆將軍（Gen. Jan Christian Smuts）也是一位重要人物，他在一九一八年十二月間發表的一本小册子——「國聯芻議」（The League of Nations: A practical Suggestion），也提出了一些卓越的建議。

在巴黎和會中，國聯終於成立了，最重要的人物，當推美總統威爾遜，英國外次塞西爾（Robert Cecil）和南非的史邁玆將軍，他們三人被共稱爲「國聯之父」。

國聯組織一開始便不健全，威爾遜雖擁護最力，但其他各國則多持懷疑，總認威氏僅是一理想主義者，而各國之利害不同，立場也難望統一，英、法急於懲處德國，法國對此國際組織極不熱心，英國則不贊成威氏所主張的領土擔保，美國國會的有力人士也抱敵對態度。所以國聯的組織雖建立起來了，却是各方妥協再妥協的結果。

國聯組織之所以有欠健全，牽涉的問題很多：

a. 由於是一次世界大戰中想法和經驗的延續，所謂想法乃懼怕「意外戰爭」（The accidental war）之發生，總以爲戰爭是一時疏忽、糊塗而發生的意外事件，所以難免亡羊補牢之心理，對未來缺乏全面安排之信心。所謂經驗，是說戰爭既是大分裂，也是大合作，是大衝突，也是大團結。所以激發了爲防止又一次大戰發生而必須苦思焦慮、發揮合作潛能的教訓。

b. 協約國軍事勝利不久，仇恨、猜忌、傲慢諸種心理尚未泯除，沒有健康的心理狀態，組織自難免健康。

c. 戰勝國的地位自許優越，各視一地爲其禁臠，仍難免獨霸思想。

d. 小國興起後，國家數量既增多了，也無雌伏之心。

e. 大國間利益不一致，政策紛歧，政治矛盾，亦大有影響。

f. 民主主義及民族自決的思想和信念愈來愈普及，各國矛盾也愈來愈多，要求彼此滿意，實非容易。

國聯最大的缺點，毋寧還是因爲它不是國家，更不是超級國家或世界政府，它無領土，無人民，無軍力，無主權，所謂會員國，可隨時參加，亦可隨時退出，對於一切違反國際和平正義的事件，又無適當而有效的處理途徑。參加後又退出的有十七國，不遵守已承諾義務的，如日本佔我東北、義大利出兵東非、德國兼併奧國、蘇聯進攻芬蘭，它都無力阻止。這一缺點來自基本方面，因爲國聯盟約事實上絕非獨出心裁的結果，更非一革命性的組織，它不能打破國家主觀的觀念，它不能否定大國的優越地位，它仍以歐洲爲政治中心。

但是國聯也並非全無成就，它使國際主義所設計的人類安全有了進一步的發展，此包括：

a. 組織化的協商（Organized Consultation）

b. 公開化的外交（Publicized Diplomacy）

c. 制度化的和平解決（Institutionalized Pacific Settlement）

d. 集體化的安全（Collectivized Security）

e. 是非訴諸公理

國聯從一開始組織，便註定了要失敗的，因爲最爲熱心此一運動的美國竟然置身事外，未能參加，而觀念上的缺陷，機能上的不全，臨事時的懦弱，在在使它既有先天不足的痼疾，又有後天失調的重症，它怎能經得起風吹雨打？它是非要失敗不可的。

3. 聯合國

當第二次世界大戰的烽煙瀰漫歐、亞、非三洲之際，國際主義的思想家與從事實際政治的政客幾無不驚心動魄之至，咸認戰爭固應及早結束，而戰爭結束後之世界和平尤應預爲綢繆，國際聯盟是不可能復活了，要就建立一個新的國際組織，將國聯的缺點予以有效的修正，於是在幾經籌劃之下，聯合國終於在一九四五年的十月二十四日成立了——更正確些說，聯合國的憲章在這一天正式生效了——這就是所以十月二十四日爲「聯合國日」之由來。

說起聯合國的誕生，也是幾經周折，歷盡艱辛的。在美國，哥倫比亞大學教授，有名的歷史學家蕭特威爾（James T. Shotwell）便是極有貢獻者之一，他主持「和平組織研究委員會」(The Commission to Study the Organization of Peace)，在一九四四年曾發表兩篇研究報告，一爲「國際組織原理」(Fundamentals of International Organization)，一爲「一般性國際組織之體制與功能」(General International Organization, Its Framework and Functions)，主張設立國際組織，其所提原則與以後聯合國憲章之原則頗爲類似，而組織之設計亦與聯合國日後之組織大體相同。

其次爲赫德遜法官（Judge Manley O. Hudson），他將國際法及國際組織的學者聯合起來成立了一個民間團體，在經過數月之研討後，在一九四四年發表一項名爲「國際組織憲章之設計」(Design for a Charter of the International Organization)的研究報告，與蕭特威爾的研究報告意見大致相同，可見「人同此心，心同此理。」

至於在各國實際從事政治的政客之間，亦接觸頻繁之至。其主要設計實係逐步完成者，而絕非一朝一夕之功。最重要的政府設計包括：

①盟國間有關戰後和平與安全的幾次宣言。這又包括：

a.聖詹姆士宮盟國間宣言（The Inter-Allied Declaration of St. Jame's Palace）。

b.大西洋憲章（The Atlantic Charter）。

c.聯合國宣言（The Declaration by United Nations）這個宣言發布於一九四二年一月一日簽字者包括中、英、美、蘇等二十六國，「聯合國」（United Nations）這一名詞爲羅斯福所創，後來聯合國之所以定名爲「聯合國」，卽因紀念羅氏之故。

d.莫斯科一般安全宣言（The Moscow Declaration on General Security）。

e.德黑蘭宣言（The Teheran Declaration）

②鄧巴敦橡園會議（The Dumbarton Oaks Conversations） 這個會議於一九四四年夏在華府近郊之鄧巴敦橡園舉行，參加者有中、美、英、蘇四國。此會分兩階段進行，自八月二十一日至九月二十八日，由美、英、蘇三國參加，自九月二十九日至十月七日，由美、英、中三國參加，所以如此之故，乃蘇聯反對中國參加「大國俱樂部」之故。

會於十月九日發表公報，公布獲致協議的方案，稱爲「設置一般性國際組織建議」（Proposals for the Establishment of a General International Organization），卽通稱之鄧巴敦橡園建議（Dumbarton Oaks Proposals）。有關聯合國之輪廓，已清晰畫出矣。

值得一提的是，在鄧巴敦橡園會議第二階段中，中國代表曾提出七項建議，這便是後來所謂的「中國建議」（Chinese Proposals），其要點如次：

a.解決爭端應適用的原則： 和平解決爭端應依正義及國際法原則。蓋所以保證聯合國組織不致淪爲強權政治的工具。

b. 尊重政治獨立及領土完整。

c. 對於「侵略」應予以明確之定義。

d. 建議成立一支「國際空軍」，作爲該會權威的象徵。

e. 重新編纂切合實際需要之國際法。

f. 主張國際法院對於法律爭端應有強制管轄權。

g. 提倡國際文化合作。

鄧巴敦橡園會議雖發布了公報，但意見却也未能一致，中國建議只被接受了一、三、七，三項，而美英蘇之間更有着嚴重的爭執，無法獲致協議，這包括：

a. 安全理事會的投票方式。

b. 蘇俄的十六個聯邦共和國，加入未來國際組織的問題。

③雅爾達會議（The Yalta Conference）一九四五年二月，羅斯福、邱吉爾與史太林舉行會議於蘇俄克里米半島上的雅爾達。這次的會議成敗參半，一方面，他們對於未來的國際組織有了共同的協議，這包括：

a. 安全理事會的常任理事國，對於一切非程序問題的議案，除開其本國爲爭端國，不得投票而外，得享有否決權。

b. 美、英兩國同意支持烏克蘭與白俄羅斯爲未來國際組織的創始會員國。

c. 美國於徵詢中、法兩國的同意後，以美、英、法、中、蘇五國的名義，召開國際組織會議，於一九四五年四月二十五日星期三，在美國舉行。被邀參加上述會議的國家如下：

(1)在一九四五年二月八日以前，曾簽字於一九四二年一月一日聯合國宣言的國家。

(2)在一九四五年三月一日以前，向軸心國家宣戰的國家。

在另一方面，却也留下了嚴重的敗筆，不但這一妥協註定了未來國際組織仍是一個強權獨霸的局面，更犧牲了中國和東歐，因為英、美二國尚同意了蘇俄對中國東北、蒙古以及東歐的擴張和特殊利益，這就更為人類前途隱伏了禍根，人類幾乎註定了必須再有一次世界大戰似的。

④聯合國法學家委員會會議（The United Nations Committee of Jurists） 於一九四五年四月九日至二十日，四十四國派遣的法學家在華盛頓開會，由美國國務院法律顧問哈克維斯（Green H. Hackworth）擔任主席，他們草擬了一份國際法院規約草約。但是他們對於法官提名問題及強制管轄的原則，仍然未能取得一致的協議。他們的成就是有限的。

⑤舊金山會議（又稱金山聯合國國際組織會議 The United Nations Conference on International Organization） 由於法國之不願強充大國，故拒絕成為邀請國之一，於是由中、美、英、蘇四國出面邀請，而有一九四五年四月二十五日在舊金山召開之舊金山會議，到會的國家達五十國之衆，會議之進行，分由中、美、英、蘇四國之首席代表輪流擔任。

此次大會，可謂冠蓋雲集，更是羣英畢至，各國第一流外交家無不前來出席，如英國外相艾登（Anthony Eden）、前外相哈里法克斯（The Earl of Halifax）、工黨領袖後來曾任首相之艾德禮（Clement Atlee）、蘇聯外長莫洛托夫（Vyacheslav M. Molotov）、駐美大使葛羅米柯（Andrei A. Gromyko）、我國之行政院代院長兼外交部長宋子文、駐英大使、前外長顧維均、前駐美大使胡適以及王寵惠等。此外，法國則有外長皮杜爾(Georges Bidault)、前總理彭古(Joseph Paul-Bonchour)、澳洲外長伊瓦特(Herbert V. Evatt)、比利時外長斯巴克(Paul-Hemi Speak)、加拿大總理金氏(William L.M. King)、荷蘭外長克里芬斯(Eelco N. von Kleffens)、挪威外長賴伊(Trygve Lie)、菲律賓外長羅慕洛(Carlos P. Romulo)以及有「國聯之父」的美稱的南非總理卓越政治家史邁茲元帥(Field Marshal Jan Chrislian Smuts)。

會議之進行極有計劃，一切安排均極周詳，設有程序委員會四個，是即：①指導委員會(Steering Committee)、②執行委員會(Executive Committee)、③調整委員會(Co-Ordination Committee)、④全權證書委員會(Credsntials Committee)。另設屬於工作方面的委員會四個如次。

(1)第一委員會(Commission I)研究一般規定或總則，下轄：

a. 第一分會(Committee I/1)研究前言、宗旨及原則。

b. 第二分會(Committee I/2)研究會員、修正及秘書處。

(2)第二委員會(Commission II)研究大會之種切，下轄：

a. 第一分會(Committee II/1)研究組織與程序。

b. 第二分會(Committee II/2)研究政治與安全職權。

c. 第三分會(Committee II/3)研究經濟與社會合作。

d. 第四分會(Committee II/4)研究託管制度。

(3)第三委員會(Commission III)研究安全理事會之種切。

a. 第一分會(Committee III/1)研究組織與程序。

b. 第二分會(Committee III/2)研究和平解決。

c. 第三分會（Committee III/3）研究執行辦法。

d. 第四分會（Committee III/4）研究區域辦法。

(4) 第四委員會（Commission IV）研究司法組織。

a. 第一分會（Committee IV/1）研究國際法院。

b. 第二分會（Committee IV/2）研究法律問題。

其討論的對象，包括鄧巴敦橡園提議、中國建議、雅爾達協定以及各國對於鄧巴敦橡園案之批評等等。

此會議於是年六月二十五日，舉行最後一次全體大會，五十國的首席代表以起立方式通過了全部憲章，此時羅斯福已故，美國總統杜魯門（Harry S. Truman）到會演說。六月二十六日，各國代表開始簽字，中國以獨立對抗侵略爲時最久，精神最爲偉大，受到大會全體與會者之尊敬，獲得最先簽字的權利，然後蘇、英、法與其他各國次之，美國以地主國之關係最後簽字。本憲章於獲得中、美、英、蘇、法五強及其他二十四國之批准後，於一九四五年十月二十四日生效。

會議進行期間，可謂歷經周折，大國爲自身利益圖謀而對抗妥協，小國爲爭權利而聯合一致。縱橫捭闔，而定於一，確屬艱難。

現在我們要簡單地介紹一下聯合國的種切：

(1) 宗旨：

a. 維持國際和平與安全。

b. 發展國際間的友好關係與加強世界和平。

c.促成國際合作。

d.提供一個調協各國行動，以達成上述共同目標的中心組織。

(2)原則：

a.聯合國建立於各會員國主權平等原則之上。

b.會員國應善意地履行其依照憲章所負擔的義務，俾每個會員國均得獲享憲章下的權利與利益。

c.各會員國應以和平方法，解決國際爭端，以免危及國際和平、安全與正義。

d.各會員國在其國際關係上，不得對抗任何國家的領土完整與政治獨立，或反乎聯合國的宗旨，使用武力，或作使用武力的威脅。

e.各會員國，對於聯合國依照憲章所採取的任何行動，應提供各種協助；而對聯合國採取防止行動或執行行動所對抗的國家，不得給以任何協助。

f.聯合國在維持國際和平與安全的必要範圍以內，應保證非聯合國會員國也遵行上述各項原則。

g.聯合國不得干涉在本質上屬於任何國家國內管轄的事項，或要求會員國依照憲章將上述事項提交解決；但是，這個原則不得妨礙憲章第七章下執行辦法的適用。

(3)會員國　所謂會員國分創始會員國與選入會員國兩種。凡是曾參加金山會議的國家，或是曾簽字於一九四二年一月一日聯合國宣言的國家，簽字於本憲章而予以批准者，都是聯合國的「創始會員國」。所謂選入會員國，一九五五年以前，共計九個，那便是阿富汗、冰島、瑞典、泰國、巴基斯坦、也門、緬甸、以色列與印尼。對於新的會員國之加入，採用了一些意義廣泛的條件與一種頗為繁雜的程序。

新會員國加入的條件爲：

a.它必須是一個國家。

b.它必須愛好和平。

c.它必須接受聯合國憲章所包含的義務。

d.它必須被聯合國認爲能够履行上述之義務。

e.它必須被聯合國認爲願意履行上述之義務。

至於新會員國加入的程序則爲：

a.安全理事會的推薦。但安理會於入會申請舉行投票時，須有七個理事國以上的贊成票，而不得有任何常任理事國的反對票，換言之，常任理事國就此而言，享有否決權。

b.大會的決議通過。大會對於入會申請，於接到安理會的推薦以後，以三分之二的多數，予以通過。

此外，聯合國憲章尚有關於會員國地位喪失的規定，這又包括三部份：

甲、退出

憲章並無明文規定，會員國可否退出，但根據金山會議第一委員會第二分會的解釋，會員國在如左三情形之下可以退出：

a.會員國由於特殊情勢而退出。

b.會員國因爲不贊成某個依法生效的憲章修正案而退出。

c.會員國因爲它所贊成的某個憲章修正案，於獲得三分之二的會員國接受以後，不克依法生效而退出。

這個解釋爲金山會議的全體大會所認可。

乙、會員國權利與特權的停止

聯合國的會員國爲聯合國的防止行動或執行行動所制裁時，大會經安理會的建議，得以三分之二多數通過的決議，停止其會員國的權利與特權。在停止期間內，會員國的地位即暫告喪失。該項權利與特權，得由安全理事會予以恢復。

丙、被逐

聯合國的會員國有屢次違反憲章之原則者，得由大會經安理會之建議，以三分之二多數通過的決議，驅逐出會。

(4)大會（General Assembly）

甲、組織　聯合國大會由全體會員國組成，每國所派遣之代表不得超過五名，大會常會每年舉行。近年來，常會過長，故特別會已無復召開之必要。常會於每年九月的第三個星期二舉行，過半數會員國的出席，即足法定人數。

大會的主要委員會（Main Committee）如下：

a.第一委員會（Committee I）主管政治安全。

b.第二委員會（Committee II）主管財政經濟。

c.第三委員會（Committee III）主管社會人權文化。

d.第四委員會（Committee IV）主管託管。

e.第五委員會（Committee V）主管行政預算。

f.第六委員會（Committee VI）主管法制。

g.特別政治委員會（Special Political Committee）。

另有程序委員會（Procedural Committee）兩個，是爲：

a.一般委員會（General Committee）。

b.全權證書委員會（Credentials Committee）。

此外尚有一些輔助機構，亦稱委員會，此處不贅。

乙、職權

根據憲章第十條的規定，大會得討論與建議的問題或事項，包括如左的兩大類：

a.憲章範圍以內的任何問題或事項。

b.關於憲章裏各機構職權的任何問題或事項。

事實上，大會的建議沒有強制性。而安理會對於任何爭端或情勢，行使其職權時，大會又不得對於該項爭端或情勢，作任何建議。大會並且沒有採取行動的權力。任何必須採取行動的問題，應提交安全理事會辦理。

丙、聯合維持和平決議

自一九四九年起，大會成立駐會委員會，以爲大會休會期間之用，它是大會裏永久性的輔助機構。

一九五〇年十一月三日，大會復通過了「聯合維持和平的提案」，稱爲「聯合維持和平決議」（Uniting for Peace Resolution），其第一段的大意如下：

「大會玆決議：當和平的威脅、和平的破壞，或侵略行爲發生，而安全理事會因爲常任理事國的不能夠一致，無法執行其維持國際和平與安全的主要責任時，大會應當立卽考慮該項問題，以便向會員國作集體措施的建議，必要時，並且可以作使用武力的建議。如果大會正在閉會期中，大會應當在接獲開會請求的二十四小時以內，召開緊急特別大會。緊急特別大會的召開，由安全理事會的任何九個（原爲七個）理事國，或聯合國的過半數會員國請求之。」

這個決議案在蘇聯、白俄羅斯、烏克蘭、波蘭、捷克之反對下通過了，大會的職權可謂向前邁進了一大步，而不完全是一個被動的工具。

(5)安全理事會（Security Council）

甲、組織

由十五個理事國組成，包括中、英、美、蘇、法五常任理事國，及每年改選三席，任期兩年，不得連任，由大會以三分之二多數選出的「非常任理事國六國。理事國原爲十一國，自改爲十五國後，所增四國中兩國之任期應爲一年。」

乙、職權

a. 維持國際和平及安全。

b. 推薦新會員國的加入。

c. 建議會員國權利與特權的停止，或驅逐出會。

d. 恢復會員國的權利與特權。

e. 推薦秘書長。

f.執行戰略託管地的職務。

丙、否決權（Veto power）的問題

安全理事會中的五個常任理事國在投票表決時，享有否決權，這是美、英、蘇三強雅爾達會議的結果，因此被稱爲雅爾達公式（Yalta Formula）。這是大國特權的表現，於聯合國之前途的影響是很大的。

就其運用而言，則由於憲章之規定，否決權有了幾種限制：

a.常任理事國的否決權，限於非程序事項。

b.常任理事國若是爭端國，則其對於安理會和平解決該項爭議的議案（非程序事項），不得投票，因而無法行使否決權。但是，其對於安理會所採執行行動或防止行動的議案，仍得投票，因而仍可行使否決權。

c.常任理事國如果是爭端國，其對於安理會提交該項爭端與某個區域機構的議案，不得投票，因而無法行使否決權。

另一方面，由於慣例的關係，安理會常任理事之缺席與棄權，則不構成否決。可謂一個良好的法例。

丁、投票

a.安理會每一理事國應有一投票權。

b.安理會關於程序事項之決議，應以九（原爲七）理事國之可決票表決之。

c.安理會對於其他一切事項之決議，應以九（原爲七）理事國之可決票包括全體常任理事國之同

意票表決之，但對於爭端之和平解決及前述（丙）c.之情形，爭端當事國不得投票。

(6)經濟暨社會理事會（Economic and Social Council）

簡稱經社理事會，原由理事國十八國組成之，現改為二十七國組成之。每一理事國應有代表一人。

其主要職權，包括如左各項：

a.製成或發動關於國際經濟、社會、文化、教育、衞生與其他有關事項的研究與報告，而向大會、會員國、與有關專門機構提出上述事項的建議。

b.製成建議以增進對於人權與基本自由的尊重與遵守。

c.草擬關於其職權範圍以內某事項的公約草案，提交大會。

d.在大會的指示之下，召集關於其職權範圍以內某事項的國際會議。

e.在大會的核准之下，與各國政府間的專門機構締結協定，以規定該專門機構與聯合國發生關係的條件。所謂各國政府間的專門機構，實卽國際行政組織，其最重要者包括：

國際勞工組織（International Labor Organization, ILO）

糧農組織（Food and Agriculture Organization, FAO）

教育科學與文化組織（簡稱教科文組織 United Nations Educational, Scientific, and Cultural Organization, UNESCO）

國際民航組織（International Civil Aviation Organization, ICAO）

國際復興開發銀行（International Bank for Reconstruction and Development, Bank）

國際貨幣基金（International Monetary Fund, Fund）

世界衞生組織（World Health Organization, WHO）

萬國郵政聯盟（The Universal Postal Union, UPU）

(7)託管理事會（Trusteeship Council）

聯合國並設有託管理事會一機構。

甲、組織與職權　託管理事會由下列三種理事國組成：

a.管理託管地（Trust Territories）的理事國。

b.不管理託管地的安全理事會常任理事國。

c.大會選出的理事國。

它是聯合國大會下的一個第二級機構，它在大會職權之下，審查管理當局所提交的報告，收受並審查請願書，視察託管地，並且採取託管協定所規定的其他行動等等。

乙、託管制度的目的。

a.促進國際和平與安全。

b.增進託管地人民在政治上、經濟上、社會上與教育上的進步，並且增進其趨向自治或獨立的漸進發展。

c.不分種族、性別、語言、宗教，激勵對於人權與基本自由的尊重，並且激發對於各地人民互相依賴的認識。

d.保證聯合國會員國與其人民在社會的、經濟的、與商業的事項上，享有平等的待遇；並且保證聯合國會員國的人民在司法審判上，也享有平等的待遇。

⑻國際法院（International Court of Justice）

國際法院根據憲章第十四章與國際法院規約而成立。由十五名法官組織而成，法官必須具備高尚的品格與具有擔任其本國最高法院法官職位的資歷，或爲公認有權威的法學家的條件。任期九年，連選得連任。

聯合國的會員國，當然爲國際法院的會員國。非聯合國會員國經安理會推薦，大會通過者，亦得爲其會員國。非國際法院會員國，接受安理會的條件者，亦得爲國際法院的當事國，其資格可以是永久的，亦可以是臨時的。

聯合國的會員國有遵行國際法院判決的義務。

⑼秘書處（Secretariat）

聯合國下設秘書處，置秘書長一人，職員若干人。秘書長經安理會推薦後，由大會予以任命。他是聯合國的主要官吏。其職權也偏重在行政方面。

秘書長同時是大會、安全理事會、經社理事會與託管理事會的秘書長。他是聯合國對外的代表，也是聯合國的發言人，他也代表聯合國與有關國家從事各種接洽與談判。他並周旋各國之間，負調和鼎鼐的責任，其歷任秘書長，包括挪威的賴伊、瑞典的哈瑪紹、緬甸的宇譚、以及奧地利的華德翰，不但出身小國，也都是著名的調和政治家。

秘書處設於紐約，在哈德遜河畔，有一棟火柴盒式的大厦，十分壯觀。另設分處於日內瓦，另有副秘書長八人，各自掌管一個單位，負責一部份業務。秘書長與秘書處一切職務，均不得請求或接受任何政府或當局的訓令，各宜保持其中立的身份。應以獲致效率、才幹與忠誠的最高標準，爲其國際官員身分行動的主要考慮。

⑽聯合國的沒落

就國際主義的理想而言，聯合國之設計可謂人類智慧最高的發揮，但它的理想愈來愈趨於喪失了，它的行爲也愈來愈趨於墮落了。民族國家間的糾紛爭執並未因聯合國之建立而減少或消除，相反地，若干大國一直在世界政治舞臺上從事縱橫捭闔，置聯合國的威望於不顧，侵略、戰爭仍所難免，而更嚴重的，是其道德的墮落，創始會員國的中華民國竟在一九七一年被迫退出聯合國；與聯合國爲敵，自始即蔑視人道公理的中共竟得以混入，並取得安理會常任理事國的席位，蘇聯的任意行使否決權，中共的動輒破口大罵，聯合國事實上癱瘓了，一切問題，它都無能爲力，大小問題仍是大國在加以擺佈。各種區域性的自衞組織成立了，所謂北大西洋公約國家，所謂華沙公約國家，所謂東南亞公約國家，所謂阿拉伯集團，所謂不結盟國家，所謂泛美組織，所謂非洲團結，無不在在表現出聯合國之毫無功能的可言。也沒有任何國家再眞正相信它，聯合國對韓戰的虎頭蛇尾，對於中南半島上的戰爭束手無策，對於中東和平，也無妥善辦法，最後韓戰固然是結束了，但太不光榮，中南半島呢？完全赤化了，蘇聯和中共的勢力已侵入印度洋中，中東戰爭呢？美國的態度是極爲認眞，希望和平能及早來到，蘇聯的態度則極冷漠，一副惟恐天下不亂的心情，比金與沙達特在開始和解了，但是敍利亞的阿塞德和利比亞的格達費，則拼命在煽火，希望火焰愈大，則其漁利愈多，他們都有着蘇聯的鼓舞。在南部非洲，問題也漸漸惡化了，南非共和國因內政關係倍受其他國家之指責和排擠，其在國際社會中的地位，可謂日益艱難。前途如何，實難逆料。另一名爲羅德西亞之共和國，其問題則更是嚴重，世界的壓力接踵而至，要求其總理將政權移交給黑人，否則後果將不堪設想。平實的說，白人壓迫黑人，固非正當，黑人壓迫白人，難道便不邪惡？少數人壓迫多數人，固不應該，多數人壓迫少數人，難道便合理？民族問題只要存在一天，民族和諧就不容易獲致。國際主義者所創設的「講理俱樂部」能把這一切的道理說個明白嗎？至少迄至目前爲止，還是一種過於奢侈的期望，不，實在是一種幻想。

第五節　帝國主義（Imperialism）

一、定　義

吾師浦逖生（薛鳳）先生曾就帝國主義一詞下了如左一個定義，他說：

「帝國主義乃是一個國家，憑藉武力之使用或威脅，對於其他國家或地區，㈠擴張本國勢力，㈡吞併他國土地人口，㈢操縱他國內政與外交，㈣統制他國人民之生活思想。四者有一，即是帝國主義在運行。」

我們的　國父孫中山先生在他有生之年裏，一直是以打倒帝國主義爲其職志的。我人研究他的思想，發現他對於所謂「帝國主義」確曾有所正確認識，他認爲：

a. 帝國主義是十九世紀末季以迄於二十世紀初葉的一種流行思想。
b. 帝國主義以侵略擴張爲目的。
c. 帝國主義已成爲人類之一大禍害。
d. 帝國主義用以侵略他國的方法是「政治力——武力與外交」。
e. 帝國主義亦常乞靈於經濟的壓迫以達到其侵略之目的。

f.帝國主義互相競爭，乃產生大小規模的戰爭，第一次世界大戰卽因此而來。

g.帝國主義造成少數人壓迫多數人的現象。

h.帝國主義勢將繼續其侵略壓迫，弱小民族之獲得自由解放，至少不可能由帝國主義者所主動給予。

列寧（Lenin）在一九一七年發表的「帝國主義論」，是十分有名的，他將經濟的資本主義與政治的帝國主義相結合，而提出其異於他人的反帝理論，他對於「帝國主義」有如下的五項重大觀點，他說：

a.工業與資本集中的程度，使它所產生的獨占在經濟上居於領導的地位。帝國主義時期的資本主義引起最大規模的生產社會化。

b.銀行資本控制工業而成「金融資本」。金融的寡頭政治便是建築在這種金融資本上面。而這種金融的寡頭政治還消滅了金融上較弱的國家。

c.資本輸出成爲必然現象，於是加速了資本輸入國家資本主義的發展。

d.資本家結成國際的聯合獨占而將全世界予以瓜分。

e.最大的資本主義國家已經完成世界的領土分配。

列寧所稱的帝國主義乃是自痛恨資本主義之立場而出發，他的結論是資本主義一定崩潰，帝國主義也一定塌臺。不管這一理論的正確性如何，似乎亦值得我人之參考。

遜生師的定義固極有參考價值，因爲它幾乎普遍地解釋了各種各型帝國主義的共同特徵。

國父的看法，也極有價值，這是觀察入微的結果，但可惜的是只限於舊式帝國主義，而未能及於新式帝國主義，這也難以苛責，因爲在　國父之世，新式帝國主義雖說業已誕生，但猙獰嘴臉未嘗暴露，亦是事實， 國父之無從認識是可得而原諒的。

二、產生因由

帝國主義之產生，嚴格說來，也是基於某種情況和需要，它雖然也有其理論基礎，但更重要的，毋寧還是一種現象。關於其所以產生之因由，吾師逖生先生曾提如左十點，可供我人參考。

(1)來自領導人物　求名喜功，貪利好戰。此領袖人物之所難免者也。

(2)來自流行思想　英雄主義、尙武精神、主權觀念、國家榮譽，此一般民族之所崇拜者，之所追求者、之所需要滿足者。

(3)來自安全需要　國家安全，常爲重要藉口，因是以攻代守，乃所難免。

(4)來自權力政治　不同之民族國家均有要求生存與強大之願望，所以軍備競爭，加重自我，便所難免。

(5)來自文化接觸　不同民族國家間，既經文化之接觸，則文明與野蠻之判，而優勝劣敗之勢亦成。文化之強迫推銷，便所難免。

(6)來自經濟制度　經濟制度之不同，農業社會與遊牧社會，共產社會與私產社會，均所不同，在感情上既勢同冰炭，便兩難並存。經濟結構之同一，亦所要求。

(7)來自道德動機　一者認爲另者乃行暴政，其民生疾苦，於是以上帝使者自命，以驅除暴政，解民倒懸。

(8)來自地緣政治　一者以爲需要生存空隙，而向外拓展，產生爭競，便所必然。

(9)來自基本人性　或認殘忍好戰，乃是人之天性使然，故戰爭與侵略無法避免。

(10)來自自然定律　民族國家亦有如個人者然，生老病死，爲必然現象，誰能避免。民族國家之興亡成敗，自亦相同，又何足怪哉？

三、重要分類

吾師逖生先生將帝國主義分爲五類：

(1)軍事帝國主義　採武力壓迫，砲艦政策，強加勒索者謂之。

(2)土地帝國主義　以土地併吞爲職志者謂之。

(3)經濟帝國主義　以搜括資財爲目的者謂之。

(4)政治帝國主義　以政治控制爲目的者謂之。

(5)文化帝國主義　以文化（生活方式、政治制度、意識形態）侵略爲目的者謂之。

此五種分類可謂極周至矣，然以個人鄙見，則尙有兩種型態之帝國主義似乎亦可列之如后，是卽：

(6)白色帝國主義　此非洲國家之所以咒駡歐洲殖民的帝國主義者。亦共產主義國家之所以稱英、美國家者。

(7)赤色帝國主義　此當然指以發動世界革命，職在顚覆世界一切國家之共產帝國主義而言。赤色帝國主義可分爲二，一則爲蘇俄式，一則爲中共式，二者並不相同，容當後論。

四、進行方式

(1)吞併　如蘇聯之吞併立陶宛、愛沙尼亞、拉脫維亞等波羅的海三小國便是。

(2)征服　如鴉片戰爭結果，中國爲英國征服，訂立南京條約以滿足英國之欲望便是。

(3)瓜分　如二次大戰期間，德蘇之瓜分波蘭便是。

(4)保護　如印度之視不丹、錫金、尼泊爾爲其禁臠便是。

(5)租借地　如滿清末葉，英租威海衞，德租膠州灣，法租廣州灣，日租旅順大連均是。

(6)殖民地　予以佔領，從事殖民，如英國過去之於印度、之於緬甸、之於馬來西亞均是。

(7)託管　如一九五六年以前英國之託管托哥蘭便是。

(8)代管。

(9)劃分勢力範圍　如清末民初列強在中國之劃分勢力範圍者是。

(10)次殖民地　國家雖未被滅亡，但主權早已喪失，如鴉片戰爭後之中國便是。「次殖民地」的名詞是　國父孫中山先生所發明的，形容一個國家有如列強帝國主義之俎上魚肉，隨時有被宰割之可能，而地位之低下，較之殖民地國家（其實已非國家）的地位，尤次一等。

(11)政治控制　如蘇聯之於東歐各共產國家便採此途徑，名爲兄弟之邦，其實父子之國。

(12)經濟影響　如各產油國家不顧石油消費國家之利益而以之作爲控制各國政治趨向之武器便是。

(13)思想操縱　如共產國家在其他非共國家內培植共產黨實力，作爲其顚覆原有政府之第五縱隊。以達到赤化其國之目的便是。

(14)文化推銷　姑不論某一文化是好是壞，若爲該國自願接受，則自無帝國主義之問題，若強迫推銷，則雖好，亦有帝國主義之嫌疑，吾人卽可稱之爲帝國主義。

五、理論代表

帝國主義在現象上看，本屬一種邪惡的行爲，所謂壞事有人做，壞人不一定有人肯講，中國人有句俚諺，常用以罵人：「滿口仁義道德，滿肚男盜女娼。」又說「好話說盡，壞事做盡。」但帝國主義明明是一種邪惡現象，竟亦有人爲之「義正辭嚴」地提供理論根據，固甚駭人也。其重要之理論可從下述諸人得之：

(1)美國之吉丁斯（F.H. Giddings）　吉氏爲美國人，他爲美國之向外擴張而辯護，他說：「反對美國向外發展，乃是向宇宙律作無聊而多餘之駁斥。」他甚至認定：「許多弱小國家之歸併聯結，以集成較大政治集團，此一程序必會繼續進行，直至全世界半開化與野蠻人羣社會，均納入較大的文明國家保護之下。」在此理論掩護之下，美墨戰爭，美國絕對有理，而視美洲爲美國人之美洲，也絕非無因。

(2)奧國之甘布羅維玆（L. Gumplowize）　甘氏深信一切國家之「最自然趨勢，乃是權力和土地永無止息的擴張。」「征服鄰國，這種趨勢，是如此堅強和必需，沒有一個國家可以逃避此種趨勢，不管當時統治首領自己之感覺爲如何。」

(3)英國之皮爾遜（K. Pearson）　皮氏曾有言曰：「人類進步之路程上，崁砌着許多民族國家毀滅後之殘餘剩物，到處猶可見到劣次民族遭遇大批屠殺，以及若干人羣祇因未能奮鬥留存而受犧牲之斑斑痕跡。可是這些滅亡的民族人衆，在事實上，却眞是人類上進之一級一級階石，人類踏過他們，才能上升到今日理智較高，情緒更深的生活。」

(4)德國之尼釆（F.W. Nietzsche）　他說：「人生之目的，不獨在於生存，而在於得權力而超人。人類之目的在於造成一種超人社會。超人者，強人也。其弱者皆在淘汰之列。殲除之，摧毀之，毋使有噍類。世界者，強有力者之世界也。今日之所謂道德、法律、慈悲、和平，皆所以捍衞弱者，不令爲強者所摧夷，皆人道之大賊也。」這種論調，胡適稱之爲「極端的強權主義」。

(5)意大利之墨索里尼（Benito Mussolini） 他不但是一個行動者，也是一個理論家，他說：「法西斯主義……不但認爲永久的和平不可能，並且認爲不必要。……只有戰爭才能使人類的能力達到最高度的緊張，才能使一個勇敢的民族得到高貴的光榮。」

(6)德國的希特勒（Aldof Hitler） 他也是一個行動的帝國主義者，在他取得德國的統治權以後，即不斷地從事武力的擴張，接着便向外推展他的國界。他曾經有如下一段自以爲得意的說詞。他說：「世界和平，絕不是用那些滿臉淚痕的婦女的撫摩就能達到的。它必須有賴於一個有統治能力的民族，在武力戰勝了世界之後，才可以達到，用武力征服了世界之後，也才能產生更高的文化。」他對於武力是絕對地迷信的。

六、共產帝國主義

共產帝國主義，是帝國主義的一種新的型態，由於其創始者爲列寧與史達林之故，乃吾人亦稱之爲列寧主義或史達林主義，又稱之爲赤色帝國主義。毛澤東本亦共產帝國主義之子孫，但其思想與列寧、史達林多少尙有其差異，故在下一節另行專予介紹，而本節則不與焉。

緣共產帝國主義之產生實始自共產主義在俄國取得政權之後。共產黨在取得俄國政權之初，原是不以帝國主義者自居，且曾反覆聲言放棄帝俄時代取自任何外國之一切利益，但究其實，只是空言一句本已。非僅如此，且實爲一新型之帝國主義。當其假面具拆穿以後，其面貌之猙獰，即較之舊有之各式各樣帝國主義且過之而無有不及。吾師浦逖生先生在其所著現代西洋政治思潮一書中曾引述兩位烏服斯屈里徐(Harry and Bonaro Overstreet) 在其所著「我們對於共產主義所應認清者 (What We Must know About Communism) 一書中，曾說：「列寧之組織共產國際，在本質上即是建立一種新型的帝國主義。」他們並指出此種新型帝國主義進行之方式爲：

(1)併吞鄰邦　如併吞立陶宛、拉脫維亞、愛沙尼亞等波羅的海三小國即是其例。

(2)設置傀儡政府　如在保加利亞、羅馬尼亞、波蘭、匈牙利、東德、北韓設置傀儡政府，代其控制，便是顯例。

(3)表面上保留對方之獨立地位，實際上則使其順服聽從　如其對芬蘭之態度即係如此。

(4)從事要挾，以盟主自命，進行其個別利益之取得　如其對南斯拉夫，即取此策。

(5)建立國外思想前哨，俾能擴大其帝國範圍　如其在非共國家，培植扶植其共產黨，供所利用，如緬甸便是。

(6)建立外國組織，藉供驅使，而終達赤化之目的　如在二十世紀一〇年代至五〇年代，在我國建立其第五縱隊，而終於赤化我國，便是其例。

(7)利用貿易爲餌，以進行滲透影響　如對亞非落後國家，即多採此法。

事實上，除此之外，應尚有其他之手段，如：

(8)對弱小民族佯示友好，提供軍經援助，以達控制之目的　此如對敘利亞、印度、索馬利亞、衣索匹亞諸國，均採此法。

(9)陰謀挑撥，使各族國陷於糾紛對立，藉收漁利　此如對中東問題之態度即是。

(10)火上加油，擴大國際糾紛，而達混水摸魚之目的　此如昔日對中南半島戰爭之態度即是。

(11)公然勒索，謀取帝國利益　如雅爾達密約中，公然要求英美二國同意其在中國東北、外蒙古以及東歐之特殊權益是。

(12)坦承帝國主義以凌虐其他族國而毫不以爲恥　此如中蘇友好條約締結期間，史達林竟公然對中國代表說：「我不容許我的東鄰有一個強大國家的出現。」

七、毛澤東主義

領導中國共產黨竊取國民革命成果並爲中共首酋之毛澤東，雖其思想源自馬克斯、恩格斯、列寧與史達林，但「青出於藍而勝於藍」，其邪惡實又過之。其爲一種新型帝國主義，固絕無可懷疑者，下所列述，皆出自其「語錄」之中。其思想包括：

(1)強調矛盾鬥爭。　他說：「沒有矛盾鬥爭，就沒有世界，就沒有發展，就沒有革命，就沒有一切。」他又說：「鬥爭是長期的，反復的，複雜的，要記住。」

(2)坦承侵略好戰。　他說：「帝國主義說我們是『侵略者』，是『好戰分子』，在某一點上講，也有些道理。因爲我們支持卡斯特羅，支持本、貝拉，支持越南南方人民反美戰爭。還有一次是在一九五〇年到一九五三年，美國侵略了朝鮮，我們支持了朝鮮人民反對美帝國主義的戰爭，我們的這一方針是公開宣佈的，我們是不會放棄它的。」他又說：「大概我們這個『好戰分子』、『侵略者』的稱號還要繼續下去。」

(3)好勇鬥狠成性。　他說：「有人說，中國愛好和平，那是吹牛，其實中國就是好鬥，我就是一個。」他又說：「也有人說，中國是酷愛和平的，我看就不那麼樣達到酷愛的程度，我看中國人還是好鬥的。」

(4)鼓吹世界革命，公然宣揚顛覆。　他說：「我們中國不僅是世界革命的政治中心，而且在軍事上，技術上，也要成為世界革命的中心，要給他們武器，就是刻了字的中國武器，就是要公開地支持，要成為世界革命的兵工廠。」他又說：「緬甸政府反對我們更好，希望它同我們斷交；這樣，我們就可以更公開地支持緬甸共產黨。」

(5)歌頌戰爭，輕忽死亡。　他說：「現在打原子仗，時間會縮短，不要四年，只三年就可以了。要準備，眞正打怎麼辦？要講講這個問題，要打就打，把帝國主義掃光，然後再來建設，從此就不會再有世界大戰了。旣有可能打世界大戰，就要準備，不要睡覺。打起來也不要大驚小怪，打起來無非是死人。打仗死人，我們見過，人口消滅一半，在中國歷史上有過好幾次。漢武帝時五千萬人口，到三國兩晉南北朝，只剩下一千萬。……這個道理我和×××說過，我說現代武器不如中國關雲長的大刀厲害，他不信。兩次世界大戰死人並不多，第一次死一千萬，第二次死二千萬，我們一死就是四千萬，你看那些大刀破壞性多大啊！原子仗現在還沒有經驗，不知要死多少，最好剩一半，次好剩三分之一，二十九億人口，剩九億，幾個五年計劃就發展起來了。換來一個資本主義全部消滅，取得永久和平，這不是壞事。」他甚至對第三次世界大戰，懷滿了信心，他認為他是必勝無疑的。且看他說：「國際形勢，我們歷來有個觀點，總是樂觀的，後來總結為一個『東風壓倒西風』。」

第六節　國父的民族主義

一、立論基礎

國父的民族主義，以「仁愛」爲其立論之基礎。「仁」卽是「愛」，「愛」卽是「仁」。韓愈說：「博愛之謂仁」。根據孔子的說法，「夫仁者，己欲立而立人，己欲達而達人。」又曰：「志士仁人無求生以害仁，有殺身以成仁。」曾子也說：「士不可以不弘毅，任重而道遠，仁以爲己任，不亦重乎？死而後已，不亦遠乎？」

仁愛是中國最基本的道德，也是最重要的精神。國父可謂力行其道者。戴季陶說：

「先生的全人格，以仁愛爲基礎，一切表現無不爲仁愛，有過人之智，而其智惟用於知仁，有過人之勇，而其勇惟用於行仁。」

以仁愛而爲民族主義之立論基礎，則必然是民胞物與，世上無復仇恨殘殺糾葛戰爭矣。

二、哲學體系

國父的整個思想，都建立在一個哲學體系之上，此哲學體系非他，卽民生哲學是也。

戴季陶先生曾有如下一段話對此作了說明：

「先生的三民主義原理，全部包含在民生主義之內，其全部著作可總名之曰民生哲學。」

蔣總統也有過如下的一段話，他說：

「我們要徹底研究　總理的遺敎，一定要從根本上先懂得　總理的哲學。　總理的哲學，就是民生哲學，總理主義的思想系統，是以民生爲指歸。」

換言之，國父的民族主義也是以民生哲學爲指歸的。何謂「民生」？我們將在第四章中詳述，此處不贅，在此，我人但須知曉國父的民族主義原本也只是一個手段，也只是爲達成民生問題之妥善解決的一個途徑。他是要使每一個人各遂其生，各得其所的一個主義，所以它乃絕無殘害任何民族的意識在內。故不可能是侵略的。

三、倫理本質

民族主義有其本質之存在，其本質是乃倫理，倫理者，指的就是「天性」和「種性」，它與法制不同，倫理是從人類本性上啓發人的自覺的。倫理不僅是指明某種行爲是正當的，而且從人生意義上去探求爲什麼這種行爲是正當的。

國父嘗引尙書堯典之言曰：「尙書所載堯的時候，『克明俊德，以親九族，九族旣睦，平章百姓，百姓昭明，協和萬邦，黎民於變時雍。』」這與蔣總統所說的下面一段話有其密切之相關性，蔣總統說：「在中國政治哲學上，很明顯的可以看出大部份就是倫理哲學，從一個人的修身推到親親，再從親親推到睦姻任䘏，推到仁民愛物。」

蔣總統還有如下的一段話，也很具啓發性，他說：

「凡是人類，必有他與生俱來的天性，愛父母，愛家庭，以及對於自身關係的同族同國的人的相愛相䘏，推而至於愛人類，實在都是天性。無論如何否定道德和倫理價值的人，當他獨居深念的時候，或者是當他疾病痛苦的時候，他一線良知發現了，這樣天性還是要完滿的發現出來。」

民主科學與倫理合而爲三民主義的三大本質，過去我們是太注重民主和科學了，所謂德先生，所謂賽先生，無人不知其與中國現代化關係的重要性，但却忽略了倫理，我恐怕這便是我國現代化所以遲遲不能到來的原因，也是只知西化而不知根本的原因所在。發揚倫理，不但可救民主與科學的不足，而國家和民族站起來後，也才不致誤入歧途，變質而爲帝國主義。

四、態度立場

國父的民族主義，論其意義，實包含三方面，那便是中華民族自求解放，國內各民族一律平等，世界各民族一律平等，在他的觀念裏，是沒有壓制、迫害和奴役的。

因此，論及其態度立場，我人似乎可以分成三方面來加以認識，是即：

1. 對自我民族——保持適度自尊和自信，絕無優越感，亦無「自我中心」(Egoism)的心態，對內只求統一，對外只求獨立，絕不談使命感。

2. 對其他民族——尊重其族格，欣賞其文化，承認其優長，允許其存在，故絕無鄙視，亦無自卑。不侵略其他民族，亦不允許其他民族之侵略。

3. 民族關係——承認仁愛和倫理爲基本立足點和本質之所在，故主張民族關係應和平互助，水乳交融。輔車相依，攜手共進。

五、重要主張

1. 中華民族自求解放　中華民族自滿清末造以來，迄處於列強帝國主義環伺之下，地位一落千丈，不復成其為一個獨立的民族國家，　國父孫中山先生形容其危急之狀，一曰：「次殖民地」，又曰：「人為刀俎，我為魚肉。」故中華民族之自由解放，極為重要，論其方法，則包括如左之三端：

(1)恢復民族主義　也就是恢復民族精神，　國父認為我國的民族主義或民族精神喪失得太久了，以致「認賊作父」，「華夷不分」。這是非常嚴重的。要加以救濟，　國父提出了兩個法子，一個是「能知」，他鼓勵民族意識之覺醒，一定要知恥，知病，知國恥之所在，知國病之所來，不能再懵懵懂懂，聽天由命了。一個是「合羣」，他相信團結就是力量，因此他極力鼓舞國人應團結一致。一致對外，如此國家民族始有新生之機。

(2)恢復民族地位　國父認為中國民族之自求解放，民族地位之恢復是十分重要的，若總是覺得自己的民族國家較諸別的民族國家在身份地位上矮了一截，則自信心便自然缺乏，若是自身確有某些優長，固不可以棄如敝屣，若是自身果有某些缺陷，也就應該力謀填補。他提出的方法包括四點：

①恢復固有道德　國父認為我國古代的倫理道德——忠孝仁愛信義和平——在今天仍然是極有價值的一套價值系統。我們過去曾因它之存在發揚而得以立足於世，現在更應該提倡，才是自救救人之道。

總統又提出禮義廉恥四維的觀念。所謂四維八德，誠然是有道理的。今天人類的關係愈來愈對立了，也愈來愈惡化，愈來愈尖銳了，非四維八德不足以補救，人類關係必須改善，絕對的惡化不得。

②恢復固有知識　國父認為我國古代有一個很完整的政治哲學體系，那便是大學所講的「格物、致知、誠意、正心、修身、齊家、治國、平天下」的道理，這一套道理是一種固有的知識，人們又稱之為內聖外王之道。中國的政治哲學總是相信一切應由個人的修為做起，所謂欲平其天下者，先治其國，欲治其國者，先齊其家，欲齊其家者，先修其身。身修而後家齊，家齊而後國治，國治而後天下平。它

是有一定次序的。國父之所以提出這個主張，用現代的話來說，強國必先強民，強族必先強種。這是一項高明的見解，是無庸置疑的。

③恢復固有能力　國父認爲我中華民族地位之所以低落，與固有能力之喪失亦有關聯，所以他主張恢復我民族的固有能力。他說現在是科學昌明的時代，外國人似乎樣樣都比我們強，但在過去，我們確是樣樣都比外國強，火藥、指南針、印刷術、拱橋拱門都是我國早已發明的。誠然不錯，中國人不發明火藥，西方人如何能有現代的火器？中國人不發明指南針，西方人如何能發現新大陸？中國人不發明印刷術，西方人如何會有現代普及的文明？拱橋和拱門是力學的原理，這是物理學的起步。過去的中國人與現在的中國人並無所任何不同，祇是因爲後來觀念的改變，認爲一切發明都是「奇技淫巧」、「雕蟲小技」，不堪一顧，於是我們的精神文明固然進步了，物質文明却遠遠地落在西方之後，使我們相形見拙，如果我們肯改變觀念，能恢復固有的能力，則民族地位自然便會提高的。

④學習歐美長處　國父認爲中國民族地位之低落，其一部份原因實乃缺乏歐美之長處，所以既談恢復民族地位，便非要學習歐美長處不可。歐美的長處很多，在　國父看來，最重要的，應該還是科學，所謂有形的科學發明，和無形的科學方法與科學精神。　國父又認爲我們的學習必須有一個正常的態度，那便是迎頭趕上以至於並駕齊驅，切不可在後跟着。這是　國父的了不起之處，雖有民族的自尊，却無民族的傲慢。他之處理民族問題，態度是客觀的，立場是公正的。

前述這四項建議的提出，我們敢於說，　國父是經過了深思熟慮的，如能一一做到，則民族結構可以重建，民族信心可以恢復，民族能力可以發揮，民族需要可以滿足。民族地位之提高是可以預期的。

(3)與帝國主義的奮鬥　中華民族之獲得自由與解放，民族主義或民族精神之恢復以及民族地位之提高固然十分重要，但與帝國主義的奮鬥也是不可稍懈的。

國父對於舊式的帝國主義認識極深，他當年反對我國參加歐戰，主要的原因便是歐戰在本質上便是一個帝國主義與帝國主義之間的戰爭，而戰爭的結果，弱小民族絕對得不到好處，我們且看他下面的這一段演講，他說：

「到要開和議的時候，便用種種方法騙去威爾遜的主張，弄到和議結局所定的條件，最不公平。世界上的弱小民族不但不能自決，不但不能自由，並且以後所受的壓迫，比從前更要厲害。由此可見強盛的國家和有力量的民族，已經雄佔全球，無論什麼國家和什麼民族利益，都被他們壟斷了。」他又說：

「歐洲數年大戰的結果，還是不能消滅帝國主義，因為當時的戰爭，是一國的帝國主義和別國的帝國主義相衝突的戰爭，不是野蠻和文明的戰爭，不是強權和公理的戰爭，所以戰爭的結果，仍是一個帝國主義打倒別個帝國主義，留下來的還是帝國主義。」

換言之，　國父深深的體會到要從帝國主義的桎梏下解放出來，是要靠自我努力的，帝國主義者絕不會輕易放棄其既得的利益。

與帝國主義奮鬥的方法如何？　國父的意思似乎是：

①設法廢除不平等條約，以求民族之自由平等，國家之獨立富強。

②以武力、外交、門戶開放、不合作運動、經濟資源之共享為手段。我們不希望使用武力，因為武力的使用會造成流血的慘劇，我們希望採取外交的方法，使帝國主義者自動放棄其權益，這不是不可能的，因為民族主義恢復了，民族地位提出了，帝國主義者不自動撤退也是不可能的。我們甚至願意採取門戶開放的政策，使利益均霑，而不必造成糾紛與戰爭。如果勢之所迫，我們將採取不合作運動、對

帝國主義者從事政治、經濟、社會的抵制。我們甚至願意開放我國的資源爲世界各國所共享，不必從事爭奪，卽有生存的資源，民族國家間之利益既然一致，自無壓迫被壓迫、奴役被奴役之爭執。

2. 國內各民族一律平等，進而求統一民族之達成

這個問題，我們可以從兩方面來加以討論，一方面是民族平等的問題，另一方面則是民族統一的問題。先談第一個問題。

(1) 民族平等

①政治地位之平等　國父主張各民族在政治地位上應一律平等，無分軒輊，切不可再有壓迫和奴役。他的下面一段話，充分地表明了此一觀點：

「我國去年之革命，是種族革命，亦是政治革命，何則？漢滿蒙回藏五大族中，滿族獨占優勝地位，握無上之權力，以壓迫其他四族，滿洲爲主人，而其他四族皆爲奴隸，種族間之不平等，達於極點。種族不平等，自然政治亦不能平等，是以有革命。要之，異族因政治不平等，其結果惟革命，同族間政治不平等，其結果亦惟革命。革命之功用，在使不平等歸於平等。……」

②政治參與之平等　國父不但主張國內各民族應享有政治上之平等地位，不得有特權，不得有歧視，他甚至更進一步贊成國家的政治應由各民族共同參與，而造成政治參與之平等。下面兩段話很明顯地表示了這個看法。他說：

「我國去年革命，影響及於全部，而僅以數月之短時期，大功卽告成。成功之速，可云天幸。今者五族一家，立於平等地位，種族不平等之問題解決，政治不平等之問題亦解決，永無更起紛爭之事。所望以後五大民族，同心協力，共策國家之進行，使中國進於世界第一文明大國，則我五大民族共同負荷

之大責任也。」

他又說：

「但願五大民族相親相愛，如兄如弟，以同赴國家之事。」

當然，他是反對國家的政治由某一個民族所獨佔，也是反對由某幾個民族所聯合獨佔的，是國家政治，則任何民族（當然是指國內的）但有參與之權利。

⑤民族照應扶持　國父認爲革命後，國內各民族從此便是一家中人，既是一家中人，則強者自應扶持弱者，長者自應照顧幼者，使弱者、幼者亦有與強者長者平衡發展的機會。下面所引述的這一段話雖是　國父專對滿人而說的，但也可看出他這種坦蕩磊落無私的精神。他說：

「政治改革，五族一家，不分種族。現旗民（滿人）生計困難，尚須妥籌，務使人能自立，成爲偉大國民。」

滿人統治中國二百數十年中，貴族固無論矣，即其平民亦身無長技，革命後，情況至爲悽慘，　國父大表同情，其民胞物與之情，躍然紙上。讀者如知其詳，可參閱蔣夢麟所著「西潮」一書，其中有關杭洲滿人之生活記述甚詳。

革命前是敵人，革命後是家人，這就是　國父的偉大之處。

(2)民族統一之達成　在民國元年的時候，國內盛行五族共和之說，而國旗亦以紅、黃、藍、白、黑五種顏色來代替，　國父對這種說法和做法都不十分贊成，但他孤掌難鳴，毫無辦法，他一方面認爲國內不止五個民族，另一方面即使是五個民族，也不是一個統一的民族，所以他便創造了一個新的名詞——中華民族——來代替原來的分歧錯雜的舊名詞，其目的，也不僅在造成一個新名詞而已，主要的更希望能有一個眞正統一的民族。一個國家，一個民族，是　國父多年來追求的目標。我們且看他下面的這一段話：

「這五族的名詞，很不切當，我們國內何止五族呢？我的意思應該把我們中國所有民族融成一個中華民族。」

這不是很明顯嗎？

現在我們的「中華民族」是漸漸地形成了，至少這名詞已爲每一個中國人所共同接受。這現象是可喜的。

3. 世界各民族一律平等，進而抵於世界大同之境。

(1)民族自由　國父相信每個民族都應有自由的生活，壓迫和奴役是不可得而久長的。他對於一次大戰期間威爾遜總統之「民族自決」的主張，讚揚備至。他對於被壓迫民族——如非律賓和韓國——之民族解放運動，亦大表同情與支持。

(2)民族平等　國父相信民族與民族間應有平等之地位，彼此之間不可有特權與歧視。他說：

「民族主義，卽世界人類各族平等，一種族不能被他種族所壓制。」

所以　國父又有世界各民族一律平等的想法。　國父認爲每一民族的自由平等是世界的正常現象，他不容許世界上有強國壓迫弱國，有大國滅亡小國的行爲，所以他立志在中國富強以後，要行「濟弱扶傾」之道，要擔起「濟弱扶傾」的責任。

(3)世界大同　國父對於禮運大同篇所描繪之大同社會，極爲嚮往，並以之作爲終身奮鬥追求之目標。　國父曾喻民族主義爲香港碼頭工人的竹槓，世界主義爲藏在竹槓中之彩票，其意殆謂民族主義祇不過民族謀生之工具，而世界主義才是人類追求的目標。事實上，他於世界大同之達成是有信心的，也是有所具體的途徑的。現卽述其所行之途徑：

①民族主義之運用　國父認爲民族主義是弱小民族圖生存圖發達的寶貝。所以任何弱小民族在民族國家建立之初期都必須妥爲利用，利用的結果，民族國家的獨立自由便必可獲致。這是邁向世界大同之路的第一步。

②世界主義之追求　國父認爲民族國家在其成長發展的過程之中，必須要漸漸培養世界主義之胸襟與懷抱，如此民族主義方不致變質而爲帝國主義，更應對大同世界充滿信心，然後才可望有更美好之情況出現。

③區域和平之倡導　國父在民國十三年經日本赴北京與段祺瑞共商國是，在神戶曾發表其「大亞洲主義」之演講，他提出世界之和平應自亞洲之和平的獲得開始，因爲他呼籲亞洲各國，應有如左之認識：

子、主張王道，國際間應講仁義道德。

丑、共同聯合對抗外來之帝國主義。

寅、亞洲各民族國家間應一律平等。

卯、亞洲各民族國家應團結一致。

這種區域和平的理想甚堪稱道，它與美國的「門羅主義」不同，與日本的「亞洲門羅主義」更是不同。中國不以大國自居，更無獨霸亞洲的意思，他曾寄望於日本的忠誠合作，他勸告日本「不爲歐洲霸道的鷹犬，應爲東方王道的干城。」

④現代文化之創造　國父認爲中國文化的優點是王道，其缺點是保守，因爲重王道，所以崇尚和平，反對侵略；西方文化的優點是進步，缺點是霸道，故侵略性強而進步亦速，因此，國父創造了他自己獨特的文化系統，是卽合中西文化之所長，去中西文化之所短，此種文化，是卽三民主義文化，這種新型文化具有世界性之價值，是值得弘揚和推廣的。他說：

「對世界諸民族，務保持吾民族之獨立地位，發揚吾國固有之文化，且吸收世界文化而光大之。以期與諸民族並驅於世界，以馴致於大同。」

⑤自我中心之節制　國父對於「自我中心」（Egoism）一思想可說一絲一毫都沒有。他對於自我民族雖有適度的自尊，却絕無狂妄之感。他從來便沒有說過中華民族是世界上唯一無二的優秀民族，他也從無蔑視其他民族的意思表示，他甚至勉勵國人在強大之後，千萬不要做「科學怪人」。他並不反對中國應有強大的國防軍力，但他宣稱其作用只在自衞而不在攻人。外國人怕中國人強大，因爲他們擔心「黃禍」，在國父來看，「黃禍」是根本不存在的。因爲中國對任何國家，任何地區，都無領土野心。

⑥民族偏見之消除　國父認爲民族不可以有偏見，國父認爲白種人的民族偏見最深，毋疑的是人類禍害之根源，日本人過去也自認爲是黃種人中最優秀的民族，所以動輒侵略中國，壓迫鄰邦，一般外國人每認爲中國人沒有敎化，是很野蠻的，而英儒羅素(Bertrand Russel)獨不以爲然，國父聞之，特感欣慰。就國父個人而言，他是絕無民族偏見的。民族而有偏見，便自然難免優勝劣敗，天演進化之說。民族偏見的消除，對於人類前途是大有裨益的。

⑦生存資源之共享　國父認爲一國而能以其生存資源爲世界各國所共享，則世界之商戰必可避免，所以他在實業計劃中首倡，世界各國共同開發中國，而且共享中國利益之說。他甚至主張中國應門

戶開放，不應將一切生存資源單獨享用，這眞是一種卓越見解。尤其是時當今日，能源問題困擾世界之際，我人每癡心妄想若是此等能源得爲消費國所廉價共享，世界該是何等和平而安謐？　國父的這種意見毋寧是貨暢其流的意思，也有互通有無的意思，也有富以濟貧的意思，這是社會主義思想，也是民生主義思想的發揚光大。

不管這七條路是否行得通，但至少是值得一試的。就此而言，　國父應該不僅是一個中國公民，其思想亦不僅是民族主義而已，他實在是一個世界公民，而其思想也更接近世界主義，但他與其他的世界主義思想家不同，他不是虛無縹渺的幻想家，他而是一個脚踏實地的政治家。

第七節　比較與結論

就民族問題之解決而言，現代所曾有之思想可謂五彩繽紛，令人有目不暇給之感。但孰優孰劣？孰是孰非？孰長孰短？又實有詳加研析之必要，人類既然進步到了現代，則似乎一步也不能走錯，否則後果卽難免不堪設想。作此研析，難免主觀，而我人才疏學淺，更非力所能逮，乃不免訛誤百出，且試以最客觀的態度略作論評如后：

一、西方的民族主義，派別紛繁，理論亦雜，固難有適當之代表以爲評斷之對象。一般而言，其對人類之現代化，固不能謂爲毫無貢獻，今日世界上民族國家之多，實超過以往任何時期，此是有目共覩之事實。然而貽害，却亦同樣深遠。姑不論走火入魔，作惡多端的一部份，卽就其最佳之一面觀察，亦未免仍多缺憾與有所不足，是卽「自我中心」(Egoism) 未免稍嫌過重，對於世界人類之前途，亦缺乏長遠的計劃與安排，乃不免誤入歧途，淪爲帝國主義，海斯說：「民族主義與帝國主義實乃一顆銅錢之兩面。」固殊可憾之至。

二、世界主義確是一項偉大的理想，和一項崇高的目標。它要求人類放棄其民族國家之偏狹觀念，而代之以世界公民的理想，我們實無法評斷它爲有害於人類之前途，相反地，我們更讚揚它所標榜的精神，它是人類應有之歸趨，而在國際局勢緊張孔亟之今日，尤具平衡緩衝之作用。但就今日言，此種觀念徒予帝國主義者以侵略之藉口，嬰兒尙不能爬行，却命其跑步，那有不跌倒之理？　國父當年在廣州演講民族主義，有人便批評他思想落伍，　國父的辯解是，沒有民族，焉有世界？不經民族主義之路，安達世界主義之途？此誠一針見血之論。易言之，世界主義之思想家類多陳義太高，又提不出具體可行之辦法，於是空中樓閣，紙上談兵，至少是不切實際的。

三、再論國際主義，這是今日世界上最流行的思想之一，他們假借國際組織的成立，希圖解決強國爭端，保障弱小民族獨立自由的權利。但是國際問題不如我人想象中之簡單，它與國內政治有迥然相異之處，一個國家常由一個民族組成，則一個軀體，一個靈魂，人格不易分裂，國際組織則不然，大國有大國之利益，小國有小國之圖謀，各國之間，人口有多寡之異，領土有大小之別，文化有高低之分，利害有矛盾之處，強行揉合在一個廳堂之中，要求每一份子均能心平氣和地共同硏商彼此的利害得失問題，要他們開誠佈公，談何容易？於是縱橫捭闔，乃所難免，操縱控制，亦所難免，收買利用，更所難免，而合則留，不合則去，該來者不來，該去者不去，秩序因是大亂矣。就國際聯盟而言，一九二〇年創始時，有四十二創始會員國，接着便年有加入，亦年有退出，至一九三四年，而有五十八個會員國，此後便加入者少而退出者多，至一九四二年，又減而爲四十二會員國，要來便來，要走便走，簡直有如一間「公共厠所」，其骯髒是可想而知的。就聯合國而言，一九四五年成立之初，共有會員國五十一個，但是到了今年，則有了一百四十九個會員國。現在世界上共有一百五十七個國家，也就是說尚有八個國家被摒於聯合國之外，聯合國可以說是一個「垃圾堆」，像白俄羅斯、烏克蘭不過蘇聯之一部份，竟也享有席位，無理可說。像外蒙古與中共，根本便不是國家，也濫竽充數，坐在其中，相反地，如我中華民國，金山會議聯合國憲章之首簽者，竟被迫退出而無席位，更可看出這聯合國是如何的一個鷄鳴狗盜之徒的俱樂部了。

我們在無路可走的情形下，國際主義替我們人類指出了一條可行的路，但可惜此條路上，蔓草太多而荊棘橫生，國際聯盟固早經夭折，聯合國之崩潰亦勢不在遠，人類的第三次世界大戰，大家都早在準備之中，如箭在弦，一觸卽發，大戰開始之日，也就是他壽終正寢之時，我人對於此一主義實不抱任何信心。

四、復論帝國主義，帝國主義無論有多少種，其邪惡實相同，若云有所差異，亦祇在程度之輕重而已。帝國主義之爲邪惡，尤其表現在行爲之上，其行爲固甚可鄙。它僅以自己族國之利益爲範圍，而罔顧其他族國之生死，採取一切可能之手段，以務達其擴張之目的。舊式之帝國主義專以炮艦爲武器以叩他人之門戶，而橫行無忌於他人之領海內河之中，或佔領，或殖民，或侵凌，或壓迫，至置他國人民幸福快樂於不顧。這種帝國主義在二次大戰結束之日，便經漸漸結束了，二次大戰之前，非洲只有一個獨立自主的國家——賴比瑞亞，現則若連羅德西亞亦計算在內，已多達五十三國，羅德西亞境內的民族問題十分嚴重，深具爆炸性，西方各國均引以爲憂。亞太地區現有四十三國，尚不包括北韓、僞蒙及匪共在內。美洲現有國家二十九個，歐洲現有國家三十三個。若干地區尚在醞釀獨立之中，將來要發展成多少民族國家，無人敢予逆料，但卽就目前而論，已是洋洋可觀了。此誠人類覺醒之時代也。但就這一方面而言，舊式的帝國主義固然已經倒下去了，但新型的帝國主義，所謂赤色帝國主義，所謂毛澤東主義固又接踵而起，或以糖衣毒藥相提供，或以火器大砲爲援助，或以生存資料相誘引，或以新救世主相號召，於是許多新獨立的國家受騙而入其彀中，懵然而不自覺，甚至引爲刎頸之交，一任其擺佈左右，是誠可悲之至。但此種現象畢竟不能長久，蓋民族終有澈底覺醒之一日，當它眞正覺醒之時，也就是赤色帝國主義被逐之一日。請問豈會有一民族而願以低下民族自居，而願捨棄自由並供人奴役宰割者否？

毛澤東主義在今日世界政治上，似乎較諸列寧主義或史達林主義更佔較多之一席地，此無它，只因爲中國本是一個積弱被壓迫的民族國家，而它今天竟亦列身「強國」之林，對弱小而被壓迫之民族而言，多少具有一些鼓舞作用，而其甜言蜜語，又遠較其他宣傳更爲悅耳，尤其是對非洲而言，它亦屬於有色人種，所謂"Colour"，那就更難免有同類之感覺，引爲同道，互稱知己，是必然的現象，但是他的僞善者的面具遲早總會拆穿的。豈不是嗎？非洲已有許多國家在與其訂交後，又與其絕交了嗎？非洲國家本已泛濫着其獨具特色的泛非洲主義（Pan-Afericanism），他們也早經認爲非洲是非洲人的非洲，他們是不會歡迎任何形式的帝國主義的壓制和迫害的。毛匪澤東已經死了，其主義之消逝亦勢不在遠。

五、最後且一論　國父的民族主義。在此，我們絕不動感情的因素而故意作不實的評斷，我們深知國父的民族主義實遠較前四者爲健全和卓越，它的確有其特殊高明優異之處。它鼓舞弱小民族的士氣，亦爲弱小民族提供自信，更爲弱小民族取得生存之道，它不主張自我驕矜，亦不主張自我中心，更不主張損人利己，故抱有適度之自尊自重，亦抱有莊嚴神聖的民胞物與之心，這種主義是人我兩利的主義，是絕對合乎正義原則的。所以它能治一般民族國家之疑難雜症，而所用之藥物又絕不帶有任何的副作用，以致產生可怕的後遺症。

更爲值得稱讚的一點，毋寧還是其雖然仍是民族主義，却有世界主義之懷抱與精神，民族主義不過人類歷史過程中的一個階段，世界大同才是人類共同追求之目標。國父的世界主義並沒有否定國家之作用，也不談世界政府之設立，他只是從人性去着眼，希望人類的氣質能够改變，希望人類的感情能够昇華，這一想法不是不可能，這有賴於我們人類所從事的教育和努力。人類到了現代，其所經歷的艱難已經够多了，即以本世紀的兩次世界大戰爲例，人類所遭受的苦痛也已經够他反省了，人類是非覺醒不可了，我們親眼看到人類的地域觀念、宗族觀念，已經是越來越淡薄了，則民族觀念、國家觀念便沒有不益趨淡薄的可能。省民或同宗的觀念是越來越沒有人提及了，許多人已以世界公民的身份自居，這是一種好的趨勢，莫謂人類永無出息，能登陸月球，却不能解決鄰居的爭執，那只因爲一念未能溝通之故。若是這一念溝通了，人類的前途應該是光明無限的。

我們再說，國父的民族主義確實有其重大的價值，它絕非滿載炸藥的列車，它的確能爲人類的前途創造出一幅美麗的遠景，我們對它應有信心。我們有義務將這種思想推廣到世界上的每一個角落裏去。但是我們絕不採用強迫推銷的方法。

我們期待着大同世界的來源，我們希望在未來的世界裏，每一個人將可獲得自由、平等、博愛的生活，也能得到我們中國人所謂的「福」、「壽」、「康」、「寧」的滿足。

第三章　政治問題及其解決之途徑

第一節　概　說

一、何謂「政治」

國父說：「政就是衆人的事，治就是管理，管理衆人的事，就是政治。」

吾師薩孟武教授於所著「政治學」一書中，對「政治」二字未嘗作肯定而有效的闡釋，但他曾提出了所謂「政治現象」以加以說明，他說：

「政治現象非常複雜，但吾人稍加分析之後，也可以知道古往今來，政治現象亦有一個共同特質。這個特質便是「統治」，一方有命令的人，他方有服從的人，而對於命令的服從又是出於強制。乃是命令與服從的強制關係。這種強制關係如何發生呢？人類生存於社會之內，固然有連帶關係，但是同時又是互相對立。由於連帶關係，便發生了「衆人的事」，由於互相對立，又使人們對於「衆人的事」，發生了各種不同的意見。怎樣綜合各種不同的意見而統一之，乃是維持社會和平的前提。這種統一的意見就是國家的意見，而可以強制人民服從。固然統一的方法隨社會的勢力關係而不同，或由一人統一之，而強制千萬人服從；或由少數人統一，強制多數人服從；或由多數人統一，而強制少數人服從。統一的雖有多寡之別，而其對於異議的人，可用權力強制其服從，則爲古今政治的共通性質。」

他接着說：

「政治是命令與服從的強制關係。」

國父的話與薩先生的話，當有互相發明之處，薩先生認爲「政治是命令與服從的強制關係」，國父可能不甚同意，從他的「服務的人生觀」來看，他可能改變一種說法；那便是：「政治是服務與被服務的和諧關係。」

其實，「命令與服從」也好，「服務與被服務」也好，「強制關係」也好，「和諧關係」也好，其意義實在是相通的，都屬於衆人關係的處理。

我們中國人常說「三人成衆」，其實兩個人以上就有政治，夫妻之間，父子之間，兄弟之間，師生之間，一切人之間，都有「政治」的存在，因爲一如亞里斯多德(Aristotle)所說的：「人類就是政治的動物。」

但是政治儘管如此簡單，要弄得好，要擺得平，可眞不容易，人類曾經運用了他些微的智慧，便發明了許多東西，甚至登上了那似乎永遠是遙不可及的月球，並且在可見的將來，還要到火星上去看看，但政治的問題，却愈來愈令人煩惱。怎麼辦？我們要問的是：「怎麼辦？」現在的確是到了要作決定的時候了，如果不迅作決定，我們整個的人類不但沒有幸福之可言，甚至要歸於毀滅，那就未免太可悲了一些。

四、「政治」的型態

人類政治問題的處理，究竟應該用何種型態，然後才算最好？這是一個言人人殊，莫衷一是的問題，換言之，這已是一個爭論已久的老問題，雖然一般的人民在缺乏良好的教育和正常的思想的狀態下，很少想到這個問題，而只是按照傳統的習俗慣例去做，但就思想家而言，無疑地，他們是早經想到了，他們而且將它應有的型態作了各種不同的分類，在過去，有過去的分類方法，在今天，有今天的分類方法，現在暫且不談各種類型政治的優劣長短的問題　我們只敍述一下他們所從事的分類。

1. 希羅多德（Herodotus）的三分法：

a. 君主國——統治者爲一人時。

b. 貴族國——統治者爲少數人時。

c. 民主國——統治者爲多數人時。

2. 柏拉圖（Plato）的五分法：

a. 君主國——一人依法統治的。

b. 暴君國——一人不依法統治的。

c. 貴族國——少數人依法統治的。

d. 寡頭國——少數人不依法統治的。

e. 民主國——多數人依法與不依法統治的。

3. 亞里斯多德（Aristotle）的六分法：

a. 君主國——統治者爲一人時。

b. 貴族國——統治者爲少數人時。

c. 民主國——統治者爲多數人時。

d 暴君國——統治者爲一人時。

e. 寡頭國——統治者爲少數人時。

f. 暴民國——統治者爲多數人時。

亞里斯多德之分別各種不同的國體，一方面固然着重統治者人數的多寡，同時也注意到「利益」的問題，前三者，亞氏稱之爲以共同利益爲目的之「純正的形態」(Pure form)，後三者，亞氏稱之爲以統治者私人利益爲目的之「腐敗的形態」(Corrupt form)。

4. 鮑里巴亞士 (Polybius) 的七分法：

a. 君主國——一人統治，受人民擁戴者。

b. 暴君國——一人統治，不受人民擁戴者。

c. 貴族國——少數人統治，爲人民所愛戴者。

d. 寡頭國——少數人統治，不爲人民所愛戴者。

e. 民主國——多數人統治，人皆崇神尊親敬老守法者

f. 暴民國——多數人統治，人不崇神尊親敬老守法者。

g. 混合政體——將君主、貴族、民主三種制度融合而爲一，是乃最良好的政治組織，所謂 Mixed government。

後來馬克維尼 (N.B. Machiavelli) 也曾從事此種努力，但仍不脫六分法的範圍，此處即不復贅述。

這些分類幾乎有一個共同的特點（希羅多德除外），那便是他們均據有兩個標準，一則以統治者人數多寡爲標準，二則以統治形式爲標準，前者是靜的考察國家形態，後者是動的考察政治現象，所以前者可以說是國體的分類，後者可以說是政體的分類。

嚴格說來，這種分類似乎不無道理，但畢竟缺乏科學的精神，所以到了現代，政治學者又有了新的方法，下面且述現代的分類方法：

5.現代分類法：就國體(form of state)而分，則有：

(1)君主國體　凡國家的元首享有如下五項特權者爲君主國，此五項特權包括：

①君位之繼承採世襲之方法。

②榮譽權，有特殊的尊號，自稱爲朕，人稱爲陛下。

③神聖不可侵權。

④不負責權。

⑤皇室費請求權。

(2)共和國體　凡國家元首而不享有一如君主之特權者，爲共和國。

此外，就政體(form of government)而分，則有：

(1)民主政體——又稱民主政治，又稱自由政治。

(2)極權政體——又稱極權政治，又稱獨裁政治。

國體和政體可以有相互交叉之關係，也就是說，政治型態至少可以有四種，是卽

(1)君主國體、民主政體　如英國、日本、瑞典等國皆是。

(2)君主國體、極權政體　如佛朗哥時代之西班牙卽是。

(3)共和國體、民主政體　如美國、法國、我國均是。

(4)共和國體、極權政體　如蘇聯、南斯拉夫等共產國家均是。

國體是君主，或是共和，不是關鍵所在，重要的是民主政體，抑是極權政體的問題。就英國人而言，幾乎任誰都能接受他們的君主，且以之爲榮，並無廢除君主的意思，因爲君主的存在，就英國言，不但毫無壞處，而且還有許多好處，他（她）是國家統一的象徵，他（她）可以爲首相分勞，他（她）可以絕對公正地處理國家政治的糾紛。就蘇聯人而言，他們並不喜愛他們的共和國體，他們更厭惡他們國家中那種極權政體，處處是「格別烏」，處處是警察和特務，處處是嚴密得無以復加的政治控制。

所以嚴格來說，今天而談政治的型態，已與過去學者所注意者不同，國體（Form of state）已不是值得爭辯的問題，重要的是政體（Form of government），是民主自由呢？還是獨裁極權？

三、思想歧異

現代是一個思想尖銳對立，激烈抗爭的時代，人類究應如何處理目前的政治問題，到了現代，可說是需要愈迫切了。就目前的情形來看，至少有如下的幾道思想主流：

(1)西方的民主主義（Western Democracy）

a.英美模式（English model）

b.大陸（法德）模式（Continent model）

(2)極權主義（Dictatorship）

a.法西斯主義（Fascism）

b.納粹主義（Nazism）

c.共產主義（Communism）

第二節　西方的民主主義(Democracy)

一、定　義

英國學者蒲萊士(James Bryce)曾就「民主政治」下了一個定義，他說：

「民主政治(Democracy)一詞，從希羅多德時期(Time of Herototus)以來，即用以表示一種政體，其國家的統治權力是不在一個或數個特別階級，而是在全體社會的社員。……這個意見就是說，團體中的治權的行使是由大多數人投票決定之，因為還沒有別的方法能夠和平的和合法的決定那未得一致同意的團體意志。」

吾師薩孟武教授所下的定義則極簡明而扼要；他說：

「凡行政一方須顧及人民的意思，同時又須服從法律的規定，一旦蔑視民意或違犯法律，又須負責的，則這種政體，便叫做民主政體。」

嚴格說來，民主政治的淵源甚早，遠在希臘羅馬時代，便已經有了。但是就現代的民主而言，則無疑是發祥於英國，繼而傳至美國，再傳而至法國，三傳而至日本，雖然各國的民主政治，在技術上，多少有些差異，也就是所謂不同模式(Model)的問題，但大體上，本質上是絕無任何差異。

民主政治的本質如何？那便是：

民意政治！

法治政治！

責任政治！

所謂民意政治，是說政府的一切作爲與活動，都必須以人民的意思表示爲準據。「什麼是人民的福利？」「怎樣增加人民的福利？」都要由人民主動作主。換言之，人民對於國家的一切活動有權參與，他不是被動地享受政府所給予的福利，而是主動地參與自己應有福利的決定，所以民主政治當然同時也是民有、民治和民享的政治，不但着重在民有和民享，而且更着重在民治。若只是着重在民有和民享，那不能算作民主政治，那只能算作開明專制。

所謂法治政治，是說舉凡政府機關的一切行爲與活動，都必須依據法律之所規定，而不得稍有踰越。法律既由人民之代表所制定，而法律之上更有由人民直接制定或間接制定的憲法。雖然政府機關亦可頒佈行政命令，但命令不能違法，法律又不能違憲，所以這種國家看起來是由法律在治理，而其實則是由憲法在治理。行政機關既不足以爲非，立法機關亦不足以爲非，這是絕對可以有效保證的。

所謂責任政治，是說政府機關在行使職權，從事活動之時，對其所產生之後果，無論是非得失，均須負起責任的意思。換言之，政府機關的一切行爲，都有一個或數個機關來加以監督，這些機關無論是民意代表的議會，抑或是人民自己，其執行監督之時，在態度上，固極認眞而明察秋毫之末，在方法上，也極審愼，以務求毋枉毋縱，故政府想要爲非作歹，是極不容易的。

至少在理論上，是如此的。

二、產生因由

民主政治是怎樣產生的？各人的看法也不一致。薩孟武先生認爲與工業革命有着密切的關係。他認爲工業革命後，大資本家忙於他事業的開展，無法兼顧政治的發展，所以讓他們的代表來管理政治，於是有立憲政治、有代議政治、有分權政治等方法和理論，這說法可說是不無道理，但與事實不盡相符，亦是事實。若說民主政治發祥於英國，則十三世紀大憲章（Magna Carta）的頒佈，應該卽是它的濫觴，十三世紀較諸工業革命早得太多了，因此這一說法不盡合理。

至於蒲萊士的看法，他提出了四項要因，他認爲：

(1)由於宗教平等觀念　自從宗教革命以後，歐洲已不是一個宗教統治的世界，宗教既應平等，而人們也從宗教的束縛中解放了出來，要求政治民主，乃是自然的趨勢。

(2)由於不滿君主暴政　十七世紀至十八世紀，歐洲所產生的暴君太多了，英王哲姆士一世（James I)之冥頑不靈，狂妄無知，固極可惡，於是有哲姆士二世(James II)之代爲犧牲，法國的路易十四(Louis XIV）也未免太不像話了，口口聲聲「朕卽國家」、「朕卽法律」，其誰復能忍受？

(3)由於社會生活進步　工業革命後，社會生活進步了，經濟生活既獲得有效的改善，當然會進一步要求政治上的自由。

(4)由於民主理論勃興　十七、八世紀，民主政治的理論家輩出不窮，對於當時的社會思想界無疑地產生了相當嚴重的刺激作用。換言之，人們本來生活在古代裏，對一切均聽天由命，卽使生活在黑暗的中世紀裏，也一直相信這一切的不平是上帝故意的安排，因此也就無所怨尤，但現在不同了，洛克、孟德斯鳩、盧梭之輩的不斷「挑撥」，使原本樂於更安於被奴役的人們覺醒了，洛克勸人如遇暴君而行暴政，可以訴之於天，盧梭亦然，他謹愼地誥誡人們，不是忍無可忍，千萬不要輕易從事革命，看起來，都是溫和主義者，其實他們散播了火種，更有效地鼓動了人們。

至於就我個人的看法，我認爲民主主義的由來牽涉了兩個基本的問題，一個是：

人性的基本需求。

一個是：

人類的普遍覺醒。

自第一點看，人類斷無自甘被壓迫和奴役而不知反抗的道理。因爲人就是人，他畢竟不是牛馬，不是機器，所以你卽使可以壓迫奴役他於一時，也沒有永遠壓迫和奴役他的機會，監獄中經常有犯人越獄，納粹的集中營，共產黨的鐵幕，百密而終有一疏。圍牆和鐵絲網是牢籠不了一個求自由的人的身心的。

西人曾有一首很好的小詩，充分的說明了人性的基本需求：

生命誠可貴，
愛情價更高；
若爲自由故，
兩者皆可抛。

自第二點而言，人類的普遍覺醒，尤其十分重要。嚴格來說，人類早已不耐煩受那些暴君暴政的奴役統治了，過去只是不懂，以爲那是上帝有意的安排，什麼上帝鑄劍兩支，一支交給敎皇，敎皇卽憑以統治人類的靈魂，一支交給國王，國王卽憑以統治人類的軀體，後來他們終於在密爾頓、洛克、盧梭等

民主政治最大的優點就是給人以「自由」的生活。

的教導下懂得了，原來上帝從來沒有做過那種邪惡的事，於是他們的態度變了，知道反抗是對的，是合理的，也是合法的。寫到此處，使我想起了傑弗遜(Thomas Jefferson)的一段話，你看是多麼的有力，又是如何的富有煽動性，他說：

「給予吾人生命的上帝，亦曾同時給予吾人以自由，武力之手可得而毀壞二者，但不能將二者分離。」

這就是民主主義產生的因由。

三、理論基礎

(1)主權在民　主權（Sovereignty）在於人民，在於全社團之社員全體，而不在社團之統治者，亦不在社團之本身。

(2)契約同意　國家之組成，政府之建立，乃是由於人民訂立契約，共同同意之結果。此一意見在今日頗受學者批評，但我人認爲仍有價值，民主國家必有憲法之制定，憲法殆即有契約在焉。

(3)天賦權利　人類生而自由，生而平等，非任何團體，亦非任何個人可得而擅行侵犯剝奪。

(4)共同意志　國家的大小事件應以全體人民之共同意志爲唯一之依歸。

(5)羣衆樂利　國家的一切行爲應以達成羣衆的快樂、福利爲唯一之目標。

(6)治權分立　政府應本於抵制平衡的三權分立之原則而設置，非如此不足以保障人民之權利。

(7)理性淵源　認爲人是理性的動物，其自身之禍福以及快樂痛苦，其本人無不知之，亦無不能作最妥善之處置。

(8)自我發展 認爲人各獨立，價值無限，其發展應一任自由，不宜妄加限制，否則阻滯社會進步，扼殺個人人格。

(9)多數作主 團體意志之表現，全體一致如不可得，則多數即可作主，少數應予俯從。

(10)開放社會 社會是開放的，有關社會的一切事體，社會成員都有批評討論交換意見的權利。

四、主要制度

(1)立憲制度 國家一定要有一部憲法，此憲法不論是成文的，不成文的，亦不論是造成的，長成的，它都必須爲全國上下所共同尊重，其性質有如金科玉律，任何人非惟不得破壞，猶應絕對服從，它是一切制度之根本，亦是一切行爲之依據。總之，它是國家的根本大法，爲一切的淵源。

(2)代議制度 國家設置議會，議員由人民選舉產生，議會代表人民訂定法律，監督政府，是民意機關，旣代表民意，也作成民意。它的具體的權力，包括立法權、預算權、質詢權、同意權等等。

(3)制衡分權 政府應循孟德斯鳩所倡導的制衡分立的學說來加以建立，法國人權宣言謂：「該政府之設置而不採用分權之原則者，可視爲無憲法之國家。」因爲人之秉性，有權必濫，若權力而不分立，分立而不制衡，則政府必成濫用權力之集團，人民自由權利必致被侵犯剝奪殆盡。

(4)政黨政治 一個國家之中，必須要有兩個以上的政黨。因爲從人性而言，人而有派別性（Partisanship），實所難免，從政治而言，亦有此需要，必須有在朝者來執政，也必須有在野者來批評，批評構成有效的監督，也強迫着政治的進步。政黨更不僅能代表民意，往往更能負起作成民意的責任，甚至能將人民集合成一股有組織的力量，所以它被視爲國家機關之一。

(5)選舉制度　國家中一切重要機關的重要人員——如議會之議員、內閣之閣員、地方政府之首長、共和國之元首——均由人民直接或間接選舉產生，選舉制度成爲國家重要人事之唯一依據。人民亦假選舉以表達意見，以控制其代表和政府，它代替了往日的世襲和任命。

(6)任期制度　因選舉而產生的議員和官吏均有一定之任期，任期已屆必須改選，重要官吏之連任且有限制。此一方面固在保障人民意見之表達有一定之途徑與適當的時機，亦所以避免被選舉而出任公職者之疏懶怠忽或廣植黨羽。

(7)輿論制度　社會中有着各種不同的傳播工具，其主要之功能，不是爲政府宣達政令，而是將公共意見加以搜集，找出其公分母，卒之成爲一股潮流，一種壓力，藉以引導社會向前推進。它同時也造成了社會不同角落的溝通，使原本四分五裂、各自爲政的小社會變成一個統一的大社會。

五、歷史旅程

(1)肇始於英國，一二一五年有大憲章之頒訂，一六四九年有清教革命，一六八八年有光榮革命。

(2)響應於美國，一七七六年有獨立戰爭，發表獨立宣言，爲世界上第一個民主共和國家（現代化的）。

(3)繼起於法國，一七八九年有推翻帝制的「大革命」，頒佈人權宣言，爲曠世之章典。

(4)此後卽漸次擴散蔓延而及於全世界。一八一五年，拿破崙戰爭結束，全世界尚僅有英、美、瑞士三個民主國家，嚴格言之，一九一四年，民主政治始風行全球。

(5)一九一一年中國革命成功，一九一二年，中華民國成立，亞洲始有民主共和之國家。

(6)一次世界大戰後，俄國一黨專政，意大利匹夫獨裁，德國後來居上，民主政治遇上左右夾攻之逆流，而抨擊者亦日見增多。

(7)二次大戰後，共產集團掛民主之名而行極權之實，其勢力之擴散膨脹，更如野火之燎原，一發不可收拾，民主政治面臨極大之困難與嚴重之考驗。

六、代表人物

(1)洛克（John Locke）爲英國光榮革命之思想代表，力作乃「政府論二篇」一書，主張自然權利，權力分立，認爲在暴政之下，人民無有服從之義務，可以「訴之於天」（Appeal to heaven），隱示人民可以反抗暴政，從事革命。

(2)孟德斯鳩（Charles Louis de Secondat, Baron de Montesquieu）著「法意」一書，分政體爲三，是即共和、君主與專制，創行政、立法、司法三權分立，抵制平衡之說。

(3)盧梭（Jean Jacques Rousseau）著「民約論」一書，主張天賦權利，社會契約，主權在民，直接民權，主權不可出讓，民意不能代表，爲法國大革命之催生者，亦現代民主政治之宗師。影響可謂極爲深遠。

(4)林肯（Abraham Lincoln）爲美國南北戰爭時之總統，提出民有（of the people）、民治（by the people）、民享（for the people）之主張，達成種族平等之境界。

(5)羅斯福（Franklin Roosevelt）提出言論自由、信仰自由、不虞匱乏的自由、無所恐懼的自由等所謂「四大自由」之主張，爲人類爭取人權之運動，樹立新的里程碑。

(6)邱吉爾（Winston Churchill）曾對民主與獨裁之區別作明白的分析，並有短文刊載於一九四四年八月二十九日之倫敦時報。他的標準是：

「a.人民對於當時政府，有無發表意見及批評之權利？

b.人民對其所不贊同之政府，有無予以推翻之權利？並且，是否具有憲法途徑，俾人民得以遵循而表明其此種意志？

c.各級法庭是否不受行政暴力之干預，不遭暴民羣衆之威脅，並且不與任何政黨勾結？

d.這些法庭，對於成立已久，而衆所週知，且在人民心目中認爲代表正當和公義原則的種種法律，能否加以執行？

e.對於窮人與富人，對於平民與官吏，是否一視同仁，公平處理？

f.個人應享的各項權利，除掉對於國家應盡職責外，是否能維持，能行使，能推崇？

g.一位普通的農夫或工人，每日勤工度活，並努力維持教養其家庭，是否免於恐懼，不會隨時遭遇一種兇猛警察組織——例如納粹和法西斯秘密警局——拍肩縛身，捆載而去，不予以公平或公開審判，而卽予以囚禁或虐待？」

七、成長修正

(1)權利學說　一方面仍承認人本生而自由和平等（天賦權利說）之說，另一方面則進而主張人權必須經過社會認可（社會權利說）始獲眞實的存在。

(2)政府制度　一方面雖仍承認權力分立，抵制平衡的道理，但另一方面，則又漸趨於認識到分工合作的重要性。過去的思想家懷疑人民有否足够的能力去控制政府，所以總是躭心政府的濫權，主張政府應力求無能，現在的思想家目覩於傳播工具的發達，人民知識的普及，已相信人民絕對可以控制政府，而現代生活又日趨複雜，需要政府提供更多的服務，所以主張萬能政府，分權制衡已不足以應付今日政治之需要，故分工合作爲必然之趨勢。

(3)民權趨勢　民權的量和質都有大幅度的擴增和變化，過去的民主政治，人民祇有一個選舉權，現則增加而有罷免權、創制權和複決權；過去人民之有選舉權，一方面並非普及，只少數人有之，故爲限制選舉，另一方面，既不平等，又不秘密，故非平等選舉，又不能保障個人之投票自由，現在則強調普通選舉、平等選舉、秘密投票之原則。過去的選舉又多爲間接選舉，所以民意不能充分表達，且常有被假借之可能，現則強調直接選舉，諸如此類，民權可謂已日趨豐富，民主亦遠較往日爲眞實。

(4)社會控制　在民主政治的初期，富人、地主、知識份子等所謂「自然貴族」，即爲政治的控制者，社會的代言人，現則一切藩籬均予撤除，每一個人都有充分的發言權利。有時，個人渺小得有如大海中的一顆小水滴，但有時，却又成爲天崩地裂的海嘯的掀動者。社會控制着政治的進行，包括其方向與速度，當然，它已不復爲政府所控制。

八、不同模式

在西方民主政治之中，其政治思想與政治制度，一般而言，似乎並無不同，其實，有所歧異，最主要的兩種，姑稱之爲「英美模式之民主政治」與「大陸（或法德）模式之民主政治。」

1. 英美模式之民主政治

(1)其特徵爲「長成」　英美模式之民主政治爲歷經數百年之成長而來，故與其說是一種政治制度(A form of government)，不如說是一種生活方式（A way of life)，更爲恰當。換言之，英美模式之民主政治爲一種習俗慣例（Custom or usage)，爲一種憲政常規（Constitutional convention)，雖有缺點，但很少，且不嚴重，因爲在長期成長發展的過程中，已經逐漸予以修正，又因爲它原是人民生活習慣的一部份，所以渾然天成，無論一舉手，一投足，無不暗合規矩，乃毫無雕琢之痕跡，也就輕鬆愉快之至。

(2)其理念重「放任」　英美模式之民主政治缺乏防患未然之觀念，總以自由放任爲正常和必然。寧可發生困難，再予補救，絕不事前預防，使困難不致發生。以「集會」一問題而言，英美人士本無「集會」之觀念，故其憲法中亦無集會自由之規條，更無不同集會之分類，所以集會自由也最徹底。換言之，其對於人民各種權利之行使，也採絕對信任之態度，從不代庖，更從不干涉，所以人民所克享用的自由也就極爲充分，有政府而有無政府之嫌。

2.大陸（法德）模式之民主政治

(1)其特徵爲「造成」　法德等歐洲大陸諸國確亦實行民主政治，但在本質上與英美略有不同，它不是「長成」的，而是「造成」的。歐陸人民直至十八世紀末季，仍無民主自由之生活，法國大革命，將法國在一夜間改造爲自由民主的國家，但人民無此習慣，故困難良多，實行時，總是礙手礙脚，所謂「東施效顰」，便是這個意思。兩百年來，法國不斷有帝制運動，德國亦有納粹獨裁，似乎一直徘徊在兩極之間，對民主並非有絕對之信念。

(2)其理念重「管制」　大陸國家本無自由民主之傳統，亦無自由民主的細胞，人民的行爲能力也一直不受重視和信任，政府的干涉也爲全社會所共同接受。所以「預防」的觀念極濃，而政府也總在有意無意之中，站在領導監督的地位。舉例而言，法國思想界便一直認爲政府之董理言論，是一種當然的道理。所謂「集會」，也可因其集會地點、集會人物、集會性質而有所不同，若是「露天集會」，若是「勞工集會」，若是「政治集會」，便隱藏危機，政府即可出面干涉。

3. 兩種模式之比較

a. 英美模式可以說更接近「民主」，人民的自由較充分。

b. 大陸模式可以說較有「效率」，政府較多肆應之方。

c. 就政治發展（Political developement）的理論而言，英美被稱爲民主政治的典範，大陸國家則似乎仍有待進一步之努力。

d. 就應付危機而言，大陸模式之能力無疑較強，故亦並非便無可取。

第三節　極權主義（Dectatorship）

一、定　義

政治權力集中於獨裁者一己之身，獨裁者之意志即被視爲團體之意志，團體中之一切個人均無獨立意志之可言。所謂憲法，法律，可有可無，即使有之，亦不能凌駕於獨裁者的意志之上，此種政治，是爲極權主義。

二、產生因由

(1)由於野心家之權力慾望及聖哲自命——墨索里尼、希特勒、史太林、毛澤東均有此心理傾向，也都以「救世主」自居，也都以最偉大帝王自命。

(2)由於人民對民主政治之失望和憎恨——民主政治往往造成政府無能，造成政治衰退，人民在失望憎恨之餘，便轉而乞靈於極權主義，以圖滿足。如一次大戰後德國人民之追隨希魔，即是此例。

(3)由於國內問題之叢生而致飲鴆止渴——如果國內政治、經濟、社會問題叢生，即難免病急亂投醫，飲鴆止渴，明知極權政治將造成重大傷害，亦不復顧及後果而樂於採行。如二次大戰前，意大利人民之崇信墨索里尼，便是如此。吾師浦逖生先生即有如后之一段話，頗值我人深思：

「個人的意志與天才，民族的性格與文化，時代的的風尚與潮流，在形成政制之步驟中，固然各有其成份，各具其勢力，但是主要因素厥維現實環境，因為現實環境包含迫切需要。……所謂現實環境，一部份內在，一部份對外，對外即指戰爭失敗（或名義上勝利而事實上等於失敗，例如義大利），割地賠款，接受層層束縛，遭遇層層壓迫，因而全國一致，憤憤不平，要報仇雪恥，要變化翻身。對內即指經濟恐慌，生活困苦，社會失掉重心，政府無復威信，而急進份子又乘機蠢動，屢仆屢起，以致紀綱掃地，秩序動搖，結果則人心厭亂而望治，希冀統一，企求安寧。無論內在或外在的危機——『內憂』、『外患』又往往相迫而至——皆足以造就個人獨裁。因為一個民族正在紛亂擾攘徬徨失據的時候，祇要一個領袖，堅毅沉着，大聲疾呼，以統一安寧獨立平等為號召，則必能得到全國狂烈的擁護。試問義大利與德意志變成獨裁的經過，是否如此？」

三、派別理論

㈠法西斯主義（Fascism）

1.主要人物

墨索里尼（Benito Mussolini）爲義大利獨裁者。

羅柯（Alfredo Rocco）曾任義大利衆議院議長、司法部長等要職，爲一有名之法學家。

項蒂爾（Giovauni Gentile）是一位唯心主義哲學家，馳譽國際，曾任義大利教育部長。

2.基本觀念　一九三二年，墨索里尼親撰一文，解釋法西斯主義，其首段簡述法西斯主義之「基本觀念」，計凡十三項：

①理論與實踐並重。

②對整個人類生活，有一套見解。

③揭櫫精神化概念，一反十九世紀之唯物主義。

④着重倫理道德，輕賤安逸舒適之生活。

⑤法西斯主義本身也是一種宗教概念，承認冥冥之中有一套超越的法律，有一個客觀的意志。

⑥重視歷史傳統，如語文、風俗，而反對烏托邦思想。

⑦以國家爲一切之中心，摒斥個人主義。

⑧反對社會主義，反對階級鬥爭。

⑨反對民主政治，因爲它將全體與多數畫一等號，以多數代替人民。

⑩國家產生民族，非民族產生國家。

⑪民族國家乃是一個倫理的眞實體。

⑫法西斯國家乃是意志，乃是精神力量，乃是靈魂之靈魂。

⑬提倡紀律和權威，故用羅馬棒束作爲和一、力量及公道三者之象徵。

法西斯主義可以說是一種「權威主義」、「右傾主義」、「集體主義」、「國家主義」，既反共產，亦反民主。墨索里尼有兩段話，很能說明此種現象。

「卽使承認十九世紀乃是屬於社會主義，屬於自由主義，及屬於民主主義的世紀，此亦非謂二十世紀亦必是屬於社會主義，自由主義及民主主義的世紀。有關的各種主義，過其時效則歸消逝，但是人類則永久留存。此一世紀儘可期望成爲一個權威世紀，一個右傾世紀，一個法西斯世紀。因爲假使十九世紀是一個個人主義世紀，則此一世紀可期其成爲集體主義世紀，所以也是國家世紀。」

「法西斯主義對於民主政治整套意識觀念，展開打擊，而且完全唾棄其各種理論基礎與實際應用。法西斯主義否認多數——僅僅因其爲多數——而能領導社會。法西斯主義否認僅僅利用不時舉行的投票與所得票數而能統治。法西斯主義承認人類之間，有其永不變更而且有益有效的不平等；此項不平等，決不能利用像普選那樣簡單機械程序而永予磨平。所謂民主政體，祇是每隔若干時間給予人民一種主權在民的幻覺，而實在的有力主權，仍自掌握在其它不露面不負責的勢力手裏。民主政治，名義上本是並無一位君王的政權，實則受制於許多君王——要比一位君王，乃至一位暴君更專制，更暴橫，更殘酷。」

墨索里尼且自信其法西斯主義事實上卽爲一種更高明的民主政治。他說：

「假使吾人想像民主政治可以具有其不同的類型，假使吾人將民主政治解釋爲一種社會狀況，就中人民在國家中之地位並不削弱到毫無力量，則法西斯主義可以自認爲一種有組織的，集權的，並具有權威的民主政治。」

3.理論特點　羅柯曾著「法西斯主義之政治信條」一書，爲法西斯主義辯護，亦提供了理論的基礎。他認爲法西斯主義的獨立特異之點在於如下之十點：

①以新的有機體觀和歷史觀替代陳舊的原子觀和機械觀，強調社會各團體另有其生命，遠超過其構成份子個人的生命。

②以「個人乃爲國家服務」之觀念代替「國家乃爲個人服務」之舊公式。「在自由主義中，個人是目的，社會是工具；……就法西斯主義而言，則社會是目的，個人是工具。」個人被放置於社會之下。

③以國家權利及個人職責替代個人權利。

④個人自由之緣起乃是基於社會之需要，而且係由國家所賦予。故權利不是天賦的。

⑤經濟自由只是多種自由之一，也不是一個教條，並非絕對的權利。要視社會的需要而定。故自由與干涉，同爲方法，其或用或捨，端視社會需要，而無絕對的原則。

⑥強調國家主權。

⑦主張優秀人羣之統治，此並非反對羣衆參與政治，只是更贊成優秀人羣應握權在位，成爲領導階層。

⑧承認私有財產制度，惟其動機，爲社會而不爲個人。

⑨反階級自衞。認爲階級利益不當由階級自衞以求解決，蓋如此勢必引起社會之大動亂而致陷入無政府，故主張由國家處理解決。

⑩法西斯主義便是一種新的政治生活，便是一種新的文化模式，它將國家從個人中解救出來，正猶如十八世紀的民主主義將個人從國家中解救出來，是同樣的道理。

4. 政治特色　根據項蒂爾的看法，則包含如下之三點：

①極權範圍無往不在，無遠弗屆，包括整個民族及國家之意志、思想和情感，均在其中。

②言論和行為趨於一致，既非哲學，亦非宗教，而是與時俱進，隨事決定之政治行動。

③法西斯主義甚至不是一個政治體系，但它却是以政治為中心，力圖解決有關政治之各種問題，其中心思想則為民族國家。國家與人民是一而二，二而一的關係，民族是客觀的自然的存在，國家則是主觀的精神的創作，換言之，國家是人民意向的結果，所以它是一個「十全十美的民主國家」。

5. 政治現象與制度

①國家是一個倫理整體。主唯心而反唯物。

②權利非經天賦，而是來自國家。

③反民主政治，主優秀人羣之領導。只許謳歌，不許批評。

④一黨專政，不容許異議與異己。

⑤領袖哲學。「墨索里尼的一切決定，必然準確。」（一九三八年流行之十項信條第十條）

⑥推崇暴動。認為暴動表示大無畏之精神。

⑦頌揚戰爭。認為戰爭影響死生，發揮理想。

⑧反共產主義，反階級鬥爭。

⑨反自由放任，反資本主義。

⑩以實驗主義自許，凡事先有行動，後有理論。

㈡納粹主義（Nazism）

1. 主要人物

①希特勒（Adolf Hitler） 爲德國大獨裁者，所著「我的奮鬥」（My struggle）一書，名聞遐邇。

②羅森培（A. Rosenberg） 著「二十世紀之秘思」一書。

③戈林（Goering） 爲納粹德國之空軍元帥，在德人心目中，有如希特勒之化身。

④佛蘭克（Hans Fank） 曾任司法部長之職。

⑤斯太俾爾（W. Stapel） 納粹主義思想家兼發言人。

2. 理論要點

①崇揚國家，無微不至。（國家主義）

②國家權力，無遠弗屆。（極權主義）

③推崇民族，國家因民族之需要而存在。（民族主義）

④優秀人羣之統治，故主一黨專政。

⑤領袖原則。領袖乃天生聖哲，才智超人。

⑥強調大我先於小我，必先有民族國家之自由，然後始有個人團體之自由。

⑦反唯物哲學，反共產主義。

⑧迷信地緣政治，揭櫫「生存空隙」之理論。

⑨崇尚暴動，反民主，反理性。

⑩頌揚戰爭，認戰爭屬於永恒和普遍，是乃生活之一種。

⑪重視宣傳，認爲撒謊愈大，則收效愈宏。

⑫自我民族血統優異，故應替天行道，向世界進軍，並成爲世界之統治者。

3.理論舉例

「假定有一個較高的人道存在，此非國家而係民族，因爲唯有民族，才賦有此項基本能力。」——希特勒

「國家猶諸容器，種族猶諸內容。」——希特勒

「此種人生觀，既然拒絕民主政治中羣衆至上之理論，而努力求使此一世界屬諸最良好民族，此即指最優秀人們（德意志人），自亦同時將此貴族原理，邏輯地應用於最優秀民族之中。易詞言之，在此民族之中，其領導樞紐與最高權力，亦必須設法保障由最優秀份子充任掌握。」——希特勒

「在政治或其它方面，凡有關民族與社會利害者，領袖所作決定，萬無一失。」——戈林

「我們以往常說，此爲是，或此爲非。今日我們必須詢問，我們領袖將如何指示？此種對於領袖之態度，乃是一項絕對必需，且整個德意志的生活，均必須遵循。……蓋希特勒之權威，實得自上帝。」——佛蘭克

「依照我們國家社會主義黨之原則，凡保證決定國家權力最大範圍者，乃是權利。權利之感覺，係對於國家之關係而非對於個人之關係。因此，人生沒有一件事項，不得遭受國家之干預。……權利並不是一種同意事項，權利是由領袖一人裁定。權利乃是依據命令，不是依據契約。」——斯太俾爾

㈢共產主義（Communism）

1.主要人物

①馬克斯（Karl Marx）出身德國中產家庭，攻習法律、歷史與哲學，曾獲耶拿大學博士學位。曾著有「哲學之貧乏」、「政治經濟批判」及「資本論」等書，並與恩格斯合撰「神聖家庭」與「共產主義宣言」。

②恩格斯（Friedrich Engels）爲德國富有資本家之子，與馬克斯結識後，思想益趨激進，與馬克斯並稱爲共產主義思想之巨擘。

③列寧（Nikola Lenin）爲俄國革命後，繼克倫斯基（Kerensky）主政之大獨裁者，其重要著作包括「當務之急」、「帝國主義、資本主義之最高階段」及「國家與革命」。

④史達林（Joseph stalin）爲繼列寧而主俄國政治之大獨裁者，執政三十年，釀成史無前例的個人崇拜與英雄主義。其重要論著，有「馬克斯主義與民族及殖民問題」、「列寧主義各項課題」及「蘇聯社會主義之經濟課題」。

⑤毛澤東　爲中國共產黨之領袖，從事叛亂，顛覆國家，竊據中國大陸二十八年，沐猴而冠。自以馬、恩、列、史之信徒自居，自史達林死後，與蘇俄拆夥，獨樹一幟，稱蘇式共產主義爲修正主義，而自己則以正統自居。

2.理論制度

①攻擊西方式之民主政治，認其虛偽不實，偏袒不公，故標榜更高境界之民主。

②攻擊代議政治，認爲代議制度只是代表少數富有階級，而無產階級並不參與。

③認爲民主主義之國家，乃是資本家壓迫羣衆之工具。

④無論任何形式之國家，最終必將消逝。

⑤在民主政治之國家，資本家享有自由及一切進步的果實。

⑥在民主政治之下，一般民衆僅享政治自由，却無經濟自由。

⑦無處不以「人民」爲藉口，而究其實，則輕蔑羣衆之能力已極。

⑧根本否認個人價值，絕對破壞人格尊嚴。

⑨放棄變化（循序漸進）與遷就（妥協調和）。

⑩主張唯物史觀與階級鬥爭。

⑪主張實行世界革命，赤化世界爲其終極之目標，故亦頌揚戰爭，極富侵略性。

⑫主張極權獨裁，一人獨裁，一黨獨裁。

⑬將國內人民強分爲「資產階級」和「無產階級」，主張「無產階級專政」，「資產階級」應被壓制和消滅。

⑭提出「職業革命家」之理論，強調暴力之價值。

3. 言論舉例

①「資產階級每一步驟之發展，卽聯帶着該一階段在政治方面之前進。……自近代工業革命與世界市場成立後，資產階級已在代議制度國家中，取得其獨佔性的政治勢力。現代國家之行政機構，乃祇是處理整個資產階級共同事務之一個委員會。」——馬克斯、恩格斯。

②「政治權力，嚴格言之，乃是一個階級之有組織的力量，其作用在於壓迫另外一個階級。」——馬克斯、恩格斯。

③「介乎資本主義社會與共產主義社會中間，橫亘着一個革命改造時期，與此並行者，亦是一個政治過渡時期，就中國家祇能成為無產階級之革命獨裁，而不能成為其他。」——馬克斯。

④「無產階級奪取國家權力，並首先將各種生產工具變成國家財產，在實施之中，無產階級終止其自身之為無產階級，終止一切階級差別與階級仇恨，並且終止國家之為國家。」——恩格斯

⑤「在無產階級仍舊需用國家之一日，此種需用不是為着求得自由，而是為着用以制服敵人。一旦而有自由可言，則國家之為國家，卽終止存在。」——恩格斯。

⑥自由主義的民主國家乃是「富人之天堂，窮人之陷阱。」「工人之政治職務只在納稅。」「每隔幾年抉擇統治階級之中誰去參加國會而壓迫人民。——此乃資產階級代議制度之實質眞相。」——列寧。

⑦「在資本主義社會之中，人民所具有之民主政治，乃是限制縮減，支離破碎，而且虛偽不實，祇是為富有人，為少數人享有的民主政治。無產階級獨裁期間，亦卽在移轉到共產主義之過渡期間，則除掉對少數榨取者必須加以取締外，方能首次創造為人民、為多數之民主政治，祇有共產主義，能產生眞正且完全之民主政治，在其愈臻完全，卽愈迅速地成為不復需要，而終將自動地萎謝消失。」——列寧

⑧「只有共產主義，才能使國家絕對無復需要，因為不復有人，亦卽不復有階級，要受抑制。」——列寧。

⑨「在蘇聯境內，不復有資本家、地主、富農等階級，在蘇聯境內，祇有兩個階級工人及農民，他們的利益絕不衝突，適得其反，他們彼此友善，因此，在蘇聯之中，並無幾個政黨存在之根據，因而

亦無政黨自由存在之根據，就蘇聯而言，有存在根據者，祇有一個政黨，便是共產黨。」——史達林

⑩「我們要就今日之人性本相，進行一個社會主義革命，而就今日之人性本相言，蓋非有服從、控制與『經理們』不可。」——列寧

⑪「我就不喜歡房裏擺花，……我的房子裏的花瓶就讓他們撤了，以後又讓他們把院子裏的花也撤了。你們在院子裏種了一些樹，不是滿好嗎？還可以再種。你們的花窖要取消，大部份花要減掉，只需少數人管理庭園，今後庭院要多種樹，多種果樹，還可以種點糧食、蔬菜、油料作物。北京市區中的公園和香山要逐步改種這些果樹和油料作物，這樣既好看，又實惠，對子孫後代有好處。」——毛澤東（你看這畜生是如何的「唯物」？）

⑫「『一個人有時勝過多數，因爲眞理往往在他一個人手裏。眞理往往掌握在少數人手裏，如馬克斯主義就是在他一個人手裏。」——毛澤東（你看這畜生是如何的以聖哲自居？）

⑬「『讓高山低頭，要河水讓路。』這兩句話很好，高山嚒，我們要你低頭，你還敢不低頭！河水嚒，我們要你讓路，你還敢不讓路！」——毛澤東（你看這畜生是如何的自擬於「造物主」？）

⑭「『你們獨裁！』可愛的先生們，你們講對了，我們正是這樣。中國人民在幾十年中積累起來的一切經驗，都叫我們實行人民民主專政，或曰人民民主獨裁，總之是一樣，就是剝奪反動派的發言權。」——毛澤東（你看這畜生是如何的自承獨裁而毫不把別人放在眼中？）

⑮「人民是什麼？在中國，在現階段，是工人階級，農民階級，城市小資產階級和民族資產階級。這些階級在工人和共產黨的領導之下，……向着帝國主義的走狗，即地主階級和資產階級……實行專政，實行獨裁，壓迫這些人，只許他們規規矩矩，不許他們亂說亂動。如果亂說亂動，立即取締，予以

制裁。」——毛澤東（其實工人也祇不過是一個幌子，同樣是專政獨裁的對象。）

⑯「中國在形式上沒有反對派，所有民主黨派都接受中國共產黨的領導。」——毛澤東

⑰「當民主黨派也有苦處，聽不到，看不到，共產黨的底摸不到。」——毛澤東。

⑱「『四大自由』應有限制，改爲『四小自由』，經過利用、限制和改造，最後把它搞掉。不能既不限制，又不改造。」——毛澤東

⑲「軍隊、警察、法庭等項國家機器，是階級壓迫階級的工具。對於敵對的階級，它是壓迫的工具，它是暴力，並不是『仁慈』的東西。『你們不仁！』正是這樣。我們對於反動派和反動階級的反動行爲，決不施仁政。」——毛澤東

⑳「有些人不殺，不是他沒有可殺之罪，而是殺掉了沒有什麼好處，不殺掉却有用處。……能勞動改造的，就讓他去勞動改造，把廢物變成有用之物。」——毛澤東

㉑「秦始皇算什麼，他只坑了四百六十個儒，我們坑了四萬六千個儒。我們鎮反，還沒有殺掉一些反革命的知識分子嗎？我與民主人士辯論過，你罵我們秦始皇，不對，我們超過秦始皇一百倍，罵我們是秦始皇，是獨裁者，我們一貫承認，可惜的是，你們說得不够，往往要我們加以補充。」——毛澤東（以暴君自居，眞是大言不慚，恬不知恥。）

㉒「階級鬥爭要搞，但是要有專門人搞這工作，公安部門是專搞階級鬥爭的。」「不搞階級鬥爭，無產階級專政就沒有可靠的社會基礎。」「沒有矛盾鬥爭，就沒有世界，就沒有發展，就沒有生命，就沒有一切。」「我們要搞一萬年的階級鬥爭，不然，我們豈不成國民黨、修正份子了。」「鬥爭是長期的，反復的，複雜的，要記住。」——毛澤東

4 究竟何物

①伴翰（James Burnham）之觀察殆如下述：

「俄羅斯口口聲聲揭櫫自由，而其所建立者，則爲有史以來最極端的極權獨裁。俄羅斯以和平爲號召，而却使用武力吞併許多民族國家。俄羅斯以與法西斯主義作戰爲名，竟與一個主要法西斯國家訂立同盟。俄羅斯宣稱打倒特殊權益，却在國內一般民衆與特殊權益階級之間，劃分鴻溝。以言理論，乃係唯一國家『不具帝國主義之物質基礎』，但以言事實，則其帝國主義殘暴無比，而且——至少暫時——順利成功。號稱『全世界被壓迫者之祖國』，其被成批槍決者數以萬計，其放逐流徙，拘入集中營與強迫勞動部隊者，有數百萬人，而對於其他國家之流亡者，一律閉門不納。此一國家自稱『竭盡全力以改善勞工狀況』，却發明勞工競賽運動，迫使加緊生產。此一政府，原斥國際聯盟爲『強盜窩』，終則自己加入國聯而表示極誠擁護。此一國家，籲請全世界人民組成民主陣線，以遏阻侵略者，自己却於旦夕之間，由民主陣營而投入本係死敵之極權陣營。」——此一切誠屬不可思議。

②李一哲大字報對中共政權的認識，則如下述：

「新的資產階級（指中國共產黨）佔有方式的本質就在生產資料社會主義所有制的條件下，『化公爲私』，當國家或事業的領導人將無產階級的財產和權力，按照資產階級的面貌，實行再分配的時候，他便在實際上對這部份財產和權力實行了新的資產階級的私人佔有。」

「常見的是，某些領導者將黨和人民給予的必要特殊照顧膨脹起來，變爲政治和經濟的特權，並無限地蔭及到家族，親友，乃至於實行特權的交換，通過『走後門』的渠道，完成其子弟在政治、經濟地位上實際的世襲地位。並且圍繞着他們的私利，改變事業的社會主義方向，實行宗派主義的組織路線。」

「這樣，他們便完成了『人民公僕』向『人民的主人』質的轉變，成爲我們稱之爲『走資本主義道路的當權派』的人們了。」

「黨內走資派和野心家的基礎，是從特權中孵化出來的新生資產階級。」

「他們爲了維護已得的特權和爭取更多的特權，他們必然要打擊和鎮壓反對他們特權的人民羣衆，非法剝奪這些羣衆的政治權利和經濟利益。」

③「湖南省無聯」在「中國向何處去？」一文中對中共的認識：

「這些紅色資本家階級已經完成爲阻礙歷史前進的一個腐朽的階級，他們與廣大人民的關係，已經由領導與被領導變成統治與被統治，剝削與被剝削的關係；由平等的共同的革命的關係，變成壓迫和被壓迫的關係。紅色資本家階級的階級利益，特權和高薪，是建築在廣大人民羣衆受壓抑和剝削之上的。」

四、特徵同異

(1)相同。

①國家一名詞，共同濫用，作爲一切行爲之藉口。

②一切權力，全由獨裁者掌握運用。

③人權受盡摧殘，毫無保障。

④獨裁者被稱爲聖哲或救世主，個人崇拜，莫此爲甚。

⑤獨裁者權力之取得多憑暴力。

⑥治權之移轉並無妥善方法，至少迄無共見之常規可尋。

⑦一黨專政，政黨有如幫會，進出均非容易，政黨黨員祇是黨魁（獨裁者）的嘍囉。黨魁事實上就是國家的元首。

⑧國家權力干涉個人與社會，至深且廣。

(2)相異

①法西斯主義與納粹主義持唯心論，共產主義持唯物論。

②法西斯主義崇揚國家，納粹主義崇揚民族，共產主義認爲國家終將消逝。

③法西斯主義與納粹主義比較着重政治問題之解決，共產主義則比較着重經濟問題之解決。

④法西斯主義與納粹主義沆瀣一氣，臭味相投，與共產主義則如同死敵，勢不兩立。

⑤法西斯主義與納粹主義被稱爲右傾思想，共產主義則被稱爲左傾思想。

⑥法西斯主義是由於政治之需要而產生，納粹主義亦然，共產主義是由於經濟、社會等民生之需要而產生。

五、與民主主義之關係

(1)在理論上，抨擊民主主義。

(2)在策略上，利用民主主義。

(3)在事實上，破壞民主主義。

(4)在形式上，冒充民主主義。
(5)在目標上，標榜更高明更完善的民主主義。

第四節　國父的民權主義

國父所創的民權主義與西方的民主主義在本質上，在目標上，均無不同；事實上，國父本人亦謂：「以民主國之制，不可不取資歐美。」故可以說，國父的民權主義實多自西方的民主主義規撫而來。但國父亦有所改造，其改造部份，在於其根據之理念及其採行之方法。

一、基本理念

(1)民爲邦本　承認人民爲國家的根本，故政治應以達成人民的快樂幸福爲主題。
(2)主權在民　認爲人民爲國家之主權者，主權的特質是不可轉讓和代爲行使。
(3)社會權利　主張權利是時勢和潮流所造就出來的，換言之，人權爲社會效用所決定。
(4)分工合作　相信分工合作乃是人類幸福之源，故反競爭，主互助，講服務的人生觀。
(5)心物合一　既不主張唯心，亦不主張唯物，故精神與物質得以並重，無所偏頗。
(6)和諧社會　相信社會關係和諧而不對立，各種利益可以相調和而不相衝突。階級雖然存在，但不必有鬥爭。
(7)與人爲善　相信無論其爲人民，抑或其爲政府，都將爲善而不爲惡，人性本善，不需懷疑。

(8)國家利益　認爲國家之價值高於個人之價值，國家之自由多於個人之自由，個人有仰體國家意志之義務。

(9)多數作主。

(10)開放社會。

二、理想目標

(1)人民有權——「主權在民」，人民（全體而非部份，故無分性別、階級、信仰、種族、黨派）必須成爲名符其實的國家之主權者。

(2)政府有能——「萬能政府」，政府必須成爲積極有爲、能爲人民提供最大服務的公僕機關，但却又不致侵犯妨礙到人民的自由權利。

三、制度設計

(1)立憲制度　與西方民主主義之構想同。「憲法者，國家之構成法，人民權利之保障書也。」

(2)政黨政治　亦與西方民主主義之制度同。

(3)選舉制度　亦同西方民主主義。

(4)任期制度　亦同西方民主主義。

(5)輿論制度　亦同西方民主主義。

(6)權能區分　人民有選舉、罷免、創制、複決四項政權，政府有行政、立法、司法、考試、監察五項治權；人民憑藉四項政權以確實控制政府，政府卽不足以爲非，政府憑藉五項治權以爲人民提供最佳服務，乃成爲萬能之政府。其關係爲兩相平衡，互不相犯。

(7)國民大會　設置國民大會，爲代表全國人民行使政權的機關。但它「只盡其能，不竊其權」，故雖是代表全國人民行使政權之機關，却又並非全國之政權機關，更非國家之主權所在。全國之政權機關以及國家之主權者仍爲全國之人民。

(8)五權憲法　政府分設行政、立法、司法、考試、監察五個部門，分工專職，合作不懈。其特徵在：

①立法、司法兩部門亦屬於政府的一部份。立法部門不似西方民主主義制度中的民意代表機關，其功能亦不在監督行政部門。司法部門亦略有不同於美國之各級法院，它寧或有護持憲法之責任，却並無護持憲法之權力。

②考試部門之主要功能不僅在扼殺「分贓政治（Spoi's system）」，同時亦在保障「賢人政治」之實現，並成爲一種「社會控制」之工具。

③監察部門之主要功能包括人事和經費之監督，俾趨於正常而利政治之進行。

(9)全民政治　全體（而非部份）人民均享有選擧、罷免、創制、複決四項政權。論人，則全體參與；論權，則完整無缺。故此種民權，是普遍的，是平等的，既非富人與貴族所克把持，亦非無產階級之專政者可比。

(10)計劃政治　既反放任，亦反統制，而主張周詳之事先計劃，逐步實施執行。此如建國大綱之擬定，建國程序之分期進行。所謂由軍政時期，而訓政時期，而憲政時期，必須循序漸進。所謂訓政，其主要之作用則在訓練人民的政治能力，培養人民之政治習慣。西方英美模式之民主主義所以成功，主要在於其制度是成長的，訓政思想則採取教育以爲之輔助的方式，實有異曲同工之妙。

四、本質關聯

國父之民權主義爲　國父所創三民主義之三環中之一環，三民主義是一個主義，而不是三個主義，故民權主義事實上不能脫離民族主義與民生主義而獨立，胡漢民提出「三民主義的連環性」的主張，便是此理。

蔣總統認爲民族主義的本質在倫理，民權主義的本質在民主，民生主義的本質在科學，而民主又必須與倫理和科學相結合，然後民權主義才更見光輝。他說：「我們所追求的是有組織的民主，有紀律的自由，亦須以科學的精神與倫理的規範爲基礎。希望我們能夠在倫理、民主與科學三者融合的方向上，來弘揚我們的民主憲政。」

一般的主義都能認識「科學」的重要性，西方的民主主義則能進而認識「民主」的重要性，却普遍忽視「倫理」的重要性，唯獨三民主義的民權主義不然，它却能更進一步以認識「倫理」的重要性；以此之故，民權主義所設計出來之政治體系，便能有自由而不致無秩序，有民主而不致無效率，個人之人格個性既得以充分發揮，社會之健康發展又不致有所阻滯。

第五節　比較與結論

1. 西方的民主主義，就今日之世界而言，幾已成爲一種「世界文化」，它受到來自各方面的謳歌、讚頌、模倣、推崇，於人類之現代化，可謂厥功至偉。

西方的民主主義固嘗有其卓越之價值，根據梅約教授（Prof. H.B. Mayo）所著「民主政治與共產主義」Democracy and Marxism 一書，甚受西方學術界所重視。）的說法，至少有①和平變更，②人民同意，③妥協調和，④自動負責等四個優點。而一般則認為其最能①重視個人價值，②完成個人人格，③尊重個人成就，④促進社會發展。是確有其可以歌頌之理由的。

2.西方的民主主義雖在不斷的成長修正之中，但卻仍有所重大之缺點存在，亦是事實。

(1)蒲萊士（James Bryce）的意見：

①金錢勢力太大　故難免為富人所把持操縱。

②形成職業政治　故難免為政客所盤據。

③行政每多浪費　議員缺乏行政經驗，無力從事有效監督。

④忽視行政技術　政客當道握權，專家淪為器皿工具。

⑤政黨組織專權　故人民常被蠱惑愚弄而不自知。

⑥議會互滾木頭　在西方民主國家的議會中，滾木頭（Log-rolling）為一常見現象，議員為私而不為公；大衆利益，無人發言，乏人照顧。

(2)柏因斯（C.D. Burns）、巴克（Ernest Barker）、梅因（Henry Maine）、勒奇（W.E.H. Lecky）、麥勞克（W.H. Mallock）、花奎（Emile Fagnet）、克朗（R.A. Cram）、孟根（H.L. Mencken）、艾爾南（Alleyne Ireland）、莫斯卡（Gaetano Mosca）、巴勒度（Vilfredo pareto）、邁克爾斯（Robert Michels）、李普曼（Walter Lippmann）、斯賓格勒（Oswald Spengler）、史畢玆（David Spitz）等更相率指出民主

政治之缺點如次：

①不可能　認爲民主政治所採用之方法和手段，使民主政治所揭櫫之理念——主權在民、共同意志等之實現，殆屬不可能。

②非眞實　認爲民主政治虛僞而不眞實，權力永遠掌握在少數領袖之手，所謂民主，殆係假借之詞。

③不公平　認爲民主政治乃是階級政治，富人壓迫貧民，顯不公平，卓越政治家與鄉愚無知，同投一票，其值相等，亦欠公平。這是雙重的不公平。

④無能力　羣衆中的秀傑之士往往因爲不肯諂媚民衆，故不獲出頭，而民衆選舉代表，總是選舉與其自己相類似的人物，故賢者總難在位，能者總難在職。而衆議紛紜，莫衷一是，尤有兵已渡江，而議論未定之可能，效率可謂奇差。

⑤不徹底　由於權力之分割與任期之短暫，故每一政治作爲不是橫生枝節，便是虎頭蛇尾，能暢通無阻、貫徹執行者，殆屬不易多見。

⑥不完善　人民之選舉代表，既不能使好人出頭，而金錢又從事影響操縱，甚至投票亦不踴躍，卒致野心政客縱橫捭闔，盤據政壇，人民反擠落於溝壑之中。

(3)平實之論

①未能使主權在民，盡符其實。

②未能使政府臻於萬能之境。

③重法治而輕人治，故未能達成賢人政治之理想。

④重個人而輕社會國家，致社會問題叢生，國家亦每多困難。

⑤過於放任裸露，致授敵人以可乘之機，而使社會國家之安全堪虞。

⑥缺乏共同的價值標準，因此社會結構便不免流於鬆弛。

3.西方的民主主義，其前途如何？持懷疑論者，本頗不乏人，但亦不乏饒有信心者之呵護支持。蒲萊士一方面批評民主政治，一方面卻又鄭重指出，它是一切政治制度中，「欠缺最少的」，「凡已曾在民主政治之下生活者，無人願意將民主統治與寡頭統治相交換。」而且「對於民主政治之控告，不論如何嚴重，擁護民主政治者總能作此答覆：『請問控告者，有何較好替代能夠提供？』」便是一例。

西方的民主主義將不致毀滅，因為它仍在成長之中，而在它成長的過程中，它自己有能作不斷的適當的及時的修正，它將會愈來愈完美，但要等到何日，則無人得知。

4.極權主義，無論其為法西斯主義，納粹主義，抑或共產主義，如自為其辯護之立場以言，固然是並非一無是處，至少其政治可以保證鐵的紀律、高的效率。但爭奈此一優點並不值得重視，因為它的缺點過於嚴重，已掩蓋此優點而有餘。它的最大缺點毋寧是：

(1)違反人性　人性是「自利」的，也是重「自由」的，極權主義卻遽予否定。

(2)不承認個人人格和價值　故不給予個人以發展其個性之機會，因亦阻滯了社會之進步。

(3)干涉個人及社會至廣且深　個人與社會無復有自由的生活，一切均置於國家監管督理之中，個人與社會處於被動的地位，故無積極進取的精神。

(4)獨裁者天縱聖明之觀念　人便是人，人總是人，人不是神，獨裁者若也是人類中的一份子，怎會有異於人類之稟賦，此誠不可思議之甚。其所以為「天縱聖明」，當然是其自我認定或其嘍囉神化的結果。天聰明而不自我民聰明，他是非敗亡不可。

⑸領袖意旨替代憲法及法律之制度　國家中，既無復有憲法，無復有法律，亦無復有規矩，無復有繩準；人民生活在領袖的情慾波瀾中，勢將朝暉夕陰，無從肆應。

⑹嚴重威脅人類和平　鼓吹戰爭，頌揚戰爭，準備戰爭，從事戰爭，人類將永無安謐與寧靜，人類的生命更隨時處在恐懼和毀滅的邊緣。

5.極權主義若是尚有一絲一毫的優點，則其缺點當有百分、千分、萬分之多。所以，就人性業已或逐漸普遍覺醒之今日而言，其必為世人所唾棄，乃是不爭之論。右派之法西斯主義與納粹主義固在二次大戰結束之日殞其性命，成為明日黃花，卽左派之共產主義，其消逝當亦不在遠，此吾人實有極強之信心。

6.有關於共產主義之禍害，吾人在此理應詳為敍述，它之邪惡實遠超過法西斯主義與納粹主義。它是一種傳染病菌，一經感染，便成重症。它是一種殘酷無比的酷刑，更無任何一個血肉之軀可以承受。它散播着惡毒的仇恨的種子，使社會無復有愛戀和溫暖。它所造成的現象，是亘古未有的暴政。故人不覺醒則已，一經覺醒，無不逃離，此如史達林之女史薇拉及大文豪索忍尼辛之投奔自由，此如馬思聰、范園燄之投奔自由均是。故人而無力反抗則已，一經有力反抗，則無不揭竿而起，此如西藏之抗暴、匈牙利之抗暴均是。有一日，逃離者，反抗者，滙合成了一股洪流，便是共產主義土崩瓦解之期。

7.國父之民權主義較諸西方之民主主義與各式各樣的極權主義，均遠為高明，它不但是人類理性之所趨，亦是世界潮流之所向。它可以說是一種揉合中西文化而成的新型現代文化。

它可以說是淵源於西方的民主主義，也自屬於民主主義之一支，但它却有中國傳統文化——倫理

——揉合其中，故能多所改良，而卒則非唯不盡相同，且另有一番新氣象和新境界。民主固更見眞實、徹底，效率亦能兼籌並顧，而有大幅度的增加。人民有極充分的自由，個性有最正常的發展，但却不流於放縱，社會秩序井然，和諧而平衡。政府服務的範圍更廣，却不致侵犯人民和社會的生活，故不流於專制，政府非惟不可懼，而且還可親可信。

國家的主權固絕對屬於全國的人民，更不致有被盜竊假借之虞。人民當不致在選舉投票一經結束之際，便迅卽淪爲奴隸而不復能預聞國事。

凡事均按計劃進行，當不致臨渴掘井，也無需亡羊補牢，故政治之發展，可以妥爲控制，這是一種科學的精神。

總之，民權主義可以說是攝取了西方民主主義與極權主義的優點與精華，而摒棄了它們的缺點和糟粕，這實在是最合乎人類需要的一種政治制度，也就極具宣揚和推廣的價值。

人類政治問題之獲得解決，民權主義應是一條可行之路。因爲它在所有的路途當中，是蔓草和荆棘最少的一條路之故。

第四章　民生問題及其解決之途徑

第一節　概　說

一、「民生」的意義

國父孫中山先生曾說了如下的一段話以說明「民生」的意義。他說：

「民生兩個字，是中國向來用慣的一個名詞，我們常說甚麼國計民生，不過我們所用這句話，恐怕多是信口而出，不求甚解，未見得涵有幾多意義的。但是今日科學大爲昌明，在科學範圍之內，拿這個名詞來用於社會經濟上，就覺得意義無窮了。我今天就拿這個名詞來下一個定義，可說民生就是人民的生活；社會的生存，國民的生計，羣衆的生命便是。」

關於這個問題　蔣總統也曾表示他的意見，他說：

「孫總理曰：『民生就是人民的生活；社會的生存，國民的生計，羣衆的生命（便是）。』是民生雖分爲四方面，而生活實爲其他三者之總表現：蓋生存重保障，生計重發展，生命重繁衍，而凡爲達成保障、發展與繁衍之種種行爲，便是生活。換言之，生活卽是人生一切活動之總稱。」

我人如將這兩段話仔細分析推敲，當不難畫出如下的一個圖解，或者如下的一個公式：

民生＝人民的生活

＝社會的生存＋國民的生計＋羣衆的生命

二、所謂「民生問題」

一如　蔣總統所說的，人民的生活既爲其他三者之總表現，而生存又重保障，生計又重發展，生命又重繁衍，於是所謂民生問題者，自然便是人民的生活發生問題，問題爲何，我人似乎又可以左圖示之：

人民的生活發生困難
- 社會的生存缺乏保障
- 國民的生計不得發展
- 羣衆的生命無由繁衍

換言之，民生有了問題，便是民生問題。所謂民生問題，便是人民的生活發生了困難，再加以詳細的分析，便包括生存的缺乏保障，生計的不得發展，和生命的無由繁衍。

若果人類而眞的有着這種問題，那就不能不算嚴重。若果人類對着此種嚴重問題而熟視無睹，而不戮力予以解決，則人類必然產生可怕的悲劇，這悲劇之嚴重性幾乎是無法形容的。因此，也就特爲有識之士之所重視。

三、「民生問題」之由來

廣義的說，自有人類，卽有民生問題，遠溯而至於有巢氏之時代，人們雖有巢穴可以避風雨，却仍難免蟲蛇虎豹之侵。在春秋時代，在孔子的眼光中，君不君，臣不臣，父不父，子不子，處處都是亂臣賊子，民生問題也是極爲嚴重。到了戰國之世，孟子呼籲賢良的君王要「明君制民之產，必使仰足以事父母，俯足以蓄妻子，樂歲終身飽，凶年免於死亡。」要求賢良的君王務必做到「五十者可以衣帛」，「七十者可以食肉」，「頒白者不負戴於道路」，「老者衣帛食肉，黎民不饑不寒」，「內無怨女」，「外無曠夫」；孟子何以如此的大聲疾呼？只因爲當時的政治太壞，民生問題太多，幾乎人民的生活事事都成問題，否則怎會如此嘮叨不已。大家都知道，那社會愈是缺乏甚麼，則甚麼口號愈是叫得響亮。孟子的所以聲嘶力竭，也可具見那社會中民生問題之嚴重。就西方而言，洛克認爲人類在有國家和政府這一狀態之前，本是生活在自然狀態之中，由於有自然法之故，所以各人的都享有「自然權利」，而過着十分快樂的生活，但是後來漸漸地不行了，因爲社會中有了許多的「不方便」(Inconveniences)之產生，而不得不相約組織國家，成立政府；所謂「不便」，當然便是一個民生問題，而且此一問題尙十分嚴重，否則斷不致犧牲部份的自由權利亦在所不惜而去相約組織一個在今天看來更不方便的國家和政府。

就狹義的觀點來說，所謂民生問題，乃是指自從人類有了工業革命以後的事。工業革命以後，機器不斷發明，於是機器這新的生產工具便代替了原有的勞力和手工。原來的手工業和家庭工業經不起機器生產的壓力而被淘汰了。這是一個極爲嚴重的問題，因爲社會上忽然增添了數以千萬計原來依賴勞力謀生的人之徬徨歧路，他們不再是自己「工廠」的主人，他們被淪爲別人工廠中的「奴隸」，他們的生活發生了嚴重的困難，換言之，他們的生存喪失了保障，眞個是朝不保夕，他們的生計毫無進展，甚至一日不如一日，他們的生命，更受到強力的摧殘，而在逐漸萎謝之中。西方人見了這種現象，便說：「這是社會問題啊！」其實，如果深究其本質，則仍是民生問題，一個徹頭徹尾的民生問題。

四、民生問題之解決

(1)資本主義（Capitalism）

(2)社會主義（Socialism）

①理想的社會主義（Opportunism）

a. 烏托邦社會主義（Utopianism）

b. 基督教社會主義（Christian Socialism）

②偏激急進的社會主義

a. 無政府主義（Anarchism）

b. 工團主義（Syndicalism）

③循序漸進的社會主義

a. 國家社會主義（State-Socialism）

b. 勞工組合主義（工會主義）（Trade Unionism or Labor Unionism）

c. 費邊社會主義（Fabianism）

d. 基爾特社會主義（Guild Socialism）

④暴烈的社會主義

科學的社會主義（卽共產主義，又名馬克斯主義）（Scientific Socialism）

⑤修正主義

⑥民主的社會主義

(3)民生主義

民生問題既然發生，便不能不謀解決之道。爲其孿生兄弟的資本主義思想既是一籌莫展，且復加深問題之嚴重性，乃日益受到改革家之譏評抨擊，於是社會主義之思想乃勃然代興。但社會主義者亦有不盡相同之觀點與主張，於是其派別又復林立，並積不相容，或則溫和，或則偏激，或則理想，或則切實，故成就亦自不同，有者經不起時代之考驗，解決不了面對的問題，乃明日黃花，早成陳跡，有者則如日中天，或則受人膜拜，或則被人咒罵，其命運亦各自不同，其成就亦彼此互異。此外，我 國父孫中山先生亦乘時而起，創民生主義；其目的初在解決我國家之民生問題，而結果則放之四海而皆準，垂之百世而不朽，於是一枝獨秀，在諸多思想中，有後來居上之勢，是誠有其高明精微之處。

第二節　資本主義（Capitalism）

一、定　義

(1)大英百科全書認爲：「資本主義者，乃是一種社會或經濟的制度，這種制度包括如下三項特徵：其一是爲生產工具之爲私有，其二是爲以追求利潤爲生產之目的，其三是爲信用銀行的設置。」

(2)桑巴特（Werner Sombart）著現代資本主義（The Modern Capitalism）」一書，認爲一經濟制度之被稱爲資本主義，其主要原因係由於用在社會生產的資本，在此一經濟制度下，具有決定性的作用；所謂資本，通常是指由人力或自然力製成的有形財物，不用於直接消費，而作爲製造供人消費的物品，除所謂流動資本外，如機器、用具、廠房、工廠設備、農田、礦場、原料以及半製成品，都是資本。資本是生產過程中所用的東西，是卽一種「生產工具」。資本主義則是指私有和使用這種生產工具之經濟制度而言。在資本主義經濟社會之中，有一明顯的現象，那便是利潤動機，可說一切經濟行爲的目的都在尋求利潤。而獲致利潤最有效的方法，則莫過於改進生產方法，應用新的技術。這種方法可謂對全社會均屬有利，生產工具之所有者固因以致富，而社會大衆亦得以有物美價廉的物品可供享用；但也形成了問題，財富不斷集中，而生產與消費也必然呈現不均衡之現象，失業也在所難免，其功過至少是各半的。

(3)霍布遜（J.A. Hobson）著有「現代資本主義的發展（The Evolution of Modern Capitalism）」一書，認爲資本主義是指一種經濟制度，在這種經濟制度中，資本家控制了資本，並以之與無產者的勞力相結合，然後使用機器，運用技術，新的生產方法以進行大量生產；由於有一個龐大的消費市場的存在，故生產力總在不斷擴張之中，生產之動機在追求利潤，利潤的增加乃必然形成財富的累積，勞力固是生產的要素，但其地位則與原料工具相同。

韋氏大字典對於「資本主義（Capitalism）」這一個詞（字）曾作如此解釋：「資本主義是現代多數國家共有的一種經濟制度。在此一制度下，資本家及資本具有極爲重要的地位。土地及天然資源之所有，生產、分配和貨物之交換，以及這一經濟制度的運作，均是在自由競爭的條件下，由私有企業組織去經營與發展，以求利潤之獲得。」

皮古教授（A.C. Pigou）曾著「資本主義與社會主義（Capitalism Versas Socialism）」一書，他曾賦予資本主義一個極爲簡單的定義，他說：「社會中的生產工具由私人掌握的，就是資本主義，或資本主義的經濟。」

羅時實教授的定義：「凡由人力或自然力製成的資本，爲私人所有，並爲私人取得利潤而生產者，這種經濟組織便是資本主義的經濟組織。」

二、特　徵

㈠「經濟人」的假設　資本主義經濟制度的第一個特徵是假定每一個人的行動，都是帶有計算的性質，也就是說，每一個人都是「經濟人（Economic man）」，他對於生產品（Commodity, Service）之取得和使用，都能以最少的花費，求得最大的滿足。

㈡私有財產的制度　私有財產係指財產爲私人所有，受社會保護，其所有者對於自己的財產有自由處分之權。更具體點說，這是取得和持有、全權使用和處分有價值事物的一種權利。私有財產制度對於資本主義經濟制度而言，居於十分重要的地位，因其所有者受到它的鼓勵而發號施令，於是生產活動以及一切的經濟行爲才會發生。而人們也因而願意從事儲蓄，「人造資本」才能够順利的形成。

㈢財產繼承的制度　財產繼承包括兩部份，其一爲財產的主人有權指定其他人在其死後承襲其所遺下來的財產，其二爲與財產主人有某種關係之個人，有權在財產主人死後，承襲其所遺之財產。前者是爲「遺贈權」，後者是爲「繼承權」。此一制度與私有財產制度相同，爲資本主義經濟制度所不可缺，若是財產而不能由私人繼承，則私人對財產累積的興趣必大爲低減，社會便沒有長足進步的可能。因爲許多人不僅爲自己打算，而尤其爲其子孫打算之故。

㈣個人的創制自由　個人在經濟行爲方面，有絕對的自由權。其爲消費者，則有權自由使用他的收入，依照其個人意願而從事消費。其爲生產者，則有權自由選擇職業，自由決定其工作的方式、範圍，甚至保守抑冒險的態度。這種自由的運用，一方面使社會流動得以達成，另方面則促進了發明，機械和技術都得以日新月異。

㈤自由競爭的社會　社會上充滿了各式各樣無可數計的競爭對象，甚至勞力和生產財也都在爲就業而隨時均在競爭之中。因爲競爭只有在公開和自由的市場才能有所作用，而這種公開和自由的市場又叫做「自由市場（Free market）」，所以資本主義的經濟又可稱之爲「自由市場的經濟」。自由競爭有其重要作用，第一、它可決定價格，第二，它可在商品的生產中，創造和保持效率。

㈥利潤追求的動機　這也就是　國父所說的以賺錢爲目的的意思。個人的一切經濟行爲，其目的均在追求利潤。這種追求利潤的動機，其作用是多方面的，第一、它可以說是整個機械的中央樞紐，第二、它在資本主義的經濟高度專業化的部門中，並且還擔任一種主管調節的工作，第三、它尚能誘使企業家去從事企業。

㈦價格制度的運用　社會的一切經濟活動，均受價格之所支配，亦莫不以價格爲繩準，生產要素所有者之提供生產要素，係依生產要素之價格的高低行爲。價格的漲落影響其供給，亦影響其需要，反之，亦然。價格影響生產成本，生產成本影響生產。

㈧大量生產的現象　爲了減低成本，增加利潤，故大量生產成爲必然的現象。而且產品也力求變化革新，盡量取悅於消費大衆，消費受到強烈的鼓勵。精密分工也便成爲一種制度。

㈨金錢貨幣的萬能　貨幣與金錢不再僅被利用爲交易的工具，它的更重要作用是擔當生產資本的角色。在這種現象下，信用銀行的設立也就成爲必需。

⑩勞資階級的對立　控制生產要素的資本家與成爲生產要素之一的勞動者，因爲各自利害之不盡相同和衝突，於是立場便難免兩相對立。

三、由　起

霍布遜以爲現代資本主義實起源於十八世紀。他認爲資本主義是在三個條件下發生的，是即：一、資本的積蓄，二、農業的改革，使人口流向都市，三、機器的發明和生產技術的改良。

一般學者則尙指出自由主義與個人主義的興起，亦是重要因素。

但也有人以爲現代資本主義實濫觴於十六世紀至十八世紀的重商主義，因爲在此時，資本主義所賴以發展的基礎，都經建立了起來。

四、發　展

桑巴特研究資本主義，認爲其發展分爲三期：

(1)初期——其經濟型態，主要是商業。自十二世紀以迄於十八世紀，重商主義爲其特徵。許多銀行已次第設立。

(2)中期——其經濟型態，主要是工業。始於十八世紀末葉。在這一時期，產業革命發生了，生產力、生產方式、生產組織、生產關係都起了重大的變化。工業不再是商業的附庸，而是經濟的主流。換言之，不但生產方式變了，使勞動的生產主位也喪失了，企業管理也更重要了，工業生產的性格也變了。

(3)後期——其經濟型態，主要爲金融。始於十九世紀末期。雖然商、工業發達依舊，但金融却居於主要支配的地位。

桑巴特認爲資本主義而進入後期以後，卽已漸漸地到達功成身退的時候，事實並非如此，一九三〇年起，它的生命有了重大的轉變。這時，它的缺點暴露無遺，不變便不足以言存在，所以它變了。它以民主政治爲基礎，一方面凡事以民爲主，經濟制度與經濟行爲都更着重人民的願望和利益，一方面政治干預了經濟，資本主義已喪失了自由發展的權利。

五、民主的資本主義（Democratic Capitalism）

民主的資本主義，又稱之爲「新資本主義（New Capitalism）」。它之發軔當在一九三〇年代，它雖是舊資本主義的子裔，但與之却有所迥然的不同。羅斯福（Franklin Roosevelt）和艾森豪（Dwight Esenhower）兩位美國的總統對其貢獻，可謂最多。羅斯福提出「新政（New deal）」的口號，艾森豪則提出「正常狀態（Normality）」和「國民公意(American Consensus)」的主張。就在這種口號和主張之下，舊的資本主義蛻變而爲新的資本主義了，就是如此順遂，就是如此自然。民主資本主義或新資本主義究竟有何不同？就美國而言，在於：

①政府主動誘導勞動者的聯合行動。

②政府出面消除獨佔壟斷及不合理的競爭。

③政府設法改進勞動，達成充分就業。

④政府設法調整金融市場的供需，控制信用的質量。

⑤政府以其本身之支出平衡國民之經濟。

⑥政府興辦公共工程，以增加就業，並為經濟發展作長程規劃。

⑦政府對於失業人口，予以救濟，務使得有最低消費能力。

⑧政府修正稅法，使高所得者多納稅，低所得者少納稅，無力者免納稅。

⑨政府發行國家公債，以公債所入與辦有益於貧者之事。

⑩政府制訂各種樹立國家經濟基礎的法律，如銀行法（一九三三、一九三五）、證券法（一九三三、一九三四）、所得稅法（一九三五作重大修正）；而社會安全制度亦於一九三五年開始建立，以後迭經修正，乃得以日趨完美充實。

更重要的是，在一九三六年，英人凱恩斯（Maynard Keynes）的巨著「就業、利息與貨幣的一般理論（The General Theory of Employment, Interest and Money）出版了，就新資本主義而言，不但提供了一條明路，也提供了一套理論。這可以分三方面來說：

①經濟理論方面，消費與投資決定國民所得，所以特別着重於消費，有效需要決定生產，也決定就業。

②經濟政策方面，他認為利率與貨幣量對於經濟變動有很大作用，所以政府應在這方面扮演積極角色，在政策釐訂上，設法維持一合理的利率和適宜的通貨量。

③經濟分析工具的提供，所謂經濟分析工具，即是消費傾向、流動性偏好及資本邊際效率。在其他條件不變的情形下，就業水準的提高，可由消費傾向偏高，流動性偏好降低，資本邊際效率超大來獲致。**因此**斯三者乃是經濟變動的中心，予以掌握，則經濟政策的釐訂始切合實際。

六、今昔異同

初期（舊）的資本主義與近期（新、民主）的資本主義，固有所同，但亦却有其大異其趣之所在。

還包括：

㊀關於私有財產——由當年之認爲「絕對權利」，至今日之認爲「相對權利」。

㊁關於生產及分配之關係——當年全部精神均傾注在生產上面，而現今則尤注重於分配之合理化。

㊂關於個人的工作及責任——當年視個人工作爲絕對個人之事，與國家社會無涉，今則視爲共同責任，故工作權與生存權均爲當然之權利。

㊃關於政府職務範圍——由當年之限制到今日之擴張，由當年之無爲到今日之萬能。

㊄關於心理狀態——在當年主自由放任、自由競爭、贏利目的，今日則尤着重計劃配合、公平合理及共同福利。

「上述各項差異，可謂已使資本主義非復本來面目。」——浦薛鳳

「資本主義社會既改變其性質——實則無時不在改變之中——則許多反對理由便趨於消失，特別是關於失業及顯著的不平等。」——梅友（H.B. Mayo）

「今日最進步的『民主資本主義』實踐，與最基本的『民主社會主義』理想，似甚接近，且在若干方面，也許間不容髮。」——浦薛鳳

七、成　就

㈠人類生活水準大爲提高

「在一九一四年，平均一個工廠工人要做十一個半小時的工資，才能買到一頂帽子，至一九三六年，只要做三個半小時就可買到那時同樣的帽子。只要工作和一九一四年一半的時間，就可以買到同樣的衣服。在一九一四年，要作工四十小時的錢才能買到的室內用具，至一九三六年，只要工作二十八小時就可以買到。」——一九三七年十一月六日美國「商業週刊」

又據羅斯陶（W.W. Rostow）所著「經濟發展的階段」一書中所引證之資料，亦可得相同結論。以私用汽車爲例，一九〇〇年，美國僅有八千輛，到了一九五八年，便有了五千六百六十四萬五千輛，就個人而言，在一九〇〇年，美國平均每百萬人口，有車一百輛，是人口比例的萬分之一，到了一九五八年，則爲三十二萬七千輛，平均約三人便有一輛。

㈡物質文明日新月異

新產品不斷問世，舊產品也不斷革新，其格式、形態、顏色、尺寸，均無不爭奇鬥妍，日新月異，使消費者目不暇給，購買慾大增，經濟固因之而活躍，社會也日見其繁榮。在紐約有一家百貨公司，其應市的貨色就多至三十餘萬種。

㈢企業人才的造就

許多目光敏銳、長於組織、有冒險犯難精神與強烈企圖心的青年，都捨其他行業不就，而却投身於工商企業中，終於成爲了有所卓越成就的企業家，而他們的智慧也幫助了社會的繁榮和進步。

㈣技術的長足進步

由於自由競爭和利潤動機之故，不得不設法降低成本，不得不改良產品的品質，於是強迫着從事新的發明，因而技術改良了，也進步了，過去製造十萬枝香煙，需時五二〇小時，現則不需二十一小時，過去砸碎一百立方碼的石頭，需時六三〇小時，現則減至十小時以內。

㈤資源的充分利用

一切生產資源，包括勞力、資本、土地，以及其他的一切資源，都經充分利用，工人固仍有失業者的存在，但這問題在正常狀況時並不嚴重，新興的工業不斷增加出現，所需的工人爲數極多，也略可解決失業的問題。

歐賓斯坦（William Ebenstein）曾予以讚揚，他說：

「資本主義民主社會之優點，可以一語道破，即從來未有如此衆多的人享受如此多的好處。試看美國自一八五〇年至一九五〇年間，人口增加十倍，國民所得增加三十倍，同時，選權漸次擴張，敎育趨於普及，工作時間縮短，人人得享前此未有之較多閒暇；更有進者，對於社會中各低層階級羣衆福利關切之深，亦爲前所未有。總之，奴隸制之廢止，敎育機會之均等，社會安全制度之普遍，保健衞生便利之廣大，平均享壽年齡之提高，人口增加之突破紀錄，凡此種種恰與資本主義之發展相吻合。」

甚至馬克斯和恩格斯也不能不予以讚許，他們說：

「資產階級蓋係首次顯現，人之能量可產生莫大成果。資產階級所曾造就之奇蹟，遠勝埃及人之金字塔，羅馬人之水道長橋，以及哥德人之大禮拜堂。……資產階級在其不到一百年之統治中，已經造成龐大無比的種種生產力量，遠超過前此一切世代所能造就者。自然力量之向人屈伏，機器化學之應用於工業、農事、蒸汽輪船、鐵路、電報，廣大陸地之整理耕種，運河水道之開鑿，大批人口之增加，——謂此種之生產力量曾酣睡於社會勞力環抱之中，豈前此任何時期所能夢想得到的？」

八、失　敗

從某種角度而言，資本主義仍有所基本的缺點，這是無庸諱言的，因此造成了它的失敗。一般常見的批評是：

㈠金錢價值與人類幸福的衝突

資本主義的社會過於重視金錢的價值，所以一切商業往來，所談者莫非財富、價值、成本一類經濟的名詞，而這些概念，就個人方面而言，與人類幸福甚至或無任何關係的。經濟人但以賺錢爲目的，可說從不爲人類幸福着想。其從事生產，只問產品的銷路，從不考慮其對社會所產生的影響。

㈡造成經濟的不平等

所謂經濟的不平等，其意義計有兩種：其一、是國家財富分配的不均，在同一社會的每一個人，在現有的自然資源，工業設備和持久的消費財上，各人的所有彼此懸殊。其二、是國民總收入中分配的不均，則指每一個人或每一家庭從每年生產中取得的收入，在數量上的差別而言。所以如此，其原因很多，最重要的當然是由於自由市場和個人運氣，此外，土地與遺產制度也造成經濟的不平等。

㈢不勞利得的問題

所謂「不勞利得（Unearned Incomes）」，乃是指經濟財和購買力之取得，另有他道，不是在自由競爭的市場出售個人的生產努力而得來。這種不勞利得之來源，大抵有三，卽獨佔利潤、地租和遺產。不勞利得很難取締，除非否定資本主義；它造成了社會的不公平，所以富者愈富而貧者愈貧。

㈣造成稀少狀態

在許多地方，用種種方法，給營業單位以一種有力的引誘，使其減少生產或限制貨物的供應，使利潤動機轉到和社會福利恰恰相反的方向。也就是說，生產者常假手於貨物的稀少狀態而達成「物以稀爲貴」的較高利潤的目標。這還只是私人經濟活動的現象，爲禍並不甚烈，到了現代，甚至國家政府亦樂爲之。這種「經濟的避孕（Economic Contraception）」（斯特拉奇 John Strachey 在所著「社會主義的理論與實際（The Theory and Practice of Socialism）」一書中之所提出），對社會消費大衆是不利的。

㊄造成浪費狀態

所謂浪費，乃是說無論任何生產資源，在質與量的方面，其所生產的經濟財物，均未能達到可能生產的限度而言。工業設備之未盡陳舊卽予更新，是一種浪費。雙重的運費，也是一種浪費。廣告的製造，也是一種浪費。自然資源也往往爲了迎合市場需要，而致浪費。

㊅缺少平衡

亞丹斯密（Adam Smith）認爲資本主義社會中有一隻「看不見的手」（Invisible hand），它使得經濟的活動得以維持平衡，而其實，這隻手並不存在，供需狀況之究竟使人常生錯覺，人們也很難有所正確的認識和判斷，所以週期性的經濟循環（Business Cycle）便在所難免，受害最深的是勞工，金融也缺乏出路，一切生產財都得不到利用，社會不但因而停滯，且籠罩着陰雲。

㊆經濟的不安全

所謂「經濟的不安全」，是說人們收入的不可靠性。人們不知何時會失業，失業便使生活缺乏憑藉，那不是一個可以忽視的小問題。失業問題從何而來？可能由於社會景氣，可能由於技術革新，可能還有別的原因。

㈧破壞原來的社會結構

資本主義的哲學過於看重利我和競爭，過於輕忽利他和互助，使原爲美好的社會結構破壞了。同時經濟勢力也侵入到了非經濟性的社會領域，使經濟價值代替了道德標準，人類的關係陷於尖銳對立的局面，惡化了，惡化到無以復加的程度。另外還有一層，那便是私有財產和遺產制度的存在，可能爲社會造成了另一個統治的階級，就全社會的利益而言，這是十分不幸，也是十分可悲的。

馬克斯可說是世界上攻擊資本主義最力的人，資本主義之所以惡名昭著，聞者掩鼻，遇者避路，可說完全是馬克斯不斷傾力詆毀之所致。他的「共產黨宣言」及「資本論」可說便是針對資本主義而寫。他雖然也曾讚揚資本主義的成就，但批評之惡毒，則世人無出其右。具體點說，他認爲資本主義：

㈠造成資本家剝削勞動者之事實，他說資本家的利潤便是勞動者所生產的剩餘價值。

㈡爲社會製造出兩個對立的階級，一個是資本家，一個是無產階級。前者是壓迫者，後者則是被壓迫者。

㈢資本主義有其內在的矛盾，那便是一則有資本家之以國家爲壓迫的工具，一則有無產階級所渴求的階級鬥爭。這個矛盾一定日趨激烈，資本主義乃必然崩潰。

㈣經濟循環之不可避免。而經濟恐慌則將一次比一次來得厲害和嚴重。

㈤競爭也一日比一日更爲加強，資本與資本家也必自相殘殺，永無寧日。

㈥一定會轉化而爲政治上的帝國主義，這種資本的帝國主義，其轉變的步驟是這樣的。

a. 資本的輸出，以別於商品的輸出，是特別重要。

b. 由資本家組成國際獨佔的組合把世界劃分了。

c.由頂大資本家的力量，把世界分成幾個區域，已經完成。

㊆資本主義一定沒落，當其發展到最高峯的時候，也就是它壽終正寢和共產主義接棒之時。

第三節 社會主義（Socialism）

一、定義

一般研究社會主義的書籍，雖於各派社會主義的理論詳加敍述，但於其定義，却甚少界說。此原因何在？想是因爲各派思想過分紛歧，難有統一解釋之故。下所引證者，不過極難得的幾種意見，也未始便爲多數學者所共同同意。

(1)耶訥（Janet）的說法：

「倘若有一種主義，所講的是國家有一種權力足以矯正現時人人財產的不平等，依法將財產平均，取有餘以補不足，而且這種情形是屬於永久的，這種主義我們就稱之爲社會主義。」

(2)拉威烈（Laveleye）的說法：

「社會主義的目的，第一、在使社會裏面的各種情形，更加平等，第二、在藉法律或國家的權力，使種種改革的事體實現出來。」

(3)赫爾德（Held）的說法：

「凡屬要求個人的意志服從團體之各種傾向，我們都可以看做社會主義的活動。」

(4)羅舍（Roscher）的說法：

「社會主義不獨是和人性相符的，他並且含有要求大家對於公衆的福利，加以更大注意的種種傾向。」

(5)熊得山著「社會主義之基礎知識」一書，對於社會主義曾賦予一個較普遍的定義和另一個較簡單的定義。其較普遍的定義如次：

「廢止生產機關的私有和私營，而實現以一切生產機關的公營，或主要的各生產機關的公營爲基礎的社會制度的主張。然而生產機關的公有，雖然是社會主義重大的要素，也不一定是全部社會主義。社會主義尙有其他目的，就是要廢止人對人的搾取。詳細說來，卽在廢止非勞動者搾取勞動者的勞動成果的關係。何以一方的人不作勞動而能坐索他人勞動的果實？那就是因爲一方的人私有生產機關，故爲廢止搾取，就不能不使私有的生產機關變爲公有。」

其較簡單的定義如次：

「所謂社會主義，是廢止人對人的搾取，爲使萬人從事勞動，萬人享受其勞動的果實，而實現生產機關公有的主義。」

(6) 國父孫中山先生的認識是：

「社會主義，一言以蔽之，曰社會生計而已矣。其主張激烈均分富人之資財者，於事理上旣未能行，於主義上亦未盡合，故欲主張平均社會生計，必另作和平完善之解決，以達此社會之希望。」

「社會主義的範圍，是研究社會經濟和人類生活的問題，就是研究人民生計問題。」

(7)法國社會科學大辭典的解釋：

「社會主義……是說明由社會取得生產的力量，爲社會一切成員的利益而使用。」

二、由　起

人類幾乎自有史以來，即有社會主義的思想，我國孔子所嚮往的大同世界，固然是的，而在西方，則數千年前，便有許多預言家，也持同樣論調，像阿摩司（Amos）、何西阿（Hosea）、以賽亞（Isaiah）、耶利米（Jeremiah）、以西結（Ezekiel）、申命以賽亞（Dentero-Isaiah）、耶穌（Jesus）、聖奧古斯汀（St. Augustine）、薩萬那洛拉（Saronarola）都是社會主義思想的前驅，更重要的還有柏拉圖（Plato），他寫了「理想國（The Republic）」一書，他強調公道的生活，主張無有貧富，重視衆人的幸福，甚至提出家族關係亦採共產制。

柏拉圖以後，眞正稱得上偉大的社會主義思想家者，乃是羅馬的湯瑪斯・摩爾(Sir Thomas More)，他創造了烏托邦（Utopia）這個名詞。他生於一四七八年，歿於一五三五年，他被稱爲「文藝復興人物中最完善的人物」。他曾著「烏托邦及安寧之辯論（Utopia and the Dialogue of Comfort）」書，攻擊私有財產制度，鄙棄金錢與寶石，主張各民族分宅而居，但享用公共之食堂，公民均可參政，其目的是使最多數的人得到最大的幸福。

至於現代社會主義的思想，則源起於十九世紀，它是工業革命的產物。工業革命後，人類的文明固然是向前踏進了一大步，但也造成了許多嚴重的困難和問題，這些問題包括了貧富之懸殊，勞動者之既喪失了生產工具，亦喪失了生存的憑藉，而其他的社會病態復日趨嚴重，於是引發了社會主義的改革思潮；但是各家的意見也並非同一，所以社會主義也就當然有着各宗派的分歧。

三、不同派別及其理論

㈠理想的（又稱空想的）社會主義

1.烏托邦社會主義（Utopian Socialism）　現代社會主義，流派甚多，而烏托邦社會主義則爲其濫觴，其主要人物與思想大抵如后：

①巴貝夫（Franeis Noel Babeuf）　他主張絕對平等的觀念，他主張私有財產應逐漸國有化。他說：「社會的目的，是爲一切人的幸福，而幸福包含於平等之中。」

②卡伯（Etienne Cabet）　曾以小說筆法寫成「伊卡利航遊記（The Voyage to Icaria）」一書，描寫伊卡利爲一自由、平等、幸福、快樂的人間樂園，有似於陶淵明所寫的桃花源記。在此間，一切均由政府管理，立法毫無偏差，執法極爲公正，除家庭外，一切國有，遺產制度廢除了，也無私人經營的工廠，無私人耕種的土地，工農兩業均屬國營，人人必須勞動工作，一切工資概由政府規定，個人所得稅用累進率徵收，年老者可領受退休金。也曾從事實驗，但失敗了。

③聖西門（Comte Henri de Saint-Simon）　出身法國貴族家庭，曾赴美洲參加美國獨立戰爭，又回國支持革命，在革命軍中曾任上校軍官。是一個熱心的社會主義者。他一生曾寫了不少的書，但以工業制度（Industrial System）、工業問答（Catechism of Industry）和新基督教（New Christianity）三書最享盛名，而後者尤受一般人民之讚頌。他的思想特色在激勵知識與勞工相結合，鼓舞和平與合作。他認爲改良社會有賴於勸說，因此他摒棄暴力。他認爲人類應該發揚兄弟手足般的新基督教精神。具體的建議則包括工業由私人手中轉爲公有，拘束貨品消費的私有權，及要求各盡所能各取所需。他的重要貢獻在能認識人類發展中勞動和財產的重要，注意着不良的遺產習俗，以及條陳着眞正的政府功能是改革社會。有人這樣說他：「聖西門主義是無產階級的第一個印象。」

④傅立葉（Francois Morie Charles Fourier）　出身一個中產的家庭，他曾提出其理想中的社會組織制度的構想。主張基層單位是由志趣相同，自願相結合的七至九人，合成一個「小組」（"Groupe"），五個或較多的小組，合成爲一個「聯團」（"Series"），若干聯團，以五百家左右，總人數由四百人至二千人左右爲原則，組成一個自給自足的「方形村」（"Phalange"）。「方形村」乃爲社會中最大的組織單位。每一村有其共同的大厦，其中分住所、會議廳、圖書室、餐廳工作房等等，採會食制度，教育機會一律均等，一切日用必需品，均由合作社供給。財產由村統籌支配，但各個份子主有之股份，則可多可少。未曾投資未曾購股者，亦可參加村組織，共同工作生活，每年年底結算，全部贏利由資本、勞工及能力三部份分享，資本方面得十二分之四，勞工得十二分之五，能力得十二分之三。曾從事實驗，結果失敗。

他將勞動分爲三級，必需勞動（Necessary labor）、有用勞動（Useful labor）與合意勞動（Agreeable labor）是。第一級接受較高報酬，二、三級因爲所需犧牲少，故接受報酬亦最小。

他的思想雖近虛幻，但也有所可貴的貢獻。如艱苦勞動之非必需，應發明某些方法，使勞動者比在他當時法國中的勞作更爲愉快。他又重視過在改良世界中，機器的價值。他的著作對於工廠法規和衞生改良尤具極大影響。

⑤歐文（Robert Owen）　前述四位烏托邦主義者皆爲法國人士，歐文則爲英人。歐文被稱爲製造業家、烏托邦思想家、合作主義者，和「英國社會主義之父」。甚至恩格斯亦由衷地讚頌他是一位社會改良家，「具有高尚人格，天眞純樸情性，同時又是人類傑出的領袖之一」。

他曾和他的朋友共同出資三十萬鎊買下新蘭納克（New Lanark）的一處工廠，他使它在他的管理經營下，面目全部改變。在工廠中的工人生活澈底改善，社會環境也大爲改良，工人可以買到比市場低廉兩成的日用必需品，住宅也改良了，孩子們不但有了幼稚園，還有了正常的普通的教育。他的工廠後來雖然終於因爲一八〇六年之不景氣，美國禁止棉花出境，使它缺乏原料供應而被迫關門，但他却仍能發給全部工資，遣散工人。他的成就是有目共覩的，而新蘭納克則變爲研究社會問題者、政治家和企圖保位的皇室之麥加。

歐文的思想包括對社會最後目標是幸福之認定。他是一個理性主義者（Rationalist）。他相信教育對於人性改造的功能。他認爲財富豐足是必需的。他爲勞動立法而獻身奮鬥。他極度同情貧苦無依的勞動者。他也曾提出「平行四邊形新村」的計劃（此一觀念在數年以後，終於成爲傅利葉方形村之思想根據）。他攻擊宗教。他號召勞動者去解除痛苦。他最後且終於取得共產主義的立場，反對私有財產，雖反對暴動，但却贊成總罷工。後來他又曾在美國的印第安那州進行新和村（New Harmony）的實驗，但也未獲成功。他的具體貢獻，在於禁用十歲以下童工，禁止十歲至十八歲以下者從事夜工，提高工資，廢止罰款，減少工作時間，規定每天十小時，將超過百分之百贏利，一律提用於工人生活改善等觀念的提出與踐行。

⑥葛力利（Harace Greeley）爲美國之烏托邦主義者。他受傅利葉之思想影響頗深，他曾任紐約論壇（Tribune）報的編輯，他在報上闢一專欄，專事登載傅利葉的理論和實際。可說是傅利葉思想的擁護者。他強調勞動必須解放，他認爲勞動者事實上有如南方社會中的黑人奴隸。

⑦布立斯般（Albert Brisbane）與葛德文（Parke Godwin）他們是岳婿二人，亦均爲傅利葉主義的熱誠擁戴者。布氏曾將傅利葉的思想在美國加以大力宣揚。葛氏則建議將現存的市鎮制度，逐漸轉變

為傅利葉主義者的公社。他攻擊資本主義，他說：「盲目的競爭，使每個勞動部門有巨大獨占形成的傾向，他掠奪去勞動階級的工資；他驅使人類的臂膀和機器資本作不斷的戰爭，作犧牲了弱者的戰爭；他產生了失敗、破產，和屬於風土病（Endemic disease）之商業危機的週期病徵；他陷中等階級和下等階級於無靠和貧困的生活。」

2.基督教社會主義（Christian Socialism） 基督教社會主義，是欲根據基督教的精神，且把這種精神普及，而謀改良現在的社會的一種思想。他們以為無論組織怎樣有力的國家，制定怎樣精密的法律，如果缺乏基督教的愛的精神，而恣情於私利和私慾，社會的禍根，依舊不能斷絕的。所以社會必有所改革，其方法為一則須使富者懷抱所謂「救濟窮人就是放債於耶和華，仍舊由耶和華償還」的精神，使窮人懷抱所謂「安於貧窮就是福分，天國卽是窮苦人所有的」一種自安的信念；一則廣為組織合作團體，經濟自給，外有不足的則由國家補助，則美滿的社會必定實現。其主要代表人物包括：

①摩利士（J.F.D. Mourice） 英國人，牧師，曾就讀於劍橋及牛津兩校，研習歷史與神學，並曾在大學任教，著作頗豐。他的思想同情弱者，故呵斥壓迫，提倡勞工福利，尊重工人地位，促進工人利益，鼓勵工人合作。

②荊司雷（Charles Kingsley） 英國人，曾任神職，並曾任劍橋大學史學教授。是小說家，亦思想家，亦宗教家，著作亦豐。他同情勞工羣衆，提倡社會合作，主張改善衞生環境，但仍認為應由少數智識上、道德上優秀人士加以領導。

(二)偏激急進的社會主義

1.無政府主義（Anarchism 國人又音譯之為安那其主義，在民國十年前後，此一思想侵入我國，人稱之爲「安先生」，以與德先生（民主）、賽先生（科學）並舉，在當時思想界，有鼎立而三之勢）其重要代表人物，包括：

①高德文（William Godwin） 英人。他在一七九三年「政治之正義（Enquiry Concerning Political Justice）」一書出版後，聲譽鵲起。他攻擊政府，主張取消私有財產，甚至不必各盡所能，亦得各取所需。他把國家看作「一部具有獸性的機器，……實爲人類禍害之源泉。」他相信「愈少政府統治愈好」，他認爲「君主政體，各級法庭，牧師之虛僞，刑法之苛刻，不論其禍害如何廣大，但與私產制度之流毒相較，則均微不足道。」

②霍奇斯欽（Thomas Hodgskin） 英人。他着意於攻擊法律。他說：「人之行爲，包括種種瑣細動作，都受各項永恒固定之自然規律之影響、節制、管理或懲罰。此蓋與植物之生長，天體之運行，均受自然規律之支配，如出一轍。」因此，「一切立法工作，除將現行法律漸次地沉默地取消外，顯屬欺騙而多餘。」故主張廢棄政府和法律，同時又主張廢止私有財產制度。

⑧普魯東（Pierre Joseph Proudhon） 法人，他是第一個使用「無政府主義」這個名詞的人。他生長在一個貧寒的家庭中。他在一八四〇年出版了他的第一部名著「財產是什麼？（Quést-ce que la Propriete?）」，六年後，再出版第二部名著「經濟矛盾之體系或貧困之哲學（Systéme des Contradictions Economiques ou Philosophie de la Misére）」一書。他的第一本書企圖去證明私有財產乃是不義的前驅，他說：「何爲奴隸制度？……它是暗殺。……何爲私有財產？它是贓物。」他的第二本書主要在批判其他社會主義和共產主義，但却並未能創立一種建設的哲學。他以爲一切政府形式都是壞的，他也反對共產主義，他說：「私產是強者搾取弱者，共產是弱者搾取強者。」他又進一步提出「自由社會」的

觀念，主張私產與共產應兩相調和。他的意思是說，如果這個財產是用勞動所獲得，他也不反對私人的擁有。

④巴古寧（Mikhail Bakunin）俄人。出身貴族家庭。巴古寧在一八四一年赴德國，受黑格爾思想的影響，又與婁格(Arnold Ruge)交相莫逆，於是成了一個共產主義思想的追隨者，後又赴巴黎，得識普魯東，於是再變而為無政府主義者。最後他的思想終於穩定下來，他不但反私產，而且反政府、反宗教、反政治、反共產，認為共產主義，實無異於以暴易暴。事實上，他自己也是一個出爾反爾、崇尚暴力的人，所以時人曾稱之為「不可思議的俄國人」。

⑤克魯泡特金（Piotr A. Kropotkin）出身俄國王子，被逐流亡國外凡四十一年。其思想重點包括反政府、反民主、反私產，但却主張共產。在他以前，一切無政府主義都未免流於僅有抽象的理論，至克氏出，始以科學的方法予以說明，他的貢獻在於「互助論」的提出。他的無政府主義的體系，就在實現各人各由自己的意思來支配自己的社會，而這種社會當然是：㈠脫離資本的羈軛——共同生產與自由消費。㈡脫離政府的羈軛——個人在團體裏自由發展，依着相互間的欲求和趨向，為從單純逐漸進入複雜的自由組織。㈢脫離宗教的道德——絕不會有強制的性質，由社會生活自然的發達，成為習慣的自由道德。

⑥其他人物及行動

無政府主義在十九世紀末葉至二十世紀初葉，曾經風行一時。其主要人物除前述者外，尚有美國之邵魯（Henry David Thorean）、華倫（Josiah Warren）、德國之許明德（Johann Kasper Schmidt）以及俄國之托爾斯泰（Count Leo Tolstoi）等輩。

他們且曾組織一「無政府國際」，並曾在一八八二年集會於瑞士之日內瓦，通過宣言謂：

「我們的統治者乃是我們的仇敵。我們無政府主義者，亦即無統治的人們，在向一切已曾篡奪或期望篡奪任何權力者，展開搏鬥，我們的仇敵是地主，他使農民遭受壓迫而工作。我們的仇敵是工業製造家，他使工廠裏面塡滿了工資奴隸。我們的仇敵是國家，不論它是君主寡頭或民主，各有其官吏警察與特務。我們的仇敵是任何一種揭櫫權威之思想，不論通俗稱之爲上帝或邪魔，因爲敎士們已經利用這種名義長期統治着誠實的民衆。」

⑦羅素（Bertrand Russeel）的批評

「假使果如無政府主義之所企願，不復有政府使用武力，可是多數的人，仍可聯結起來以武力對付少數的人。唯一不同之點，只在他們的軍隊或警察無永久性或職業性，而祇是每次臨時組織而已。」

「在無政府主義者理想之中，沒有一件行爲遭受法律禁止。此則就目前而論，與其所企求之世界鞏固穩定，不能相容。」

2.工團主義（Syndicalism）

工團主義是法國勞動者在倍受摧殘壓迫之餘，經由勞工與思想家相結合而不斷奮鬥後的產品。在這個奮鬥的過程中，事實上也曾有過理論上與行動上的紛歧和內鬨。他們可稱之爲一種革命的力量，他們滙集在一起組成了「勞動總同盟」，他們從事了若干直接的行動，然後若干宗師出現，爲他們提供了政治哲學和理論根據。

①所據理論與所採方法

a.認爲社會分兩個階級，一爲勞動者，一爲雇主，鬥爭不可避免，亦爲使勞動者獲得解放的唯一途徑。

b. 工團或工會是社會組織的單位和種子。工人必須團結在工團之中，工團是同職業或相似職業工人的聯合會。

c. 有了工團的組織，然後工人始克對雇主進行「直接行動」。

d. 直接行動的各種主要方式，包括罷工、抵制、購買同盟（label）和怠工。而罷工尤爲重要手段。故特加以鼓吹和運用。

e. 視國家爲支配階級的工具。也不信賴政黨，認爲工人的利益應由工團直接奮鬥始可得到。也不信任議會，認爲議會不可能將勞動者從工資制度中解放出來。

f. 反對民主政治，認爲民主政治下的改良法案，只是企圖用發展階級和諧爲手段以削弱革命的運動。他使得勞動者受騙，遺忘了「眞正的不平等和階級的對立分歧。」

g. 反對愛國主義。認爲所謂「我們的祖國」者，對於勞動者而言，實在是毫無意義之可言。「工人的祖國，正在於他的創作中，換句話說，在實際意義上，他沒有什麼祖國，習俗，普通智力和道德遺毒的束縛，對他們都是不存在的。」

h. 主張用直接行動以取得社會的改良。「每種成功的罷工，每種有效的抵制，每種勞動者之意志和權力的表現，都是反抗現存制度的一種突出；每次工價的增加，每次工作時間的縮短，每種職業位置一般條件的改良，都是前進至決定的戰場所佔之更重要的地位，而總罷工，應是解放的最後動作。」

i. 勞工組織應以能推翻舊社會之工具，建設新社會之細胞，爲發展之目標。工團應集聚一個企業或同一企業的勞動者，以管理生產工具。然而，沒有一個工團，能爲集合財產任何部份的唯一所有者。它僅於社會承認中，運用這些財產。

j. 成立「勞動交換所」；它將能合併地方的與產業自治(Industrial autonomy)的組織，它可以消滅現在國家的中央集權之政治制度，並可以平衡企業的中央集權的趨勢。

k. 國家終將消失，所謂「國家的本質，是從烏有之中，創制法規。現在國家中諸立法機關所決定的各種問題，對他們完全是外行的，他們既沒有與生活有眞正的接觸，而且他們也不了解。……因此，國家的窮極特性是仲裁的和壓迫的。」正因爲國家的這種功能，在合作制度中是並非必需的，所以它終將消失。

l. 重視爲數不多而自覺的鬥士，因爲他們是這個運動的領袖和先鋒。

②行動者和理論家

a. 屬於勞動階級的人員，包括：

斐爾南・配洛提爾（Fernand Pelloutier）

伊美爾・波加提（Emile Ponget）

格力夫爾格（V. Griffuelhes）

喬治（George）

尼爾・伊維托（Neil Yvetot）

b. 屬於知識份子集團中的主要人物，包括：

喬治・蘇勒爾（Georges Sorel）

蒙・休拔特・拉加德萊（M. Hubert Laghrdelle）

埃多亞・柏夫（Edouard Berth）

加斯特夫・赫維（Gustave Hervé）

前者屬於行動者，領導着工團運動，使它蓬勃有生氣，後者屬於理論家，提供工團主義者一種哲學的及社會學的原則。

③蘇勒爾　蘇勒爾是工團主義思想家中著作最多的人，他視工團主義爲「新馬克斯主義（New Marxism)」，在某一方面，其思想頗接近於馬克斯主義，但却又排除其某些流行的解釋，它可以說是「修正的左派（Revisionism of the left)」。

蘇勒爾之修正馬克斯主義，自認有其理由：「因爲在一方面，馬克斯不常是『完全感動（Well nspired)』，且每傾向過去，而非深入將來；又爲着，在另一方面，馬克斯不知道現在衆人皆知的事實：馬克斯深知資產階級的發展，然而不知道勞動運動的發展，已變爲在社會生活中，具有如此可驚的原動力。」

蘇勒爾接受馬克斯辯證法的觀念，也認爲每一社會制度，均包含着新制度的種子，而新制度又由舊的花蕊中逐漸怒放出來，和由破損外表達成熟期時，便脫穎而出。

他認爲「資本主義制度所創立的工場」足可訓練勞動階級的活動，發展勞動階級的適當能力。

蘇勒爾又認爲總罷工雖不必常常舉行，但其在必要時加以運用，則是正當的。他甚至鼓吹暴力，他將無產階級暴力的運用，當作排斥民主主義唯一的出路。他是贊成階級鬥爭的。

㈢循序漸進的社會主義

1.國家社會主義（State Socialism）

國家社會主義的思想家固有其大體一致的觀點，他們認爲革命暴動並無必要，且不足以產生理想狀況，而同時更深信國家可有節制管理之措施。易言之，他們不崇尚空洞崇高的理想，却脚踏實地地提倡應由政府採行社會主義的政策，藉紓人民之積困。

①白朗（Louis Blanc）　法國人，是一位歷史學家，同時也是一位政治家。有人將之歸諸烏托邦主義的思想家，事實上，他的思想確頗有烏托邦色彩。但他的行爲，又極切實際。他曾參加政府，在一八四八年，他是政府的要人。他曾要求政府保證每個不能得到勞動的人的工作權利，和設立一個勞動與進步部（Ministry of Labor and Progress）。

他的重要主張包括由國家創辦社會工廠（Social workshop），使貧人亦有所生產的工具。包括各盡所能和各取所需，他認爲每個人都應該「盡他的能力去生產，依他的需要去消費。」

②盧特盤忒斯（Karl Joham Rodbertus）　德國人。曾任議員及政府部長。他認爲人類社會之發展必經歷三大階段：第一階段之特點在奴隸制度，卽以人爲私產。第二階段之特點在私產制度，有錢者享盡幸福，其他人則受盡壓迫。第三階段尚未來臨，但人類却正朝此方向前進，其特點在服務，卽人類彼此互助合作，土地及資本均歸國有，而人民所盡勞力，視其生產之品質與數量，而得到報酬。其理想可謂爲一種「由於勞力（By the labor）、屬諸勞力（Of the labor）和爲着勞力（For the labor）」的民主政治。他寄望於國家能出面並運用其權力，以調整生產，使供應配合需求，尤應儘量設法使眞正從事生產之工人得到公平的分配。因爲他認爲無論地租、利潤、工資，都是國民所得之部份，所以勞工的工資，不能視爲出自資本。

③拉薩爾（Ferdinand Lassalle）　德國人。爲一個富裕絲商之子。在大學讀書期間，卽有「奇人」與「神童」之譽。在他的有生之年，總是爲其理想而奮鬥，且一再因言論而賈禍，曾數度被捕下獄。他原來也是馬克斯主義的信徒，且常投稿於馬克斯所主編之刊物，但後來則與馬克斯分道揚鑣，他主張國家眞正的功用是「扶助人類趨向自由的發展」。他堅持這樣的國家，只須經過普遍和平等的選舉而來之大多數人的統治，便可達到。他提議勞動者一定要變爲生產者，勞動階級必當與生產的機關組織起來，由之，他們方能夠獲得他們勞動的全價值。至於國家則需供給那必需的資本。他甚至是一位行動家，他曾領導成立了「全德勞動者聯合會」（Universal German Workingmen's Association），這個會便是日後德國社會民主黨的前身。

他當然有其成就，在他身後，人們如此頌揚他：「在拉薩爾跨入公共生活以前，勞動階級尙沒有組織，且甚奇異地好似那沒有牧人的羊羣。他是集合羣衆而成立第一次眞正工人政黨的人。」

他的理想部份爲後來的俾士麥（Bismarck）所接受採用，一般人民也稱俾士麥爲國家社會主義者，其實不是，俾士麥實在是一位「國家資本主義」（State Capitalism）者。

④斯坦因（Lorenz Von Stein）　德國人。其具體貢獻在強調社會與國家之區別，他認爲社會經濟生活之改進，不在暴動革命，而在立法措施，在社會民主，在勞工羣衆之能多得敎育與參加選舉，如此，始可漸次解脫資本家之壓迫束縛。

2.勞工組合主義（又名工會主義 Trade Unionism, Labor Unionism）

勞工組合主義事實上只是一種運動，而殊非一種主義，但其影響之深之遠，則較之同類的任何主義，却又毫無遜色。美國布朗大學（Brown University）之塔虎脫敎授（Prof. Philip Taft）有關於歐洲勞工組合之描述，實可以應用於一般勞工組合主義。他說：「歐洲勞工組合主義之活動與目的，並不在於堆砌一個高深複雜的理論場面。勞工組合原本爲保障與改進工人之工作條件。它們對於提供眼前各項迫切要求，較諸對於發揮精細理論自更成功。歐洲各勞工組合也曾積極提倡政治性的社會主義，但一俟地位相當穩固，卽將其社會主義意識觀念置之腦後，而平常活動，大抵祇是有關工資及其他受僱條件之交涉談判。雖然如此，他們的意識觀念對於他們的長期政策，也有其公開或潛隱的影響。」

其理論表現在行動中，先是勞工組合而爲強有力之團體，繼則通過磋商談判的和平手段，因此達到工資之提高，工時之縮短，工人損傷賠償之交付，工人子女教育及其他福利之獲得的目的。

3. 費邊社會主義（Fabian Socialism）

(1)命名的由來　一八八四年一月四日，該會正式成立，名爲費邊社，命名之義，係採自一個適合的格言：

「有時你當等着，和費邊（Fabius）一樣，當費氏和漢尼拔戰爭的時候，雖有許多人責備他遷延不進，他却不管，只一味堅守不動；但是一當時機來到，你便當和費氏一樣，猛力進攻，若非如此，則你的等候所費的時間，便白花了，那是沒有結果的。」

意思是絕不盲動，俟時而進，一定有成。

(2)社的原則（Basis）

①自稱社會主義者。

②其目的在重建一個新社會，其方法爲將土地和企業資本從個人和階級的所有權中解放出來，使歸社會掌管，以供全體便利之需。此卽所謂利益爲社會所共享之原理。

③消滅土地私有權。

④凡便於社會管理之工業資本，均轉移給社會去支配。

⑤視國家為工具，採和平漸進之改革。

⑥遵循民主政治之路線，主張男女平等公民權的建立。

⑦主張一切改革，都必須假手於立法之途徑。

⑧主張社會價值說。

(3)重要成員　其成員之優秀，就英國而言，可謂一時之選。

①蕭伯納（George Bernard Shaw）　他是著名的戲劇家，在費邊社中，他並擔任執行委員及勞動研究部主席，他曾廣遍地為社會主義作演講宣傳，並編輯「費邊論文集（Fabian Essays）」，尚著有「無政府主義的不可能性（The Imposibilities of Anarchism）」、「百萬富翁享受的社會主義（Socialism for Millionaries）」及「社會主義的常識（The Common Sense of Socialism）」等書。當他七十歲時，他猶說：他的社會主義信仰，比他的文學事業，更使他感到驕傲。他也一直相信，在社會主義的社會裏，勞動者不管他的生產物之多寡，應有同等的報酬。

②韋伯（Sidney Webb）夫婦　他們賢伉儷被指定為費邊社中最重要的人物。曾合著書籍，達二十餘本之多，其最著者包括「工會史（History of Trade Unionism）」、「工業的民主制度（Industrial Democracy）」、「英國地方政府（English Local Government）」六卷及「消費者合作運動（Consumer's Cooperative Movement）」等書。曾在麥克唐納（Ramsay Macdonald）的一九二四年之短命內閣中擔任貿易部長之職，又曾任教倫敦大學及倫敦大學政經學院，並曾膺選為國會議員。韋伯夫人的名字是

Beatrice Potter Webb，她未進過學校，但曾獲愛丁堡大學（Edinburgh University）所頒法律學博士名譽學位。

③奧立偉（Sidney Olivier）
④瓦拉斯（Graham Wallas）
⑤皮桑特（Annie Pesant）
⑥白蘭德（Hubert Bland）
⑦馬士罕（H.W. Massingham）
⑧裴士（Edward R. Pease）
⑨向賓（H.H. Champion）
⑩夏普（Percival Chubb）
⑪格拉克（William Glarke）
⑫麥克唐納（Ramsay Mac Donald）
⑬勞倫士（Pethick Lawrence）
⑭蒙尼（Leo Chiozzo Money）
⑮哈狄（Keir Hardie）
⑯柯爾（G.D.H. Cole）

(4)實際行動　費邊社的人物一方面努力於宣揚其理論，另一方面則參與實際的政治活動，以務求其思想之獲得普遍支持與實踐。這可以從兩方面來加以說明：

①「瀰漫（Permeation）」政策　韋伯宣言，「我們堅信這個策略——也就是說，諄諄教誨地把『社會主義的思想，和社會主義的設計，進入不僅是完全改革者，而且是與我們不洽的人們的腦海中。』——我們對於這些宣傳的奔走，是不辭勞苦，我們不特向政治的自由主義者或激進者在宣傳，而且深入於政治的保守主義者的陣壘；不特側身於工會主義者與合作主義者之中。而且深入於雇主和財政家。至今日，我未設想過，任何人會質問着，在一個時期中，如果沒有別的政治活動的形態向我們展開，那麼這是一種有力的和有效的宣傳嗎？」

②政治的參與　韋伯一方面代表費邊社承認「沒有組成一個特定的政黨，它是屬於社會主義的，使介於自由黨與保守黨之間，那麼向社會主義之路走的進展是迂緩的。……我們持久地努力去獲得一個獨立政黨，它堅持社會主義觀點，並採用一種特定的社會主義政綱。我們承認這樣的政黨，在這個國家中，在這個時代裏，其唯一實在的基礎，是工資獲得階級，其唯一有用的機器是工會組織。」但是在另一方面，却於一八九三年，他和他的同志們便愉快地相率着參加了獨立工黨(Independent Labor Party)的組織，並列席勞動代表委員會(Labor Representation Committee)的第一次會議，——這個委員會便是後來英國勞工黨的前驅。一九一八年，這個黨所採取的黨綱，甚至且與三十年前費邊主義者作家所發表的思想暗相吻合，如出一轍。一九二四年，勞工黨內閣成立，其中七位閣員均與該社有關，五位爲現任社員，兩位則曾隸社籍。

4. 基爾特社會主義（Guild Socialism）

在一九一二年，英國的思想界又掀起了一股颶風，那便是基爾特社會主義，這一股颶風可能與法國的工團主義有着若干關係，它與法國的工團主義不同，它是一種英國傳統式的政治理想。它之所以稱爲基爾特社會主義，乃是假借中古時期「基爾特」的名詞，所謂「基爾特」，實際便是工會的意思。

(1)重要人物

①柯爾（G.D.H. Cole） 他本是費邊社會主義中一份子，後轉變而為基爾特主義者，他對基爾特主義貢獻良多，他寫了許多著作以從事其理論之闡揚，其著作包括：

a.工業自治（Self-Government in Industry）

b.社會論（Social Theory）

c.基爾特社會主義重述（Guild Socialism Restated）

d.實業界之治亂（Choas and Order in Industry）

②霍布森（S.G. Hobson） 霍氏也是一位基爾特社會主義的重要理論家，他的重要著作包括：

a.基爾特與國家（National Guilds and the State）

b.戰時與平時之基爾特原理（Guild Principles in War and Peace）

③潘特（A.J. Penty）

④奧萊琪（A.R. Orage）

⑤湯尼（R.H. Tawney） 曾著「貪得社會之病症（The Sickness of an Acquisitive Society）」一書，書中陳述工業發達後，工人生活愈形痛苦的情形，令人落淚。

⑥羅素（Bertrand Russell）

⑦布雷斯福（N.H. Braisford）

(2)理論概述

基爾特社會主義者之思想家可謂甚多，但理論則極紛歧，從未一致，巴克(Barker)教授之說法可代表一般人的共同印象，他說：

「我們常常聽說中古時代國家乃是『衆社團之社團』，卽由諸多社團所組成的一個社團，——無數基爾特，無數教會寺院，無數市鎭，無數州郡。在基爾特社會主義之中，現代國家將成爲各種職業基爾特組成的一個社團。」

基爾特社會主義之出發動機，不是純粹經濟而是包括道德。其目的在爭取兩種自由，卽一方面維持已經得到的政治自由，另一方面則在增添正在追求中的經濟自由。巴克教授之分析如是：

「提倡發揮基爾特社會主義之思想家們，認爲國家與基爾特各有職務，卽各有其『分權』。……他們把有關國家精神的一切事項，如藝術、教育、國際關係、司法、公共行爲，劃分給國家管理；把有關國家所得的一切事項，則歸由基爾特主持。舉例言之，一切高等教育，留歸國家管理，一切技術教育，則由基爾特支配。由於此種分權，國家之中可以實現兩種民主，卽經濟民主與政治民主。此兩種民主實爲任何民主國家之主要與必須條件。因爲如無經濟自由，——卽工人們自己控制其自身之工作，——政治自由是空虛的。任何一人，如果對其所屬基爾特中之事項而無發言權利，則卽使對其國家事項而有投票權利，亦殊無意義。『經濟權力應先於政治權力並控制政治權力。』」

基爾特社會主義者更強調「職能本位」。柯爾在其「社會論」一書中如是指陳：

「人民組織及參加會社，其目的在滿足共同需要；如就行動而言，其目的卽在執行共同目的。每一目的或每一批目的構成一個會社的職能。而一個會社之所以成立，卽在盡其職能，然而職能云者，當非每一離立會社之最後原因，一切會社之最後原因，厥在他們的和一與配合。蓋社會之價值及社會之充分發展，不僅在國家之中佈滿會社結合，而在所有會社結合能順利合作與配合和諧。此則有賴於每一會社之各盡其功能。」

奧萊琪亦有相似論調：

「基爾特乃是彼此相互依賴人衆之自治會社，其組織目的，在能肩負責任，盡其對社會之某一特殊功能。」

正由於特別着重職能本位，故基爾特社會主義者強調職業代表制度，就國家政治而言，除地域代表制外，復主職業代表制。柯爾認爲國家實際職務凡三，經濟、政治、聯繫是也。政治事項有關人民之相同，故應歸國家管理，經濟事項可大別爲二，關於消費，亦與有關人民相同，故或仍可由國家處理，或由另一組織主持，但是涉及生產，此則有關人民之相異，乃不應由國家處理，而應由基爾特主持。至於最後聯繫，則更應於國家與基爾特之外，另覓第三者，始謂公平。這個第三者，柯爾稱之爲“Democratic Supreme Court of Functional Equity”，是一個類似法庭的最高機構。

基爾特社會主義同時提出「多元主權」之說，主張政治主權屬於國家，經濟主權歸之基爾特。主張一國中應有兩個國會，一爲政治國會，仍由巴力門擔任，一爲經濟國會，則由全國基爾特會議(National Guild Congress)擔任。提倡工人自主，但反對暴動革命，認爲只要有點點滴滴的進步，終必有水到渠成之一日。柯爾的說法是這樣的：

「不是早期革命，而是在演化發展上將一切有關勢力穩定團結，務求終必來臨的『革命』，儘量不成爲一種內戰，而儘量成爲已成事實之登記，已有趨勢之告成。」

㈣暴烈的社會主義——共產主義（Communism）

在社會主義諸流派中，思想最走極端而有暴烈之傾向者，是爲「科學的社會主義(Scientific Socialism)」，其創始者爲馬克斯與恩克斯，馬克斯尤爲要角，故人或稱之爲馬克斯主義（Marxism），又因爲馬、恩二人曾發表「共產主義宣言」，所以又被稱爲共產主義（Communism）。這個主義後來在俄國革命後獲得列寧（Lenin）及其徒衆之信仰與實行，而列寧對之又有若干解釋、補充、修正，所以後來的人乃又稱之爲馬列主義（Marx-Leninism）。同時，人類自推進到現代而後，一般的社會主義者均因經不起時代的考驗而漸歸淘汰，所剩下者亦無不截長補短，均以民主爲基礎而有思想漸歸統一之趨向，這便是時下所稱的社會主義或民主的社會主義，於是科學的社會主義一名詞也就尙爲學者所熟知外，已漸爲一般人士所淡忘，一般人乃逕以共產主義稱之。共產主義者他們在許多國家不唯有其自我之政黨，且在若干國家中取得政權之控制，他們一面雖自稱共產黨，一面却又以社會主義者自居。撲朔迷離，使人有雌雄莫辨之感，這只因爲共產主義原本亦屬社會主義之一流派，而在今日則頗有異軍突起之勢。時人的看法，共產主義與社會主義實有所明顯的分野，重暴力革命者爲共產主義，重和平變更者爲社會主義，二者非惟不同，且冰炭不同爐，水火不相容，絕無混淆不清之處。

(1)重要人物

a.馬克斯（Karl Heinrich Marx）　出身德國中產家庭，父母均係猶太血統，曾獲耶拿大學博士學位，一八四四年，在巴黎結識恩格斯，遂成莫逆，他在一八六四年後長期服務於在倫敦成立的國際工人聯合會，貢獻頗大。在大學時代，卽思想偏激，參加共產組織，從事革命運動，他著述頗多，是對共產主義卓著貢獻的第一人，共產主義之有一系統的理論，亦自他始。

b.恩格斯（Friedrich Engels）　乃德國一位富有紗廠主人之子，奉父命駐倫敦，而思想激進，曾參加歐文之社會運動，結識馬克斯後，更爲偏激，晚年，研究軍事，亦有成就。著述亦多，與馬克斯共稱共產主義之開山祖師。

c.列寧（Nikolai Lenin）其眞實姓名爲 Vladimir Ilyitch Ulianov，出身中產階級，曾在聖彼得堡大學完成其法律學位，並曾執業律師，以信奉馬克斯主義，故曾被捕入獄，流放西伯利亞凡三年之久，流放期滿，出走歐洲，一九一七年，俄國革命爆發，回到俄國，掌握權力，一至其死。著作宏富，其最要者爲「當務之急」，「帝國主義：資本主義之最高階段」及「國家與革命」。

d.史太林（Joseph Stalin）爲繼列寧之後而爲蘇俄之大獨裁者，亦有甚多著作。其眞姓爲 Dzhugashvili，出身寒微，父爲窮苦鞋匠，母爲農奴之女，目不識丁。本不爲列寧所喜，但生性狡黠，列寧卒莫如之何，統治俄國垂三十年。

e.毛澤東　籍隸湖南湘潭，出身中產家庭，畢業湖南第一師範，後入北京大學圖書館任職，回湘後，思想偏激，以馬克斯信徒自居，民國九年，中國共產黨在杭州成立，毛自命爲湖南代表，參與其會。在中國國民黨聯俄容共期間，混跡國民黨中，曾代中央宣傳部長之職，民國十五年，國民黨清共後，率部在江西落草，既經中央政府五次圍剿，乃流竄陝北延安，民國廿五年，中共有遵義會議，毛澤東即嶄露頭角，漸爲中共之首酋。甚少著述，但其理論散見於各種「談話」之中，其重要談話，中共匪幫均予輯成書籍，爲匪區人民所必讀。

(2)重要理論

a.唯物哲學　認爲物質有其獨立的存在，初與觀念無關，而一切觀念，却只是物質之反映與結晶。馬克斯曾謂：

「在人們腦際所形成之種種幻像，自亦必是人們物質生活過程之昇華。……道德、宗教、玄想，以及其他一切理論和其相關的各種意識形態，不復保持其形似的獨立。它們並無歷史，亦無發展。人們在其發展物質生產與物質交換之中，隨其眞實存在之改變，而改變他們的思想和思想的產品，生活不是由意識所支配，而意識却是由生活所支配。」

換言之，所謂唯物哲學，乃是指在特定時期中，社會的諸經濟關係，男女爲自己生存，生產，交換和分配的手段，他們視爲滿足自己欲望所必需的諸物，對於社會的進步方式，以及種種的政治的、社會的、知識的和倫理關係的模式，都發生一種重大的影響。

事實上，馬克斯並未有系統地在其一部專著中將此種理論予以正式的揭露，只是分述於「共產主義宣言」和「哲學之貧困」的序言之中。

曾有一位學者名喚愛德華・亞維林者曾闡明其說：

「唯物史觀是探究，在任何國家或任何社會的發展中之主要的，基本的因素，是經濟的因素。——也就是國家或社會，生產或交換它的商品的方法。

「爲着經濟的因素，呈現爲基本的因素，所以有別的因素是由它發展而來，是它的反映。同時，後者又演着主動的相對於主體（經濟的因素）有反作用的任務。此外，它們彼此也互相影響。一個國家的藝術、科學、文學、宗教、法律和法律的程式，它們都應當視爲是直接地由該國家的經濟條件而來。」

下面三段話是出自馬克斯之口，有重複一述的必要：

「法律關係與同國家形態由其本身是無從理解，由所謂人類精神之一般的發展，也是無從理解，毋寧是植根在物質的生活諸關係之中。」

「物質的生活之生產方法規約着社會的政治的和法律的生活過程之一般性質。」

「一經改變了生產方式，改變了他們維持生活的樣式，他們也就改變了他們全部的社會關係。」

b.階級鬥爭說　馬克斯相信「只要容許計工授資的勞力制度與資本關係存在一天，卽總有一個榨取階級和一個被榨取階級。」他在共產黨宣言中說：「一個幽靈陰影正在窺伺而威脅歐洲——此卽共產主義之幽靈陰影。……迄於今日，一切現實社會之歷史乃是階級鬥爭歷史。自由人與奴隸們，貴族與平民，地主與農奴，業主與僱工，總而言之，施壓迫者與受壓迫者，總是彼此經常對立，而且明爭暗鬥，繼續不斷。每次對抗結果，不是一般社會因而革命改組，就是兩敗俱傷。」

恩格斯亦曾如是說：「差不多四十年來，我們一向着重階級鬥爭，認爲此乃歷史之推動力量，尤其是着重資產與無產兩階級間之鬥爭，認爲此乃現代社會革命之巨大槓桿。因此之故，我們對於若干人士願望將階級鬥爭從社會主義運動中刪除出去者，不能相與合作。」

自馬克斯、恩格斯看來，人類的一部歷史便是一部階級鬥爭史。

c.辯證法　馬克斯雖不是一個黑格爾唯心論的信徒，但却對其辯證法極爲折服。他確信正反合的道理。他將之與唯物哲學相結合而創造出他獨特的唯物辯證法或辯證唯物論。

關於這個問題，馬克斯有一段話十分重要，他說：

「行動是物質的存在狀態，無形態的物質，從來未曾有過，也決不能有。……每一時刻，物質之每一個別原子總在行動，總在作各種行動方式之一種行動。……一切休止，一切平衡　此乃只是相對的，而且必須與另外任何一種行動之關係言，始有意義。……無行動之物質，正猶無物質之行動，同屬不可想像。所以行動正猶物質本身，是不能創造和不能破壞的。……行動固不能創造，却可移轉。當行動自一個物體移轉到另一個物體時，就其將自己移轉而言，乃是主動的，可認作行動之原因，就其所移轉之部份而言，乃是被動的。我們把此主動的行動，稱爲勢力，把被動的行動稱作勢力之表顯。」

這便是說，眞實世界乃是物質在行動之中。眞實乃是一種程序，乃是一種辯證法的程序，乃是一種正反合衝突矛盾而又調和妥協永無窮盡的過程。

辯證法有三項定律：其一、爲量變而質變，例如水，溫度上升到華氏二百十二度，便成蒸汽，下降而至華氏三十二度，卽凝結成冰。其二、爲相反者相合，如行動與反動，陰電與陽電，南極與北極，物質與精神。其三、爲否定之否定，此蓋指急速劇烈之轉變，所謂由「跳躍」而入「平衡」，如人類之革命，如階級之鬥爭。

d. 剩餘價值　馬克斯認爲交易價值與使用價值兩者之間絕對無關，而交易價值之決定因素，只有一個，卽生產物品所需之勞力總量或勞力總數，以馬克斯之術語言之，卽爲生產該項物品所耗費之「社會的必需的勞力時數」。馬克斯說：

「決定一項物品之交易價值者，只是勞力之數量，亦卽是爲了生產該項物品在社會上必須花費之工作時間總數量。一項物品之價值，以之與其他每一項物品之價值相較，乃視此一項物品之產生所需工作時間之多少，以之與其他每一項物品之產生所需工作時間多少相較。」

這是一種「勞力價值說」，馬克斯在強調此種見解後，更進而提出其剩餘價值之主張。他說：

「出賣勞力者正猶出賣其他每一種物品者，一方面得到勞力之交易價值，另一方面却售去其勞力之使用價值。勞工工作能力之使用價值，亦卽勞力本身，不復屬諸出賣勞力者。此正猶油料一經出售，油料之使用價值便不復屬諸出賣者。資本家旣已給付工作能力之按日價值，則工作能力一日中之使用，亦即整日之勞力，歸屬資本家。但維持工人每日生活所需之費用（亦即每日工資），僅值半個工作日，而工人整天工作。以故勞力一日所產生之價值，恰是勞力本身每日價值之加倍。」

這便是說，工人工作，終日辛勞，其所得者並非其產生價值之全部，僅是其中之一部，而另一部則爲資本家所剝削以去，此剝削以去之一部份，馬克斯便稱之爲「剩餘價值」，就馬克斯的觀點而言，這當然是不公平的。工人之貧窮由此，資本家之墮落亦由此。所以這個現象是應該徹底予以改善的，因此他們高呼「廢除工資制度。」

e. 世界革命　馬克斯、恩格斯均認爲「共產革命將不只是一國的現象，而必須在一切文化國家之中同時發生，此即謂至少在英美法德。」故亦推崇暴力，馬克斯曾謂暴力乃是舊社會產生新社會之產婆。

馬克斯主義者均認爲資本主義社會發展至最高階段，必然崩潰，所以世界革命爲不可避免，但馬克斯、列寧、史達林三人在此一問題上，見解略有紛歧。馬克斯堅持資本主義非發展至最高階段，則共產主義無由接班，列寧則謂在資本主義尚未成熟之國家，共產主義同樣有抬頭的機會，史達林則提出「一國先行社會主義」認爲世界革命並非急於進行，必待時機成熟而後可。

f. 無產階級專政　馬克斯主義者認爲資本主義覆滅後，進入到社會主義社會以前，有一過渡之階段，此一過渡階段，應由無產階級獨裁，然後才有望建立新社會的新秩序。在無產階級專政期間，其社會經濟制度是如此的：（見共產黨宣言）

①廢止土地私有權，將所有的地租用在公共事業上。

②徵收嚴重累進率的所得稅。

③廢止一切繼承權。

④沒收移民及叛徒的財產。
⑤用國家資本，設立完全獨佔的國民銀行，將信用機關集中在國家手裏。
⑥將交通及運輸機關收歸國有。
⑦擴張國有工場及國有生產機關，開闢荒地，改良一般土地使適於共同計劃。
⑧各人對於勞動有平等的義務，設立產業軍，尤其是農業軍。
⑨連絡農業和製造業，由於平均分配全國的人口，以漸次消滅城市與農村的差別。
⑩設立公共學校，對於一切兒童施以免費教育，廢止現行兒童的工場勞動、連絡教育和產業的生產等等。

g.國家萎謝　馬克斯主義者幻想一個大同的世界，在那個社會裏，無復有任何階級之存在，因之也就無復有壓迫與不平，因為在他們的觀念中，國家是壓迫者的工具，所以到了那一天，國家便將自然而然地歸予萎謝。馬克斯如是說：

「就共產主義者觀之，廢除國家乃是廢除階級之必然結果，蓋階級廢除之後，不復需要一個組織力量，使得一個階級憑以壓制另一階級。」

恩格斯亦云：

「在無產階級仍舊需用國家之一日，此種需要不是為着求得自由而是為着用以制服敵人；一旦而有自由可言，則國家之為國家即終止其存在。」

(3)實際制度　共產主義一思想自從俄國革命成功、中國大陸變色以後，它已不復僅是一項為人所爭辯的論題，事實上，它已在付諸實行之中，就其實行之現象而言，確有許多值得我人注意之點。

a.沒收土地屠殺農民，一九三〇年底，蘇聯農民之田地已有百分之五十五，被沒收而改成集體農場，遭難農民，更是數逾百萬，一九四九年，中國大陸關入鐵幕，其土地改革所帶來之災害，罄竹難書，被屠戮之人民在三千萬至六千萬之間。造成有史以來未有之暴政。

b.私有財產之否定及生產競賽的發明，馬克斯主義者既認爲私有財產制度是社會不平等的根源，所以徹底加以否定。但否定的結果，人們的經濟行爲缺乏有利的動機，故生產工具雖不再爲資本家所控制，而控制生產工具者，其態度之橫暴邪惡，却又遠勝過之，勞動者在過去雖被淪爲奴隸，而現則淪爲牛馬，故更缺乏工作之熱忱，爲鼓勵增加生產，於是競賽制度乃因以發明，而勞動者之痛楚亦愈甚。

c.人民絕無經濟生活之自由，人民之一切經濟行爲都在政府的統制之中。工人則爲工奴，農人則爲農奴，農場工廠均在政府控制之中，人民之就業一憑政府之安排，工作不是一種權利，而僅是一種義務，故失業現象亦不存在。

d.社會中仍舊充滿着矛盾，資本家與地主固然被鬥爭得倒下去了，但又有了新的階級，那便是共產黨。他們不但享受經濟上的特權，且有政治上的特權爲其後盾，故面目更猙獰可怖。這種「新階級」，其名詞是長期生活在共產國家的吉拉斯所發明的。當然絕非誣控。在第三章中，我人曾引述李一哲大字報及湖南省無聯對中共的指控，認爲中共是「新資產階級」，是「紅色資本家階級」，其社會當然也就便是「新資本主義社會」或「紅色資本主義社會」了。其實連「新資本主義社會」這個名詞，也是不配的，共產主義所控制的經濟社會，其人民所感受的痛苦和壓迫是遠超過工業革命以來任何一個社會的。

e.就中共所統治的中國大陸人民而言，連吃飯都受政府所控制，毛澤東在其語錄中公然要求人民在作工時始吃乾飯，在不作工時則吃稀飯，大陸上人民只有一本必讀的書，那便是「毛語錄」，只准聽一首歌曲，那便是「東方紅」。

f.蘇聯在十月革命成功以後，列寧所領導的共產黨很快地便從克倫斯基（Kerensky）手裏奪得了政權的控制，接着也便迅速地將馬克斯主義付諸實施，結果却帶來了經濟上嚴重的衰退現象，於是不得不讓步而改行「新經濟政策」，准許私人擁有有限度的私有財產。在中國大陸，共產黨亦在「三面紅旗」失敗後，一方面仍將個人工作納入公社組織，但飲食則仍准許人民自起爐灶。是可見政治干預過深實與人性相反，及形成一種不可能。

g.共產主義者過分重視「平等」，也過分輕視「自由」。為求「平等」，政治干預便不能不無孔不入，輕視「自由」，乃人民絕無個人生活和個性發展。在共產主義原來的目的，無非是解救人民的痛苦，但其結果則帶給了人民更多的痛苦。經濟問題的解決本是一項主題，而結果却成了政治問題的附庸。

h.這一切現象可能非馬克斯及恩格斯始料所及，可能是其徒衆列寧、史達林和毛澤東作孽的結果，但馬、恩二人畢竟難逃「始作俑者」之罪名。

㈤修正主義（又稱演進的社會主義 Evolutionary Socialism）

當馬克斯的預言並未如期出現，當世界革命遲未來臨的時候，在德國方面的思想家，便開始有了懷疑和失望，於是修正主義反對派(Apposition of the Revolutionlists）產生了。這些學者或思想家原來均是馬克斯主義者，亦是馬克斯的信徒和崇拜者，他們終於提出了他們獨特的主張，構成了對馬克斯主義的重要修正，所謂修正主義的名稱，也就是由此而來。

就人物而言，德國的柏恩斯坦（Edward Bernstein）當為此中巨擘，在法國，則有尤累斯（Jean

Jaurés）其人。

(1)柏恩斯坦　他是一個火車司機之子，當他二十二歲那年，即加入德國社會民主黨，後主編「社會民主」這個刊物於瑞士，爲德國政府所不滿，利用壓力，使瑞士將之驅逐出境，此後即流亡倫敦，得識恩格斯，且建立良好友誼，又與費邊社領袖往還，受到其思想之影響。一九〇〇年，當時他已五十歲，他回到德國定居，變爲修正主義者之思想學派的領袖。他的主要著作，包括「演進的社會主義」、「社會的及私有的財產」、「英國十七世紀的共產主義及社會民主主義運動」、「關於社會主義的歷史和理論」及「勞動運動」諸書。

他的主要觀點包括：

①資本主義制度的崩潰並不迫近。

②在共產主義者宣言中所論述之社會進化說，因爲是揭出該進化的一般趨勢的特徵，所以是正確的。然而在它估計進化應開始的時間中，却是謬誤的。

③社會情況尙未發展到誠如宣言所稱之那樣激烈的階級對抗階段。「社會財富的激增，並不伴隨以大資本家人數的減少，而且反發生了各階層資本家數目的增加。中產階級更變了他們的內容，然而他們並沒有失去其社會階級的地位。」

④生產企業的集中，亦未完成。即在今日而言，於各部門中，尙具有同等的過程和同等的速率。在許多大部門中，馬克斯主義者的預料，却可證實。不過，農業方面集中的過程較爲過緩。爲着這個緣故，今日便存在了一種反常的逐漸進展的企業。

⑤在勞動階級運動的壓迫中，有一種社會的反動力量，已從事反抗資本的搾取趨勢。「工廠的法

規，地方政府的民主化，它職權的擴大，工會和合作商業制度不受法律的限制，公共機關之負擔勞動的標準情況的留意——這些都是演進形態的特徵。然而現代國家之政治組織愈民主化，則政治的大騷動之必需和機會也更爲減少。」

⑥爲最後勝利的更大安全，如其說在於用一種不幸結局的衝突所呈現之可能性，不如說是在於固定的進步之中。他說：「總之，不能够相信那最後的目標，因之我也不信仰社會主義的最後目的。然而，我却堅決地深信在社會主義者運動中，在勞動階級前進中，他們必須逐漸實現出他們的解放。解放的方法是把社會由一個商業的擁有土地的貴族勢力範圍，轉變至一個所有部門是受那些勞作的和創作的人們意識所領導之眞正的民主制度來。」

以上六點，爲柏恩斯坦所代表的修正主義與馬克斯主義間之主要爭論點。除此之外，柏恩斯坦對於馬克斯主義的其他論點也抱持異見。

他批判唯物史觀，他認爲物質或經濟固是歷史進化中有所影響的一項重要因素，但他並不同意它是唯一的要素。他甚至反對使用「唯物觀（Materialist conception）」的名詞，因爲其理論基礎，並非建立於哲學的唯物論之上的。

他並不徹底反對剩餘價值說，只是認爲以剩餘價值完全歸諸勞工。他說：「當爲估度勞動者受資本家實際地搾取時，更覺明顯。……價值論充當勞動生產物分配之是否屬於公道的模塑，其效力之微末，與原子論供爲鑑別一塊雕刻物之是否屬於美醜相同。事實上，我們今日所遇到的位置最佳的勞動者，屬『勞動貴族』的人員，他們適服役於剩餘價值率極高的企業，而位置極劣的勞動者，却服役於其他剩餘價值率極低的企業。」他接着說：

「社會主義或共產主義的科學的基礎，不能夠僅置放在工資勞動者，並未接受他的勞動全價値事實的上面。恩格斯說：『馬克斯在哲學之貧困序文中，從未曾將他的共產主義要求，建立在這個基礎上面，反放置在資本主義生產方法之必然崩潰的上面，而這個崩潰的現象，迎過我們的眼簾，每日愈見其顯明的。』」

柏恩斯坦對於馬克斯所認爲的在資本主義社會中財富一定愈來愈集中的看法，也不完全同意，他不認爲中產階級一定被完全消滅。

柏恩斯坦對於社會主義之達到，是信託民主制度的方法，而不是依賴無產階級的專政。他相信各種工會一定能消滅「資本的專制主義，並給予勞動者在工業管理中，獲得一種直接的力量。」

柏氏更寄望於普通選擧，他相信當工人們知識較高以後，其投票權將不再是選擇「屠夫(Butcher)」，而是選拔人民實際的公僕。他反對任何方式的「專政」，他認爲專政是絕對陳腐的。他認爲社會主義是自由主義之邏輯的發展。社會主義不會創造新的束縛，個人是自由的，但不是無政府主義者形而上的意義，它的意義，是在他的活動中和選擇中，免去每種經濟的強迫。

柏氏甚至反對沒收資本家之財產，也不重視「工人無祖國」的意見。

(2)尤累斯（Jean Jaurés）　當柏恩斯坦的修正主義在德國大行其道之際，法國也有尤累斯其人的修正主義思想之出現。尤累斯曾獲博士學位，並任敎於大學中，且曾任議員之職。本是馬克斯主義之信徒，但實則多所獨見，其思想可謂深受法國社會背景所影響支配。吾人幾可稱之爲「自由民主的社會主義者」。他曾有一段話代表他一般的主張，他說：

「謂社會主義之實施，必須經由一個階級組織，具有其獨立的目的和行動，求將資本主義制度徹底改造……此種主張，誠屬正確。但是各位也得承認，假使社會主義要能眼前陸續成就各項改造，則必須向民主政治中一切勢力，呼籲號召。我們對於把握機會，利用民主進展，以加速無產階級發展，不應停止。」

他的主要意見包括如下十點：

①選舉權應普及。

②比例代表制。

③人民除選舉權，應當有罷免、創制、複決之權。

④教育脫離教會而獨立。

⑤男女平等。

⑥累進稅率。

⑦實行社會保險制度。

⑧保護勞工。

⑨節制工業資本。

⑩維持國際和平。

(3)所謂修正主義，就柏恩斯坦與尤累斯二人而言，其思想雖源自馬克斯，却有大幅度的修正，故絕非可以同日而語者，近年來，蘇聯與中共發生齟齬後，中共指責蘇聯爲修正主義者，事實上，列寧、史達林、毛澤東均於馬克斯主義有所修正，但此種修正與柏恩斯坦及尤累斯之修正不同，列、史、毛之修正方向爲更左傾，更偏激，柏、尤之修正方向則較右傾，較保守。

㈥民主的社會主義（Democratic Socialism）

社會主義的運動，經過了近兩個世紀的長期爭辯以後，人類的智慧似乎愈清醒也愈發達了，理想偏高，固予人好感，但達成不易，過於偏激，又阻力奇大，實現更難。於是另一種型態的社會主義出現了，那就是「民主的社會主義」，又稱之爲「福利國家」的構想。這種社會主義截取了所有社會主義思想中的精華及可行的部份，並與民主政治相結合在一起，終於成爲了一股時代的洪流。

(1)一次大戰以來的新趨勢　一次大戰前後，歐陸各國出現了許多以社會主義爲標榜的政黨，在英國，有勞工黨（Labor Party），在法國，有社會黨（Socialist Party），在德國，有獨立社會民主黨（Independent Social Democratic Party），在奧國，有社會民主黨（Social Democratic Party），在瑞典，有社會民主工黨（Social Democratic Labor Party），在比利時，也有工黨（Labor Party），社會主義政黨之組織，幾乎有如雨後春筍，可說無國無之，可謂一時風尙。

英國勞工黨在一九一八年提出了它有名的俗稱爲「勞動與新社會制度」（Labor and the New Social Order）的政綱，這個政綱表達了一些新的意願，其中有如下一段極爲精彩的詞句：

「我們需要留心於補綴的工作。工黨的見解是如此：大戰以後，應該建設的，不是這個或那個的政府，也不是這件或那件的社會的機構；爲着大不列顚的前途，而是社會本身。……資本主義生產的個人主義制度，係根據於私有權與土地，資本的競爭管理原則的上面。這個制度，具有輕率的不正當營利，產生了巨大不平等的環境，以及道德上精神上之敗壞和殘忍，我們希望，自此後起，它受到一個致命的打擊。……如果，我們在不列顚中，要逃出文化本身崩潰的環境，……我們就當確信着，目前應着手創造出一種新的社會制度。這個制度的基礎：不是互相殘殺，而是彼此友愛，——不是爲生活工具的競爭，而是爲的有利於勞心及勞力所有人們，在生產與分配中，計劃一種周密的合作——不是財富的極端可能的不平等，而是爲生於世界每個人所需物質的環境，有一種系統的次第近於健全的平等（Healthy equality）——不是強迫的宰制種族，鎭壓殖民地，壓迫階級，或且奴隸性別，而是在產業和政府兩方面，依據此平等自由，使大家對於經濟和政府勢力的盡量參加，以及表現出一種屬於眞正民主制度特性之普遍同意的自覺心。」

它並期待四個支柱能在民主主義的普通基礎上建立起來：

①國民最低限度的普遍實施。這個最低限度，可保證社會每個成員，獲得所有必需的休閒、健康、敎育及生活資料。中間尚含有最低工資的立法，敎育與健康的良好設備，失業保險，公共事業之有系統的計劃等等。

②產業的民主管理。它含有礦山、鐵道、電力，及全國規模電力之發電與分配的立卽國有化。產業保險應受社會的管理；市政府不獨支配他們的水、電、氣，及電車線，而且當擴大它的企業於市鎭設計、房屋、公園及公共圖書館的建造，以及音樂與娛樂機關的設備。……

③國家財政的改革，用徵收不合理的累進所得稅遺產稅以及財富的強徵，去償還戰債。

④剩餘財富用爲公共福利。由賦稅，地方的及中央的事業諸形式所得的進款，應用爲疾病，用爲敎育機會的準備，期克服物質環境的差別。

它的主張愈來愈深入社會，也愈來愈爲社會所認識和接受，其在歷次的巴力門選舉中，其黨綱愈來愈受重視，其黨員之進入國會者亦愈來愈多。在一九一八年十二月的卡其選舉（Khaki election），工黨獲選議員已達五十九人之多，一九二二年又再增至一四四人，到了一九二三年，竟再增至一九二人。其領袖麥克唐納(Ramsay Macdonald)且竟受命組閣。這個內閣雖未維持多久，但工黨之代自由黨而起，似乎已奠定其基礎。

英國勞工黨之眞正得勢，在一九四九年，二次大戰結束，艾德禮(Clement R. Attlee)組成一黨責任內閣，實行多種福利政策，制訂多種社會安全法規，若干基本工業均收歸國營，社會主義之理想大部份均獲得實現，一個人自搖籃到墳墓，都受到國家的照顧，未嘗有一次暴動，未嘗流一滴血。即使選舉失敗，保守黨執政，亦能蕭規曹隨。

在歐陸諸國中，民主社會主義運動最具成效者當首推北歐之瑞典。瑞典社會民主工黨成立於一九〇二年，次年，布蘭庭(Hjalmar Branting)即獲選入下院，他是第一個瑞典國會中社會主義者的代表。這個黨的勢力迅速成長，一九〇二年，在議會中才有四席，到了一九一七年，即有八七席，一九二六年竟於總數二三〇席中佔有一〇四席，在上院，於一九二六年，其議員亦能在總數一五〇席中佔有六一席，成爲該國第一大黨，布蘭庭氏曾數度組閣，出任閣揆。瑞典號稱爲現代福利國家之典範，民主社會工黨及其黨魁布蘭庭是功不可沒的。

(2)重要理念　嚴格地說，所謂「民主社會主義」，其實並非某一人、某一家之所獨創的思想，但却是一種政治現象，而此政治現象又雖在不同國家出現，却又大同小異，似乎軌迹並無重大的不同。今且就一般共象略舉幾項重要理念如后：

①以「社會主義」與「憲政民主」相結合，以社會主義之思想爲目標，以憲政民主之方法爲手段，而達成福利爲全體國民所共享的理想。

②主張容忍退讓，盡量設法調和社會上各個人、各團體、各階級之利益。

③摒棄私有財產乃絕對權利之觀念，却亦不認爲私有財產卽是罪惡之代名詞，換言之，對私有財產仍持尊重的態度，並不主張徹底廢棄私有財產之制度。

④反對國家主義，亦不贊成取消國家。主張適度地借重國家。換言之，並不贊成國家或政府過度干涉人民的經濟生活，却主張政府在必要時應出面從事控制，如正當稅收，勞工立法、社會計劃、勞工組織等。

⑤主張社會仍應保持適度的「競爭」，亦應有適度的「計劃」，不得「放任」，亦不得「專制」。政府固不可胡作非爲，但個人却應對「社會」負責。

⑥主張實行有效的「社會安全」規劃，「由搖籃至墳墓」，或者甚至於「由肚皮到墳墓」，都應獲得社會的妥善照顧。

⑦國家有權主有某些有獨佔性利潤及影響國計民生至鉅的生產工具及事業，並禁止個人從事經營。

(3)思想基礎　民主社會主義較之一般社會主義溫和而具實用性，它可以說是各種社會主義思想都遇難題後而自然出現的產品，但它也並非全無思想之基礎，其基礎爲何?

①基督教之精神　此誠如艾德禮之所言，他說：「在形成英國社會主義運動各項勢力之中，第一位乃是宗教之勢力。」基督教所強調之博愛精神，對各國社會主義者之賦予一種溫和的態度，是可得而想像的。

②容讓美德的發揮　此亦誠如艾德禮之所言者，他說：「我們這個國家既然在同時避免法西斯主義和共產主義，必能給予世界一個榜樣：卽一個社會如何而能適應新環境與採用新原則，而不需破壞歷

史繼續性，不用暴動革命，不需不容忍。」

③由於理性之企求　英國杜賓教授（E.F.M. Durbin）曾著「民主社會主義之政治（The Politics of Democratic Socialiam)」一書，他說：「社會生活問題之所在，蓋在如何調和人與人及團體與團體之矛盾目的。僅將衝突之一方面打倒，並不能得到公正，更不能得到快樂。不公正依然留續着，仇恨依然留續着。」

④對民主政治之信賴　美國的學者湯瑪斯（Norman Thomas）在其所著「民主社會主義新評價（Democratic Socialism: A New Appraisal)」一書中，曾如是說：「民主是一項由經驗學習得來的特色。動物世界之合羣生活各種類型，均非民主。就吾人所知之民主而言，各種初民社會亦並非民主。民主政治之最高意義乃是自由人士結合之適當組織。吾人今日民主政治之各項缺點，自甚明顯，但吾人須加珍貴，且在珍貴之中，加以改善，俾成爲極權主義之對策。社會主義，蓋卽民主政治之完成。」社會主義既是民主政治之完成，則民主政治便是社會主義之基礎。

⑷名詞的肯定　社會主義本是一個含義極爲混淆的名詞，烏托邦主義、安那其主義、工團主義、基爾特主義、馬克斯主義，都無不以社會主義自居，而事實上，各家思想，既非一致，更有南轅北轍之象。好在時間解決了不少問題，許多昔日自命爲社會主義而且曾經風靡一時的所謂「社會主義」已成明日黃花，風消雲散了，在現今的思想界裏，只剩下了重要的兩個，一個是馬克斯主義，不管它自己如何稱呼自己，而別人是已經稱它爲共產主義了，他不再被看作社會主義，甚至曾經是社會主義的一個流派，也鮮爲人知。一個是民主的社會主義，因爲一切其他的社會主義既經都不復存在，所以它被衆認爲社會主義的正統，他甚至便被人稱爲社會主義而無任何人置疑。

但是，民主社會主義一名詞仍是十分值得重視的，因爲這個名詞充分地表現了它的特性。誠如湯瑪斯之所言：「就目前言，我並不知有更好的措辭。我想『民主社會主義』此一名詞較諸另一舊名詞『社會民主』，更屬準確，更能形容。『民主社會主義』較諸『革命社會主義』一名詞，亦更屬準確而更能形容。」

(5)風行草偃　今日世界各自由民主國家，除極少數尚殘存有資本主義的遺跡（其實也正蛻化而爲民主的資本主義）外，大多數國家幾乎均已走上民主的社會主義之路。英國、瑞典固不待說，法國、比利時、丹麥、挪威、德國、荷蘭、芬蘭、瑞士、意大利，又何國而非如此？又何國而獨例外？

在此種現代化國家中，又有何國敢不以福利國家自居？

在此種現代化國家中，又有那一政黨仍自甘落伍？就英國言，勞工黨固屬民主社會主義之政黨，保守黨又何嘗不是？就德國言，社會民主黨固亦屬之，而基督教民主同盟又何嘗不是？這些政黨容或稍有差異，但在社會福利上，其差異究有多大？實無人敢於肯定。早在一八八四年，英國自由黨之領袖哈諾特（Sir William Harcourt）豈不早就說過如下的一段話：

「時至今日，我們全是社會主義者。」

眞是一針見血之論。

第四節　國父的民生主義

一、定　義

國父說：「我現在就是用民生二字，來講外國近百十年來所發生的一個最大問題，這個問題就是社會問題，故民生主義就是社會主義，……。」（作者按，這段話本來尚有兩句，那便是「又名共產主義，即是大同主義。」因爲這兩句話既與上面不十分相關，去之亦未爲斷章取義，而留着則頗多爭辯，非三言兩語可得而解釋清楚，故略而不提。）

由這段話，我們可以知道民生主義所要面對和解決的問題便是社會問題，在對象上，與社會主義所要解決的問題正同。而吾人若眞個認眞研究民生主義的理論，則又不難發現其與前述民主的社會主義非惟無大差異，且有異曲同工之妙，故稱之爲社會主義，亦並無不妥之處。至少在性格分類上，它是大有異於資本主義與共產主義，而與社會主義則極相近。

二、理想追求

(1)求富　國父稱他的民生主義爲「大家發財主義」。只因爲中國社會過於貧窮，故求富是第一目標。他曾說：

「民生主義就是用國家的力量去開礦，好像南洋礦商，把各種礦產開採出來之後，大家都可以發財一樣。此外還有開闢交通，振興工業，發展商業，提倡農業，把中華民國變成一個黃金世界，達到這個目的之後，大家便可以享人生的眞幸福，子子孫孫便不怕窮。」

(2)求均　國父民生主義的構想非但求富，亦且求均，求均尤其是一個重要的目標。他說：

「民生主義是對於貧富爭平等的，不許全國男女有大富人和大窮人的分別，要人人能夠做事，人人都有飯吃。」

「民生主義，就是弄到人人生計上經濟上平等。」

「我們中國國民黨的民生主義，目的就是要把社會上的財源弄到平均。」

(3)造福人羣　民生主義追求的又一個理想目標，則是人皆有幸福的生活。　國父說：

「民生主義關係國計民生至鉅，欲使大多數人享大幸福，非達到民生主義不可。」又說：

「至於民生主義，是由人類思想覺悟出來的。因爲既有了土地和主權，自然要想一個完全方法來享受，才能够達到生活上圓滿的幸福。怎樣享受生活上幸福的道理，便叫做民生主義。」

國父並且主張人民的食衣住行四大需要應由國家來主動地予以滿足，他說：「我們要解決民生問題，不但是要把這四種需要弄到很便宜，並且要全國的人民都能够享受。所以我們要實行三民主義，造成一個新世界，就要大家對於這四種需要，都不可短少，一定要國家來擔負這種責任。」

三、採行方法

(1)發達生產　包括交通的開發，礦產的開採，工業的振興，農業的增產。

(2)合理分配　其方法爲平均地權與節制資本。平均地權的方法是地主自報地價，照價徵稅，照價收買，漲價歸公。節制資本的方法是節制私人資本，發達國家資本。

(3)滿足消費　國父在建國大綱第二條規定：「建設之首要在民生，故對於全國人民之食衣住行四大需要，政府當與人民協力共謀農業之發展，以足民食。共謀織造之發展，以裕民衣。建築大計劃之各式屋舍，以樂民居。修治道路運河，以利民行。」換言之，人民需要什麼，政府便提供什麼，絕對不使人民有所匱乏。

⑷互助合作　各階級之經濟利益在互助合作之原則下相調和而不相衝突。國父曾說：「將來中國之實業建設於合作的基礎之上。政治與實業皆民主化，每一階級，皆依賴其他階級，而共同生活於互信互愛的情形之下。」有獨佔利潤及影響國計民生之大實業固歸國家經營，小實業則仍由私人經營，但不論國營私營，均以「民主」爲基礎，故絕無壓迫被壓迫、搾取被搾取之問題的產生。

⑸平易改革　農村土地之兼併集中爲中國數千年來的老課題，其結果造成農地分配不均、佃農倍受壓迫、而農產亦難增加之現象，故民生主義加以改革，先則實施三七五減租，繼則實施耕者有其田，逐步而來，和平中正，使土地改革絲毫不帶痛苦。

⑹直接徵稅　國父主張直接徵稅，他說：「行這種方法，就是用累進稅率，多徵資本家的所得稅和遺產稅。行這種方法，就可以令國家的財源，多是直接由資本家而來。資本家的入息極多，國家直接徵稅，所謂多取之而不爲虐。從前的舊稅法，只是錢糧和關稅兩種。行那種稅法，就是國家的財源，完全取之一般貧民，資本家對於國家，只享權利，毫不盡義務，那是很不公平的。……歐美近來實行直接徵稅，增加了大財源，所以更有財力來改良種種社會事業。」

⑺交通公有　國父主張：「要把電車、火車、輪船以及一切郵政、電政、交通的大事業，都由政府辦理。用政府的大力量去辦那些大事業，然後運輸才是迅速，交通才是很方便。……如果不用政府辦，要用私人辦，不是私人的財力不足，就是壟斷的力量極大，歸結到運輸，一定是不迅速，交通一定是不靈便，令全國的各種經濟事業，都在無形之中受很大之損失。」事實上，國父一直認爲「行的問題」十分重要，他說：「中國人爲凝滯民族，自古以來，安居於家，僅煩近事者，多爲人所贊稱。與孔子同時之老子有言曰：『鄰國相望，鷄犬之聲相聞，民至老死不相往來。』中國人每述此爲黃金時代。惟據

近世文明，此種狀態已全變，人生期間內，行動最多，每人之有行動，故文明得以進步。中國欲得近時文明，必須行動，個人之行動，爲國民之重要部份，每人必須隨時行動，甚易甚速。」是其意簡直認爲交通發達實爲現代文明之母。收歸公有，統一籌劃，統一安排，確有必要。

(8)減除剝削　就生活的觀點而言，每人都是一個消費者，其一生所消費之物品何止千數？生活如求改善，則減除生產到消費的中間剝削實甚重要。所以　國父就此提出了他的主張，他說：「人類自發明了金錢，有了買賣制度以後，一切日常消耗貨品，多是由商人間接買來的。商人用極低的價錢，從出產者買得貨物，再賣到消費者，一轉手之勞，便賺許多佣錢。這種貨物分配制度，可以說是買賣制度，也可以說是商人分配制度。消耗者在這種商人分配制度之下，無形之中，受很大的損失。近來研究得這種制度，可以改良，可以不必由商人分配，可以由社會組織團體來分配，或者由政府來分配。譬如英國所發明的消費合作社，就是由社會組織團體來分配貨物。歐美各國最新的市政府，供給水電煤氣以及麵包、牛奶、牛油等食物，就是用政府來分配貨物。」這種分配制度其重點在幫助消費者，使有較好的生活，當然絕無控制人民生活之意，因爲　國父從來便沒主張過要消滅商人階級的說法。

(9)計劃社會　民生主義所主張的社會是一個計劃周全的新社會，　蔣總統曾就此專著「民生主義育樂兩篇補述」一書，他認爲重建中國社會爲一個自由安全社會，實在是刻不容緩，而這個社會是不能任由它自由發展的，否則將來必有許多病態發生。他說：「我們在這反共抗俄戰爭中，要恢復中國國家爲獨立自由的民主國家，必須有計劃，有步驟，重建中國社會爲自由安全的社會，來做這獨立民主國家的基礎。所以民生主義的社會政策之研究和確立，刻不容緩。而育樂兩篇的補述，也就成爲重要的工作了。」計劃社會只是爲社會擬定一個未來發展的方向和藍圖，這對一切落後地區的國家都是必需的，它與極權國家的政治控制社會絕不相同，民主國家是無權控制社會的。

⑽合作經濟　一個國家在其經濟工業化的過程中，最大的威脅和可能的危機毋寧還是大資本家的出現，大資本家的出現，固然可以節制私人資本的方法以資防止，但事實上，亦非容易，故　國父又提出合作經濟一辦法來。　國父說：「將來中國之實業，建設於合作的基礎之上。政治與實業皆民主化。每一階級，皆依賴其他階級，而共同生活於互信互愛的情形之下。」所謂合作，是多方面的，包括生產合作、消費合作，和信用合作在內。

⑾福利國家　國父主張我國應爲一安全之社會，福利之國家。所以他以禮運大同篇爲終身奮鬥之目標。譬如他曾具體的指出我國必須做到「孕婦於孕育期內，免一年之義務，而享有地方供養之權利。」「凡在自治區域之少年男女，皆有受敎養之權利，學費、書籍與夫學童之衣食，當由公家供給。」「未成年人悉有享受地方敎育之權利。」「老年人有享受地方供養之權利。」「殘疾之人有享受地方供養之權利。」「設公共養老院，收養老人，供給豐美，俾其愉快，而終其天年，則可補貧窮者家庭之缺憾。」「設公共病院，以醫治之，不收醫治之費，而待遇與富人納貲者等，則社會可免屈死之人矣。」「其他如聾啞殘廢院，以濟大造之窮。」他甚至慨乎言之，「人民生了子女，國家便有敎養。壯年沒有職業的人，報告政府，政府便要代他找工作，老年人沒有養活的，國家便有養老費。這種養老制度，中國從前也有，古書所謂無告窮民，國家便要瞻養，就是這種制度。所以文明國家的人民，自幼到老，一生都受國家的恩惠。我們現在革命，是要做甚麼事呢？就是要國家強盛。要把中國變成文明國家，好像法國、美國，是一個大公司一樣，要在這個大公司的國民，都有好處，都可以分紅利。」

簡而言之，這就是社會保險、社會救助、母性保護、兒童福利、公醫與衞生保健、與失業救濟等必須均要建立制度的意思。

⑿科學精神　國父在提到恢復我民族地位的時候，特別曾強調要學習歐美長處的科學，　蔣總統在演講三民主義的本質的時候，也特別提到民生主義的本質是科學。　蔣總統說：「因爲民生主義，是全要用科學的方法和科學的精神，來促進民生主義實行的各種設施。　總理說：『說到民生主義，因這裏頭千條萬緒，成爲一種科學，不是十分研究，不得淸楚。』又說：『民生主義……事實上，頭一個重要的問題，就是吃飯問題，是先要糧食的生產很充足，次要糧食的分配很平均。』這裏所指的生產，就是用科學的方法，使土地豐產，這裏所指的分配，也就是用科學的方法，來從事合理的分配。因之，　總理又說：『中國如將廢地耕種，且將已耕之地，依近世機器及科學方法改良，則此同面積之土地，可使其出產更多，故儘有發達之餘地。』　總理還說：「要解決民生問題，應該用什麼方法呢？這個方法，不是玄妙的理想，不是空洞的學問，是一種事實，我們要拿事實做材料，才能夠定出方法。』由此可知　總理所定的民生主義，不是單憑學理，而是根據事實做材料，來訂定的這個民生主義。證明這事實的是什麼？那就是科學。所以要實行民生主義，就是必要用科學方法，才能成功的。同時我們也知道實行民生主義的兩個方法，一個是平均地權，一個是節制資本，無論平均與節制，都要用科學的方法和精神來從事，尤其是在民生的食、衣、住、行四大需要上，去從事科學的計劃，科學的管理，與科學的發展。」

四、制度特色

民生主義乃是　國父所創造發明的三民主義之一環。一方面固在解決民生的問題，但在另一方面，若僅是民生主義一項，亦不足以將民生問題眞正而徹底地予以解決，此所以西方各國雖亦有社會主義，却未能眞正解決其社會問題之因由。關乎此，　國父似有極爲深刻之認識，所以他提出民族革命、政治革命、社會革命三種革命畢其功於一役的主張，換言之，其民生主義之實行是與民族解放、政治民主相携並進的。　蔣總統講述三民主義的本質，認爲民族主義之本質爲倫理，民權主義之本質爲民主，民生主義之本質爲科學，但三者之關係並非各自孤立，而係血肉相連。換言之，民生主義同樣是以倫理爲出發點，更以民主爲前提，再以科學爲方法和精神。以此之故，民生主義乃充滿了愛心，祥和與瑞氣。

民生主義在　國父整個思想中，也佔有最爲重要的地位，　國父認爲「民生是一切的中心，是一切的重心。」其整套思想，且可名之曰「民生哲學」，是可見這一思想之重要性。

民生主義可以說是一種溫和而又切實可行的社會主義，它與民主社會主義似乎並無太多的不同。如果有所不同，也只在那些枝節上的制度，這些枝節上的差異是不可避免的，因爲這牽涉到我們國家的特殊社會背景，我們是經濟上的落後國家（尤其就十九世紀末葉以至二十世紀初葉而言），症候不同，故針砭亦異。

第五節　比較與結論

(1)資本主義的功過究竟如何？實在難作定論。一如羅時實教授之所言：「資本主義的主要內容，應屬現代經濟學的研究範圍，但在歐美的經濟學者與權威著作，均未見其提及資本主義。不說穆勒約翰以前的經濟學者，即在今日爲經濟學者必讀的參考書與教科書中，從季特（Gide）、考威斯（Cauwes）、馬歐爾（Marshall），乃至美國的塞里格曼（Seligman）和瑞典的加塞爾（Cassel）等，均未發現提過資本主義的名詞。在許摩勒（Schmoller）、華格納（Adof Wagner）、愛倫堡（Richard Ehrenberg）和菲力波維治（Philipovich）的論著間或提過資本主義，但對此一觀念，始終並未建立。……在現代經濟學者之中，對資本主義作過系統研究的，應首數戰前德國柏林大學的桑巴特教授（Prof. Werner Sombart），其所著「現代資本主義」（The Modern Capitation），……足稱此一部門的權威著作。」有些人甚至認爲從未有過名實相符的資本主義。因爲資本主義的重心在私有財產，而所謂私有財產，嚴格言之，是指除個人之外，在有組織的團體之中，大家承認並保護其私有的財產，在使用方面，不受任何的限制而言，這種情況不僅在現代社會，不容易找到，即在資本主義的初期，擁有土地和工作工具的人們，要任憑己意，生產他願意生產的東西，像這種完全使用的自由，從來也就未曾有過。至於近代社會，立法日漸繁密，自然限制也就更多了。這是一個事實，是毋需爭辯的。

資本主義在現代社會中，實在是一項自然的產物，它與任何人無關，更從無人曾作這一方面的設計，它在今天，惡名昭著，是一個事實，但我們必須知道，它之所以惡名昭著，主要的是因爲社會主義者，尤其是共產主義者，不斷惡意攻擊它之故。

但就另一方面以言，資本主義却在不斷的成長演化之中，它隨民主政治之成長而成長，它的許多理論基礎和實踐方法都在隨時代巨輪之轉動而變化，到了今日，世界上仍有兩個最著名的資本主義——當然是民主的資本主義——國家，一個是美國，一個是日本，他們並未墮落，也並未如馬克斯所預言的趨向崩潰，更未如赫魯曉夫所誇言的爲共產主義所埋葬，相反地，他們似乎比過去更堅強，美國固然是自由世界的盟主，日本也是世界上的經濟大國。更重要的是，他們兩國不但國力雄厚，而且其人民生活的安和樂利，也是舉世無比。在他們兩國之中，勞資雙方固也有着或多或少的衝突和齟齬，但關係大體是和諧的，更未尖銳化到非用暴力和鬥爭的方法便不足以解決的程度。

容或，所謂資本主義者，卽使到了今日，還有許多嚴重的缺點有待改進和克服，但它從未拒絕改進過，而缺點也不是不可以克服的。它可能終究有一天會和民主的社會主義一模一樣，毫無差別，而不再是今天的五十步與百步之差，但它之仍將受到共產主義者的惡劣批評，則是必然而無可避免的。好在這種惡評並無損於它的價值。

(2)社會主義，嚴格地說，有廣、狹二義之分。廣義的社會主義乃指一切的社會主義而言，包括烏托邦社會主義、基督教社會主義、無政府社會主義、工團社會主義、國家社會主義、勞工組合主義、費邊社會主義、基爾特社會主義、共產主義、修正主義以及民主的社會主義，甚至我國的民生主義，亦自屬之，至於狹義的社會主義，則僅指民主的社會主義而言。

就廣義而言，社會主義流派甚多，其優劣長短，固未可以一語而遽予評斷。

烏托邦主義及基督教社會主義理想未免太高，實行時實多所困難。對人類問題之發掘，可謂大有功勞，而其所作之大聲疾呼，至少已引起人類有識者之密切注意。至於其所標榜之境界，雖未易達成，但至少是人類共同奮鬥的目標。這種思想在今日已歸於消失，是當然的道理。

無政府社會主義和工團社會主義未免過於偏激；無政府主義攻擊政府、法律和私有財產，不能說毫無理由，但正如羅素所批評的，一旦一個社會而無政府，而無法律，則秩序如何維持如何建立？當年洛克強調人類爲了解決自然社會中的「不方便」，才相約建造國家，成立政府，若在今日果如無政府主義者之所言，不再有政府和國家，人類豈不是又再回到自然社會，會覺得「方便」嗎？眞是不可思議。至於私有財產若是眞個徹底取締，則人類是否尚有經濟行爲？也是令人懷疑的。

工團主義者主張用暴力來達成社會改革的目的，其達成的可能性究竟有多大？就人類社會而言，經得起這種暴力的改革嗎？所謂工團者，是否又絕對不可能再淪落而爲新的暴君？

至於國家社會主義、勞工組合主義、費邊社會主義及基爾特社會主義，其主張自較可取，尤其是它們所採取的循序漸進的溫和立場，更是值得推許，但可惜各派均有所不及，未能照顧問題之全面，以致美中不足，是仍不無瑕疵之可言。好在眞金不怕火，此各派者並未爲社會所拒絕或淘汰，而其理論也在不斷成長中自求校正，於是軀殼雖朽而靈魂却猶在，這個靈魂便是民主的社會主義，所謂社會主義思想之正宗與主流。

(3)共產主義，即馬克斯輩自稱之「科學的社會主義」，亦即馬克斯主義者，就其始生之日，已有許多重大缺點，從理論到方法，可謂一身是病，一無可取，不但顚倒是非，抑且不分黑白，更況後日更有列寧、史太林、毛澤東之流的不斷增益，乃愈見其醜陋。若欲將其缺點一一指明，實甚簡易，其最大者，當莫過於抹煞事實，違反人性，崇尚野蠻，醜詆文明，至於將社會動態與極權政治相結合，則尤其餘事而微不足道者也。國父批評馬克斯爲社會的病理學家，而不是社會的生理學家，是說馬克斯但見社會之病，却無能診治，可謂十分中肯。就其踐履而言，今日世界上已有許多國家將此理論付諸實施，其結果如何，非但毫無成就，且無異將人類帶向毀滅之途。在這些國家中，人民除勞動和貧窮疾病外，可謂一無所有，它必須借助於恐怖的極權統治和圍牆鐵幕，否則就不足以維持。它已被公認爲人類有史以來最大的災害。它不但未能將原有的社會問題解決，却反而將之更爲惡化。無政府主義者的普魯東，雖非一位聖哲，但其對共產主義的批評却極中肯，更極令人喝采贊同。他說：「私產是強者搾取弱者，共產是弱者搾取強者。在私產之中，不平等狀況，乃是暴力之結果，初不論暴力如何化裝而另取名義，……在共產之中，不平等之由起，蓋在強將庸碌與優秀等量齊觀。」「共產主義乃是壓迫與奴役，人是願意服從職責之規律，願意爲國家服務，服事他的朋友，但他願意出於自動而不是由於命令，共產主義違反良知與平等。」其實這種批評之外，它還應受更嚴重的批評，那便是它硬要將麵包與自由分開，人只可有單一的選擇，要麵包，就得捐棄自由，想要自由，便得餓死，換言之，共產主義如果尚有成就，也只是將人變成了吃麵包的機器。我們不禁要問：「這是什麼制度？」

(4)民主社會主義在現代政治思潮中可說有其獨特而卓越的地位，它已被目爲社會主義的正宗，且世人亦即以社會主義名之。它在所有社會主義各流派中，誕生最遲，但却最有成就，它的思想不但形成控制性的影響，它的徒衆事實上也控制了許多國家的政治，在自由民主的國家中，它若非政治的主控者，即是政治的影響者，在這些國家中，社會問題雖未完全解決，但至少已經大見緩和，它之將社會予以有效的改革，既未造成社會之重大震撼，也未造成人際關係之不和諧。是該予以謳歌讚頌的。但是此種主義也並非全無缺點，以英國爲例，民主社會主義實行的結果，社會更進步了，也更安全了，人們的依賴性也更強烈了，人們的進取心也更淡薄了。所謂「經濟人」愈來愈少了，其經濟行爲也更缺乏鼓舞和動機了。社會有停滯的現象，對人類的前途而言，是可悲的。 國父批評資本主義，認爲其最大之缺點在以賺錢爲目的，以賺錢爲唯一目的，固然不對，但像英國式的民主的社會主義，人們對於賺錢毫無興趣，也未始不是嚴重的問題。

(5)就解決社會問題（現象）或民生問題（本質）而言， 國父之民生主義無疑地爲今日最有價値之思想，它不但滙集了各家（包括資本主義與社會主義）思想之所長，同時也最能合乎天理，順乎人情，其理想雖高，而方法則十分平易，既能爲人類所共同接受，又能爲人類所樂於踐行。在這種主義之下，人類固仍能保持其自我之個性與存在，也能無負社會之期望與要求。個人是快樂的個人，社會是安全的社會，國家是福利的國家。這正是人類追求的目標。

(6)就各種主義的相關位置而言，我人似可作一圖示如左：

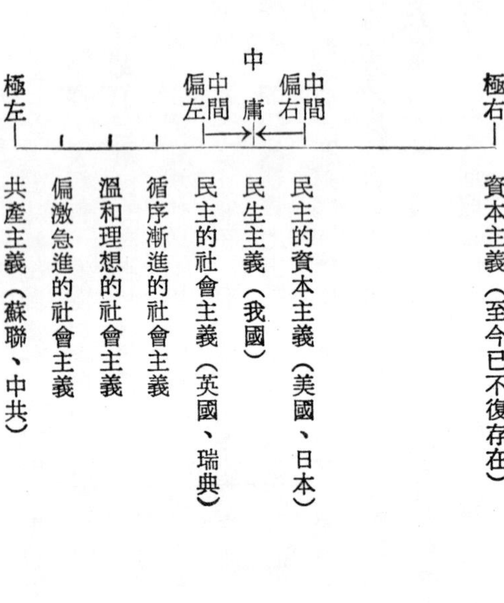

(7)民主的資本主義本屬中間偏右之思想，到了現代，則愈來愈有向左移動之趨勢，民主的社會主義本屬中間偏左之思想，現則愈來愈有右傾之趨勢，其距離究竟尚有多遠，可能是間不容髮，此吾師浦薛

鳳教授之所言者，至於民生主義，可能就是這兩個主義相交之點，它主張的是計劃的自由經濟，計劃的安全社會，所謂計劃，自與民主的社會主義有着多少淵源，所謂自由，則仍難免民主的資本主義的色彩。其實這三個主義並無重大的不同，更無根本的矛盾，在理念上，在方法上，在態度上，也可謂毫無差別，其所以不同，可能只是程度的問題。若定說民生主義與它們尙有所不同，那就在它之除以科學爲本質外，尙注意到倫理與民主的配合，它是較其他兩個主義更爲注重倫理一因素的。

第五章 結論

第一節 人類理性之要求

一九四八年聯合國通過了一個「普徧人權宣言」，它宣稱：

「人本生而自由，在尊嚴與權利上，亦屬平等。」(All human beings are born free and equal in dignity and rights。)

我們必須承認，人類一生下來，其聰明才智可能是不盡相同的，事實上，我們甚至可以肯定地說，人類有聖賢才智平庸愚劣之分。有些人有很好的天賦，有很高的智商，屬於天才的類型，而另外則有一些人，他們是那樣的愚蠢，是那樣的魯鈍，有似於白痴。同時也還有一些其他的差異，有人生長在富貴門第，有人生長在貧寒家庭，於是有些人佔盡了便宜，有些人却吃盡了虧。所謂佔便宜，包括良好的衞生、營養和教育，這一切提高人口品質的條件，他都具備了，也包括掙扎、努力和奮鬥，他不得不被迫如此，於是他成長了，愈來愈結實，也愈來愈有成就。所謂吃盡了虧，包括奢侈、浮華和腐化，這一切降低人口品質的條件，他都具備了，也包括貧窮、饑餓和匱乏，使他在人生的旅程上，舉步維艱，欲振乏力，於是他墮落了。

總之，這一切確乎都是事實，但這個事實並非絕對重要，嚴格來說，這不是我們現在所要討論的主題。我們現在所要討論的主題是，人類一生下來，是否便是自由和平等的問題。在我個人來看，這個問題似乎早已成爲鐵案，有了共同認定的結論，我們可以很肯定地說，人類一生下來，便是自由的，在尊嚴和權利上，便是平等的。否則聯合國絕不致通過如此一個內容的人權宣言，更何況事實上，這個宣言是經過所有聯合國會員國共同簽署而發表的。當時，我們中華民國也是聯合國會員國之一，我們也曾在上面簽字，這是一個事實，是無庸爭辯的。

尤其自由這一項人類與生俱來的權利，那就更是重要不過。人類固然如此，物類又何嘗不然？胡適之先生在世的時候曾輯了一些他特別喜愛的小詩，他逝世後，其夫人江冬秀女士曾將它以「詩選」爲名，將之出版，其中有許多首小詩，都牽涉到自由的問題，尤爲我所喜愛。這幾首小詩且抄在此處，既供讀者欣賞，也看看物類的一個正常現象。

一、畫眉鳥　作者　歐陽修

百囀千聲隨意移，山花紅紫樹高低；
始知鎖向金籠聽，不及林間自在啼。

胡先生在這首小詩的後面，題了兩句跋語，一句是：「『向來枉費推移力，此日中流自在行。』——朱熹」，一句是「『自在』卽『自由』。」

二、桂源舖　作者　楊萬里

萬山不許一溪奔，攔得溪聲日夜喧。
到得前頭山脚盡，堂堂溪水出前村。

胡先生在這首小詩的後面又題了一行小字，他說：「此詩可象徵權威與自由的鬥爭。」

三、岸沙　作者　楊萬里

水嫌岸窄要推開，細蕩沙痕似剪裁。

蕩去蕩來元不覺，忽然一片岸沙摧。

胡先生在這首小詩的後面，寫了一句話，他說：「比較朱熹讀書有感第二首。」這個朱熹讀書有感第二首，胡先生也收集在他的「詩選」中，這首詩是這樣的：

昨夜江邊春水生，蒙衝巨艦一毛輕。

向來枉費推移力，此日中流自在行。

這幾首詩可說寫出了眞正的「物性」。

「畫眉鳥」這首詩說明了雖是鳥類，也酷愛自由，當它飛翔在山中的時候，其鳴聲是悅耳的，當它關在金籠中被「飼養」着，不是，而實在是被「奉養」着的時候，其啼聲便不同了，認眞聽聽，果是不同，多少哀傷，多少怨恨，它是如何地渴望着從金籠中飛了出去。（我和我家的幾個孩子一直希望能養一隻小鳥，但就是因爲這首詩的關係，我們一直沒有將想法付諸行動，因爲我們共同同意不應該將小鳥關在籠中。）

「桂源舖」這首詩所代表的是萬山叢中一道小溪追求自由的經過，卽便是山溪之水，僅祇一點一滴，當它要奔向大海的時候，當它要爭取自由的時候，卽使擋在它前面的是崇山峻嶺，它還是會達到目的的。胡適之先生說，此詩可象徵權威與自由的鬥爭，我却要說，這是自由與權威的鬥爭，當自由與權威鬥爭的時候，最後勝利一定是屬於自由的。

「岸沙」這首詩尤其具有深意，在孟子與告子辯論人性善惡的時候，告子說，水性是「掘之東方則東流，掘之西方則西流」，其實這話並不全對，水性是求自由的。從來沒有一道水流肯安安份份地循着河道向前流進的，我們仔細觀察一下，它似乎，不是似乎，而是肯定，它是絕對地要求更自由的「泛濫」的，當它力量夠強大的時候，它一定四處奔流，隨心所欲，當它力量微薄時，它也總是慢慢地、不斷地侵蝕着河岸，你別看它那慢慢地侵蝕不是什麼偉大的力量，但終於會有一天，河岸會崩塌下來的。當然，這一首詩也告訴了我們另一件事，爭取自由是一項宇宙間的自然定律，不必性急，要有耐心，祇要你需要自由，自由就會到來的。

再看看朱熹那一首「讀書有感」第二首，你看那是多麼美麗而賞心悅目的一個畫面，只因爲春水滿江，所以蒙衝巨艦也有如一毛之輕，它的向前推進簡直不需吹灰之力，便得以自由自在的前行。至此，我們不妨試一假想那長江三峽上的船隻，只因爲處處礁石，處處險灘，那行船是如何的艱苦？

談到平等，世界上還有比平等更重要的事嗎？自由確是重要，但沒有平等，那有自由？不錯，是有人比有人聰明，也有人比有人愚蠢，但我們總不能說聰明人才是人，愚蠢人便不是人，人就是人，無分聖賢才智平庸愚劣，他都是人，無分先知先覺，無分後知後覺，無分不知不覺，一體是人，既然都是人，人爲何要分等級？人爲何要有不平等？更何況我們所言的平等，祇是他的尊嚴和權利，而並不是其他的，只是法律之前的地位平等，而不是別的。

所謂尊嚴，只是一份極爲簡單的禮貌，一份簡單的尊重，這是一個人之所以爲一個人所應具備的最起碼的條件，一個人而有了尊嚴，他才像一個人，他也才算得上是一個人，他之有這一份尊嚴，對任何人都無害處，然則又有何理由不予承認？又有何理由一定要加以否定？

所謂權利，這個字的英譯是「乃特（Rights 因爲不止一項，所以字尾加了一個 s，以代表是多項的意思。）」。就其英文之原意而言，Right 是「直」，是「是」，是「理所應然（Ought to be）」的意思，一個人而有人權（Human rights），是很正常的道理。因爲他之有權利，他之和別人一樣，享有相同的權利，只不過是做了一個「直」，做了一個「是」，做了一個「理所應然」而已。就「人」而言，它沒有踰越其所以爲「人」的本份一絲一毫，是很顯明的道理。（關於這個問題，我曾寫了一本名爲「比較憲法」的小書，由商務印書館出版，其中有一篇短文「三民主義的權利學說」，可以參閱。如果要作更深入的研究，則張佛泉教授所著，新亞出版社出版的「自由與人權」一書，更是值得一讀。）

所謂法律之前的地位平等，也是極簡單、極正常的一件事，法律是社會效用的實然化，不承認社會的存在則已，如果非承認社會的存在不可，則社會必有其公正的立場，它是沒有理由授予某些人以特權和特免的，當然同樣也無權剝奪某些人的正當權利。

像梅因（Henry Maine）和勒奇（W. E. H. Lecky），他們反對平等的觀念，認爲平等扼殺了天才的發展，阻滯了社會的進步，眞是荒謬已極，平等並不是相等，所謂平等，並不是說否認人類的一切有所差異，他只是要求讓所有的人有一個相同的立足點，只是要求每一個人都能獲得公平的競爭。

換言之，我們所說的平等，是　國父孫中山先生所說的立足點的平等，而不是平頭的平等。

我師薩孟武先生關於平等曾有一段說明，很有一讀的價值，他說：

「所謂平等，……即行政機關及司法機關不得對人民爲不平等的措施，即立法機關亦不得對人民制定不平等的法律。但人類由於天賦資質之不同，其所造成的成果之差異，乃是不可避免的事實。凡事有關於人類基於其天賦資質而發生的體力、知識、職業之事實上差異者，法律應以事實上差異爲前提，使人人各得其宜。孔子說：『義者宜也』，管子說：『義者謂各得其宜也。』所以平等只是相對的，而須合於正義觀念。倘若不顧人類的天賦資質，使孱弱的人服兵役，使愚昧的人任公職，壓低天資高的，令其與天資低的，受平等的敎育，這不是平等，反而是不平等的強制。」

這段話可以說是「平等」的眞義。 國父孫中山先生說：「聰明才力愈大者，當盡其能力而服千萬人之務，造千萬人之福。聰明才力略小者，當盡其能力以服十百人之務，造十百人之福。所謂巧者拙之奴，就是這個道理。至於全無聰明才力者，亦當盡一己之能力，以服一人之務，以造一人之福。照這樣做去，雖天生人之聰明才力有不平等，而人之服務道德心發達，必可使之成爲平等了，這就是平等之精義。」

國父的話和薩先生的話完全是相通的。

事實上，照宇宙運行的軌迹來看，不平等也是辦不到的。韓愈在「送孟東野序」一文中，早已說得很清楚了，他說：

「大凡物不得其平則鳴。草木之無聲，風撓之鳴。水之無聲，風蕩之鳴；其躍也，或激之；其趨也，或梗之；其沸也，或炙之。金石之無聲，或擊之鳴。人之於言也亦然，有不得已而後言；其歌也有思，其哭也有懷。凡出乎口而爲聲者，其皆有弗平者乎？……」

甚至草、木、水、金、石都要求一個「平」，不平則鳴，那就更不論人要務求其「平」了，如果不平，是沒法讓他不「鳴」的。范仲俺說：「寧鳴而死，不默而生。」人世而有不平，自然是不可以的了。

人類在近代以前，一直處於昏睡狀態之中，糊裏糊塗地過着他那混混噩噩，自以爲是的生活，所以一切的不自由和不平等，都不曾受到過眞正的重視，也就積非成是，習以爲常了，但是到了近代以後，許多大的思想家出來了，把這些在人類歷史上從未受到人們注意的問題挑出來了，加以渲染，於是正反各面，各有主張，而壯濶的波瀾呈現了，許多人葬身在這汪洋大海之中，也有不少人泅泳到了另一個新的世界，而且建立了新的價值系統，建立了新的理論王國，這便是現代的來臨，到了現代，自由和平等這兩個問題終於被肯定了，人類似乎已共同同意自由和平等是人類理性要求之所在。不論所謂自由者，所謂平等者，其各人所賦予的內含是否相同，至少沒有人敢予否定它們。

第二節　世界潮流之所趨

在第一章中，我們一再提到現代和現代化的問題。在今天，我們可以很肯定地說，人類早已脫離了古代的生活，也擺脫了近代的羈絆，人類當然地是生活在現代之中，不但生活在現代之中，而且也正一步一步地邁向於來代之中。對於已經飄逝得十分遙遠的古代來說，我們固然尚存有着幾分依戀，但畢竟是大江東去了，它永遠也不會再回頭來照顧我們。對於剛才踏過的近代來說，固然仍可清晰地看到我們祖先曾經留下的足跡，但畢竟不是我們自己所曾遺留下來的，它固然還在隱隱約約地影響着我們，但總不是那樣神聖而嚴重。只有現代，它是我們正存在着的一個領域，不管它是好是壞，我們似乎絕對受着它的支配，因此，我們也就不能不特別正視着它。甚至來代也是如此，因爲我們的脚步正向着它的領域踏進。

這裏面牽涉了一個相當莊嚴的問題，那便是就今日言，就明日言，或者說，就現代言，就來代言，人類究將走到那裏去？換言之，世界的潮流之趨勢究將如何？作爲一個現代人，我們是沒法不關心的，是沒法不好好地去思索一番的。

從前述第二、第三、第四等三章的敍述來看，擺在我們人類目前的路不可謂不多，但究竟走那一條路才是？並不是說任誰都可隨意作個決定。

不錯，在前面所指出的這些路途中，我們也曾經詳細評量比較過它們的優劣得失。但這種評量似乎仍嫌不够，因爲就現象來看，除掉幾個缺點極爲明顯的主義或思想路線已爲時代所淘汰而成爲明日黃花，毋須考慮外，其他的主義或思想路線仍然極多，某些主義或思想路線，當我們讚揚它時，可能它也受到與我們所予讚揚同樣多的抨擊，當我們抨擊它時，可能它也受到與我們所予抨擊同樣多的讚揚。究竟誰是誰非，誰對誰錯，不是投票所能決定，因爲眞理與非眞理往往不是投票所能決定的，不用投票決定，又用什麼方法去決定，依賴聖哲嗎？更不可能，因爲誰是聖哲？無人知曉，所謂聖哲，如蘇格拉底，如孔子，在今日我們固然稱之爲聖哲，在他們當時，他們却算不得什麼。蘇格拉底終於被處死了，而孔子週遊列國，也無任何人眞正賞識他，他還必須要去拍南子的馬屁，走南子的路線，甚至即使如此委曲求全，還是得不到人們的重視。他只有回到魯國來辦一所私立學校，從事教育的事業，人家還要譏笑他，說他「栖栖皇皇，不可終日。」眞是可悲。就人類的歷史來觀察，蘇格拉底和孔子尙出不了頭，尙要在幾千年後才爲人類所認識，也未免太晚了一些吧！在今日，在現代，所謂聖哲，那就更是難找了，何況你一定要堅持某人是聖哲，你就必然會被批評抨擊爲一個盲從附和的無知者和白癡。

但是，何者爲是，何者爲非，也並非絕對漫無標準。我們在本章第一節所敍述的自由和平等的理論應該可以作爲一個衡量的尺度和標準。因爲這個尺度與標準，是人類理性之所要求者。就此而言，則對於現代吾人應遵行之途徑，似乎並不太難尋出。

民族的自決是必需的，其建立其自我的民族國家也是正當的，民族與民族的相處應該是和諧的，戰爭應該是要予以避免的。每個民族不但有其生存的權利，也各有其生活的方式，一民族不可壓迫另一民族，一民族也不可將它自己的文化強迫推銷給別的民族。從長遠的觀點來看，民族與民族之間似乎應有更融洽的關係，而民族國家也絕非人類團體中的最高境界，到了來代，民族國家的地位應如同現代國家中的宗族省區一樣，來代何日來臨，應該不會太久，正如我們用耳朶貼在鐵軌上去聽，當我們聽到了火車車輪壓動軌道的聲音的時候，我們雖然尙無法用目力去看到列車的影子，但是我們相信，它之來臨，只是幾分鐘或幾秒鐘以後的事。

政治問題也快要得到答案了，專制政治和極權政治是必然不能够存在和久長的，因爲它違反人性，它錯估了人的價值，它甚至將人類視作機器和牛馬。其實人除開是「人」之外，他什麼都不是的。就目前的趨勢來看，無論那種模式的政治制度都沒有否定人就是人，也沒有任何一種模式的政治制度不自承是民主的政治，雖然，有的是心口如一，有的是暗藏禍胎，有的是使人失望，有的是使人深受蠱惑，但人民的眼睛畢竟是雪亮的，莫說一千句謊話，便會變成眞理，其實眞理就是眞理，又豈是謊話多說幾遍便能變得了的？人民要求的是眞實的民主，是眞實民主政治下的自由、平等和博愛。古語說：「眞金不怕火」，所謂民主政治，究竟爲眞爲假，遲早是要爲人們所洞察的。當鬼魅現形的時候，也正是它窮途末路之日。

至於民生問題或社會問題，則答案似乎更近了。現代的人們也愈來愈覺醒，他們需要的是社會上更多的照顧，一切都具體得很，他們的食、衣、住、行、育、樂各種問題是否都能應有盡有？是否都能無所匱乏？他們的生、老、病、死，他們的喜、怒、哀、樂，與社會是否密切相關？社會又採取何種對待的態度？是漠不關心呢？是空口白話呢？還是支票張張兌現，人民希望要什麼，社會與國家便能够給什麼？漠不關心固然不可以，空口白話同樣不可以，甚至遠期支票也不可以。筍子放久了會變成卦的。人民，現代的人民較之古代的人民聰明多了，他的算盤也更精了，他要求大幅度的改善他們的生活，他已不在乎那些涓埃小惠了，對來代來說 他們更嚮往一個大同世界的出現。否則，他們便會失望，便會受不了的。

第三節 三民主義之價值

倒不是賣瓜者說瓜甜的態度，瓜甜就是瓜甜，不甜的瓜，雖說也不甜的。

就人類的現代生活而言，就人類來代的方向而言，我們不能不承認 國父孫中山先生所首創的三民主義在諸多主義和思想路線中，有其獨特的優異和値得謳歌讚頌之處。假如我們今天要在現代中生活下去，而且還希望多采多姿的話，我們是非走這一條道路不可，假如我們甚至還希望能在來代中有所幸福生活的話，我們也非走這一條道路不可。

這條道路確實與其他的道路不盡相同。其他的道路都有它的毛病，就民族問題來說，西方的思想家並沒有能提出妥善的方案來，他們的方案看起來，也有不錯的，但却是「頭痛醫頭，脚痛醫脚」，談民族問題的解決，就祇是解決民族問題，殊不知只是解決一個民族問題，却永遠解決不了這個民族問題，因爲今天人類的疾病不祇是僅有如此一個。不但如此，相反地，却爲了解決這個問題，又生出其他的枝節，並進而惡化了這個問題，海斯說，西方的民族主義與帝國主義其實便是一刀兩刃，其實便是一顆銅錢的兩面，其缺點是可得而想像的。

就政治問題來說，西方的思想家的意見可謂紛歧之至，英美國家有英美國家的模式，大陸（德法）

國家有大陸國家的模式，雖然在本質上同爲民主，但觀念上和制度上，畢竟有了差異。孰是孰非，何去何從，也着實難爲斟酌。兩種模式固均有其優點，也均有其缺點，雖然它仍在成長過程之中，遲早有一天，它會變得更完美，但要等到那一天，則誰也沒有把握，更誰也沒有信心。至於極權主義，不提也罷，眞個是合了我們中國一句古話：「滿口的仁義道德，滿肚的男盜女娼」。它們是好話說盡，壞事做盡，甚至還有更等而下之的，那便是像史太林、毛澤東之流者，自承下流，自承無恥，自承殘暴，而且還毫不臉紅，毫不心跳，毫不在乎。那還事小，現在的問題是，西方的民主主義與極權主義已處在積不相容的狀態中，極權主義者口口聲聲要埋葬西方的民主主義，而西方的民主主義却仍在醉生夢死，希圖與它的敵人「化敵爲友」，「和平共存」，眞個是死到臨頭，尚不知省悟。至於說，來代將如何進入，更無人仔細地從事思量過。

就社會問題或民生問題而言，西方現代的主義或思想路線中，已有民主的資本主義、民主的社會主義和共產主義三大勢力的衝突。嚴格說來，這三種主義中，民主的社會主義最有其可供歌頌的價値，民主的資本主義次之，而共產主義則百無一是。但話又說回來，民主的社會主義也並非毫無缺點，前面已經說過，就英國而言，其經濟成長便大有問題，這毋寧是它的美中不足，也是可悲的一點。至於共產主義，固然是百無一是，但它控制全球三分之一以上的人口，同時在另外三分之二人口的世界中，也造成了一種政治秘思（Political Myth），在它控制下的人們固然想逃，但却逃不出來，在他控制以外的人們，却仍有不少的對它產生某種程度的「崇拜」和「迷惑」，甚至還妄想它可能爲人類帶來幸福，甚至還有許多人在不由自己地爲它作義務宣傳，崇拜着它的成就。殊不知它一旦眞的來到時，它所送給人們的，並不是一付珍珠項鍊，而却是一付脚鐐和一雙手銬，再加上一根繫在鼻孔裏的繩子。

唯獨三民主義的路不同，它是合民族主義、民權主義和民生主義而爲一的一個主義。這個主義不但尊重人性，而且合乎天理。它不是將個別的問題作個別的解決，而是將所有的問題作全盤的解決，用國父的話來說，便是要將民族革命、政治革命和社會革命「畢其功於一役」。

從前面三章的敍述中，我們將三民主義與其他的各種主義作了深刻——相當深刻的比較研究，我們雖不敢肯定　國父的三民主義是最完美的，但至少到目前爲止，是沒有任何一種主義可以與它相頡頏的。

三民主義自有其完整的理論體系，事實上，它可以說是一種新型的世界文化。其詳可參閱本書附錄的個人所寫的「中山先生與中國現代化」一文。

第四節　我人應有之努力

就整個人類來說，其前途究竟是光明，抑或是黯淡，誰人也不能作一個肯定的斷語。就目前的情形來看，人類的前途可謂步步都是危機，險惡萬分。思想愈複雜，出路愈艱難，在人類歷史上，不是沒有過野蠻征服文明的例子，日耳曼之推倒羅馬帝國，蒙古人之征服中國，横掃歐亞兩洲，斑斑在目，誰人不知？誰能忘懷？這歷史在現代會重演嗎？不是絕對沒有可能。既然可能，我們是否需要事先作個準備呢？總不能坐以待斃吧！人類實在是覺醒的時候了！難道人類眞個要將倒車開回黑暗的中世紀去嗎？爲何不想一想歷史上那一段悽慘的日子？

人類究竟會走向何處去？人類能否繼續生活在現代的社會中，確然是一個問題。類似這種問題，似乎不是我們的能力所克作答，但我們要提出來，希望世界上的賢達之士能够特加注意。

至於作爲一個我們這樣子的中國人，我個人深深地覺得仍舊有着無可推卸的責任。其所以如此者，實基於以下的幾項原因：

一、我們是曾經與西方的民族主義和帝國主義打過不少交道的人，我們也曾是國際主義的一份子，參加過國聯，甚至是聯合國的創始會員國，只是我們今天又被迫退出來了罷了。我們曾身受這一切主義和思想的毒害，當這一切還繼續着的時候，我們無法不站出來作證。

二、我們也曾經學習西方的民主主義，而現在國內也仍有無可數計的盲目地崇信西方民主主義的「買辦階級」，我們大多數的學生也仍然沉迷在這種思想學說之中。他們不知道制度不能移植的道理，他們以爲只要把西方那株民主的樹挖了搬過來就行，他們從不考慮我們國家的政治氣候和政治土壤和政治風水。於是我們受害匪淺，今天世界上仍有不少國家在獨立自由之後，也隨着我們這種足跡前進，是危險的，我們曾因此而失去了大陸的錦繡河山，我們不能讓別的國家也走這個傾覆的路，我們必須出來爲大家作證。

三、我們曾與極權主義的共產主義作殊死的鬥爭，不錯，到目前爲止，我們仍未獲勝，但我們有了寶貴的經驗，所謂「春江水暖鴨先知」，我們是從泛濫的赤流中泅泳上來的，我們深深地明白它們的鬼魅伎倆，它們騙得了別人，却騙不了我們，我們實在是有責任站出來爲大家作證。

四、我們也曾與自認爲科學的社會主義的共產主義交手，而且有五十年以上的歷史，我們親眼看見它滿嘴的甜言蜜語，也親眼看到它爲了土地改革，爲了消滅資本家，爲了清除知識份子，而屠戮我們的同胞三千萬至六千萬之衆，在這被屠戮的人口中，包括作者的父親母親和二叔二嬸。對於共產主義的邪惡，我們怎能不站出來為世人作證。

五、嚴格地說，就社會問題與民生問題的解決而言，我們對於民主的資本主義以及民主的社會主義並無太多的惡感，相反地，我們承認它們的成就，美國、日本和北歐國家在社會安全、經濟發展上，任誰也沒法子否定它們的成就，這也是一項鐵的事實，我們當然不會附和馬克斯及其信徒的說法，把它們貶損得一文不值。我們必須堅持公道的原則，我們絕對不作「應聲蟲」，我們甚至還要頌揚它們幾句。

六、我們尚有絕對的信心，那便是我們　國父孫中山先生所獨創的三民主義。這個主義確乎是有以異於其他主義之處的，它和平、它中正，尤其對落後地區或開發中國家而言，那是更有其卓越絕倫的價值。

它在民族主義上，是如此的坦蕩無私，它從不僅以解決中國問題為唯一目標。

它在民權主義上，是如此的公平正直，它所保證的是全民的參政和獨立的國家及有為的政府。

它在民生主義上，是如此的設計週全，它要努力達成均而且富的目標，人人有飯吃，人人有衣穿，人人有幸福快樂而康寧的生活。

從某一方面來看，三民主義似乎只是一個救我們國家的主義，其實不然，它是可以救世界的。它的最後境界並不是我們民族的解放，國家的獨立，人民的自由，幸福的生活，而是世界大同的實現。

當年美國的詹森總統（Lyndon Baines Johnson），在他當參議員的時候，他曾經如此說：

「我是一個美國人，我是一個參議員，我是一個民主黨員，我做人的程序就是據此而來的。」

我看他這段話實在是太「小家子氣」，他的最高境界只是一個「美國人」，他不是一個「世界公民」，比起我們　國父的胸襟器度來，他差得太遠了，難怪他後來雖然當了美國總統，却不足以擔當世界盟主的重任，因爲在他的心目中，有的祇是美國的國家利益，却從不考慮其他國家，甚至全人類共同幸福的問題。關於這件事，你說可悲嗎？我說，其可悲莫過於此。今日世界的問題就出在這種「小家子氣」上，很少人以天下興亡爲己任，而僅是斤斤計較於其自己族國的利益。

七、這些是是非非，功功過過，事實上，我們不必多所談論，更毋需爲它而作冗長又無益的辯論，現在重要的問題是，如何發揚我們的三民主義的問題，如何在我國建立三民主義信仰的問題，我們不能口是之而心非之，祇喊口號，而無行動，或者祇是半信半疑，而並無堅定不移的信念，甚至我們要更進一步地認眞策劃如何將它推廣到世界其他各地去，我們不能讓這救世救人的思想束之高閣，形成浪費。

八、最後我甚至建議每一位讀者能將本書再從頭仔細地評閱一遍，希望你能找到你所認爲的在今日應走之路，我相信你將會與我有着相同的結論，那便是三民主義將是我們今日唯一可行之路，即使在未來的時代裏，他也仍將有他的永恒價值。

九、近年來的學者，無論是西方的，抑或是我國的，對於「未來學」的研究，均大有興趣，他們在研求一條新的道路，讓人類能從現代邁向未來，他們認爲「未來」是一種「國際的無政府(International anarcby)」狀態，這個意見與我們　國父孫中山先生所追求的世界大同的境界，可說是無所差異的。中外的學者必須在今日才想到這些，也未免太晚了一點，而　國父之爲一先知先覺者，應是不爭之論。然則中外的學者又爲何不對中山先生的三民主義從事一比較認眞的研究？

十、討論人類現代的處境及人類未來的出路，的確是一個莊嚴而神聖的課題，我們希望大家能摒棄成見和偏見，不再抱殘守缺，不再敝帚自珍，不再自以爲是。我們是爲此眞誠地希望，人類的智慧能充分地加以發揮，我們渴於需要一個爲大家所一致接受的結論。

附錄

一、中山先生與中國的現代化

一、現代化的意義

自從一九四五年第二次世界大戰結束以來，迄今雖只不過三十餘年的光景，但整個世界所產生的變化，却似乎遠超過了人類數千年文明歷史所曾有的經驗。

具體的現象是：

許多被奴役、被忽略的人羣都建立了他們自己的民族國家。甚至這個人羣，在民族的發展過程中，尙停留在部族或宗族的階段，但是他們却採取了「躍進」的方式而加速成長爲一個國族，並建立了一個獨立自主的國家(State)，卽使它的人口很少，武力薄弱，它也不虞其他強大族國的侵略。

許多國家都採用了民主的政治制度，其人民的尊嚴、價值以及自由、權利都受到前所未有的重視；人民不但是國家的主權者，也是政府的製造者。人民甚至扮演着積極的角色，凡事都直接且自動參與。

許多國家在內部的施政目標上，也都特別注重到人民福利的創造和滿足。所以生產方法不斷變遷，務求生產增加，因此也就必然地要走向工業化。分配的方法也不斷改進，像所得稅、遺產稅採用累進稅率征收，像有獨佔利潤事業之專屬國家經營，像壟斷之取締、剝削之禁止，不勞而獲之防止均是。甚至更採用社會立法的手段，以保障每一個人的生存權利。

這樣的現象，爲社會學家和政治學者所注意和重視。他們便稱此一現象爲「現代化」，又因爲此一現象事實上是或多或少受着西方文化直接或間接衝擊所引起形成的，所以一般人又習稱之爲「西化運動」。這也便是今日我國社會常有此種說法和觀念的由來。

其實，「現代化」只不過是每一社會的必然流向。就人類的歷史而言，有往代、現代、來代之別，人類由往代通到現代，再由現代通到來代，是必然的流向。而這種歷史段落的分列，也未必便果眞恰當，甚至且不免造成意識上的困難。以「往代」而言，史學家便常再細分爲古代和近代，而古代又可再細分爲太古、遠古、上古、中古、近古；同樣地，就「現代」而言，吾人固亦每將二十世紀稱爲現代，然則十九世紀便非現代了，而二十世紀又包括一百年之久，若二十世紀七十年代爲現代，則六十年代、五十年代、四十年代、三十年代便非現代了，甚至到了八十年代、九十年代，即今之七十年代，亦非現代了。

就人而言，每一個人都曾有過許多的「昨天」、「今天」和「明天」，一如歷史有「往代」、「現代」和「來代」一樣。「往者已矣」，「來者可追」，所以昨天和明天，往代和來代，都非絕對重要，重要的是「今天」，是「現代」，因爲它不僅銜接過去和未來，而尤其重要的是，它是如此眞實的存在。因此，人不能生活在昨天裏，也不能生活在明天裏，人類社會不能停留在往代裏，也不能超越到來代裏。否則，不是落伍，便是虛無。

更進一步說，一個人之由「昨日的我」，變化而爲「今日的我」，再變化而爲「明日的我」，一個社會之由「往代社會」，進化而爲「現代社會」，再進化而爲「來代社會」，這個演變，固然有着若干外在的影響，但內在的因素畢竟仍居決定性地位。換言之，若是外來影響過於強烈，雖是此一個體亦能因而產生快速的成長變遷，但終難免於個體中若干部份的失調和不平衡；所以成長變遷一定要力求其自然和諧。而每一個社會的步向於現代化，也各有其不同的軌跡——這在研究政治發展的學者，如韓廷頓(Samuel P. Huntington)與雷格斯(Fred W. Riggs)等，固均早經承認和肯定。

至於「現代化」是否便等於「西化」呢。兩者是不必然相等的。就英美而言，現代化便是西化，就我國而言，現代化便不全是西化。因爲就我國的現代化而言，並不是全盤西化便能解決一切問題的。我們固然承認，西方文化有其偉大的成就，甚至已隱約可見地將成爲一種「世界文化」，但至少在目前是仍有所瑕疵的，我國的現代化若是盲目地以西方文化爲模做對象，其結局之可悲將是可以預期的；所以，我們的路仍應妥愼選擇決定爲是。

在此，要特別強調，所謂現代的「西方文化」，事實上，至少也是歷經了數百年自然成長的結果，它是無盡血汗凝成的文明，它是一點一滴地累積起來，却並非任何個人能力所創造，它固有其歷史的淵源，也有其社會的背景。就西方民族而言，固然恰是符合其現代之所需要，對其他民族來說，其實用性如何，便不可一概而論了。我們中國人特別瞭解「橘逾淮爲枳」的道理，西方政治學者也常強調制度不可移植的說法，這雖不是鐵律，但多少值得我們注意。

二、中國現代化過程的回顧與檢討

中國原本是一個老大的帝國，幅員廣大，人口衆多，歷史悠久，文化昌明；在幾千年的成長過程中，雖也偶或遭遇許多困難，但最後總是迎刄而解；正如一根幾丈高的綿竹，它的身子雖是一節又一節的聯結而成，它的身上雖有許多明顯的節痕，但它却發育得很正常，也很自然，那一節與一節之間，更是天衣無縫的結合着，它充滿了生氣，不斷地向上生長着。

但是到了近代，它的生命遭遇了前所未有的難題。一八四〇年，發生了中英鴉片戰爭，雄踞「天下之中」的「天朝上國」竟不敵一個侷處海外的「蠻夷之邦」。自此以後，不幸的事件竟接踵而來，對外戰爭固一再失敗，對外交涉也毫無成就，喪權辱國的條約，一件又一件地束縛着它，使它不斷地往下沉淪，終於不但不再是一個強國，而且不再是一個主權完整的國家，甚至還是一個爲列強所共治的「次殖民地」，最後且終難逃瓜分豆剖的命運。

其何以致此？當時人士的看法，雖說各有不同，但認定其生活之過於老大，缺乏時代精神，以及與世隔絕，昧於國際社會的現勢，應屬最主要的原因，則意見大體一致。換言之，中國到了近代後之所以日趨沒落，主要是它的生活並未進入近代，而尚停留在古代之中。

如何自救？當時人士的意見，紛歧雜混！曾國藩、左宗棠、李鴻章、胡林翼、張之洞以及恭親王、文祥等倡導「自強運動」，他們認爲近代社會的文化便是「船堅礮利」；因此，在這一方面也就特別戮力進行。於是乎在武器製造方面，江南製造局和天津製造局成立了，在軍事敎育方面，設立了武備學堂，也派遣了軍官出國留學，在交通建設方面，設立了造船廠、電報局、鐵道和招商局，在國防經濟方面，開採了煤礦、金礦等礦產，甚至也注意到輕工業的重要而有所建設，如廣東繅絲局的設立，便是其例。這個運動經過了三十餘年的努力，至一八九四年的中日甲午戰爭，面臨了考驗，證明這一運動是失敗了。

「自強運動」既然失敗，國人勢不得不改絃更張；於是有溫和派的康有爲、梁啓超等的維新運動和立憲運動，激烈派的中山先生和黃興等的革命運動。這兩個運動雖所採的手段大不相同，但其目的之在求中國能適存於當時的國際社會則一。在這兩個運動初起之時，由於手段各異之故，康、梁似乎占了上風，中山先生和黃興則頗處於劣勢。康、梁所着重的是從政治、經濟、社會、教育各方面從事改革，以求中國能從古代的生活中脫胎換骨，從新做人，其步調是緩慢的，其方法是和平的。嚴格說來，實不失爲一帖拯救中國的有效良藥。但它也終歸失敗了。所謂「百日維新」，其命何短？而立憲一事，也一直只是一句永不兌現的謊言。中國的命運不但毫無變好的跡象，相反地，却更延誤了治療的時機。

我們今天檢討一下自強運動、維新運動和立憲運動，所以失敗的緣由，我們發現這緣由竟是簡單之至！曾國藩、李鴻章之輩固然是淺見已極，未能深切體察到中國之病，而只是「頭痛醫頭，脚痛醫脚」；即康有爲、梁啓超之流亦殊幼稚孤陋，他們只是希望將中國帶進十九世紀末季的「近代」，而並無將中國送往二十世紀的「現代」的打算，當然，也就更不談將中國送往二十一世紀的「來代」的安排；他們甚至於忽略了中國社會步向「現代化」所牽連的一些相關因素，他們甚至未能覺察到傳統的中國君主專制所無法擺脫的政治循環。

中國的問題是整個的政治系統必須改革，政治架構必須重建，已不復是「補苴罅漏」的問題。當然，這也就是　中山先生和黃興所領導的革命運動終於由極艱困，而漸開朗，而大成功的原因。

中山先生所領導的革命運動成功了，他使得中國有了一個新的面目。就整個事態的發展來看，我們幾乎不能說這一運動乃是　中山先生所領導的革命黨所克獨奏膚功的，我們簡直無法不說這是國人歷經挫折後所作的痛苦抉擇。在十九世紀中葉以來，西方浪潮所加諸中國的衝擊，已使得中國不復能够立足，旣要立足，便非澈底地洗心革面不可；流血革命終於成爲了無可避免的一條路。

三、中國現代化的藍圖

中山先生的革命運動，對中國命運的轉變而言，它不但是一個天翻地覆的大破壞，也是一個繼往開來的大建設。它不但使中國擺脫了幾千年之久的古代生活，更使中國有進入現代化的可能，也使中國有進一步向「來代」踏進的機會。

就中國的現代化而言，中山先生可以說是整個民族中最具貢獻的人物。他甚至貫通今古、揉合中西，而創造了一種新的文化模式；而這一文化模式更不僅爲現代社會所實用，也爲「來代」社會所必需。這便是他那三民主義的主張。

中山先生三民主義的主張，就我們每一個中國人而言，不但是耳熟能詳，而且是深明底蘊。它所代表的理想，至少有如下的三個新方向。

甲、獨立自主的民族國家

中山先生一直認爲，就民族與國家的結合關係而言，一民族一國家乃是最好的一種狀態，所以他堅持一個國家應由一個民族建立的理論；若是一個國家之中有多個民族的存在，則各民族便當平等相維，絕不可有奴役壓迫的事發生。在人口數量上，多數民族與少數民族或難避免，在法律地位上，在政治參與上，則應無分軒輊，一律平等。中山先生在辛亥革命以前，曾以「驅除韃虜」爲政治號召，其主要的原因便在滿族所遂行的是不平等的統治，國內各民族實處在不平等的狀態之中。到了革命成功以後，他也並未眞的將滿族加以驅逐，更未加以迫害虐待，相反地，却給予平等和自由，甚至還給予適當的扶持，務使人能自立。可見他對每一民族，都不抱歧視態度。中山先生一生非常服膺美國的林肯總統，對於林肯的名言，均能背誦，他當然相信在一個國家之內，一半自由，一半奴役，是不能永存的道理。中山先生之認爲國內各民族應一律平等，可說是他一貫的主張。

當然，中山先生更希望國內各民族能融合而爲一個民族，因爲這樣才更合乎他一民族一國家的理想。他對於中國的歷史熟諳極了，他暸然於中國歷史上各次民族大融合的經過，更暸然於中國民族成長發展的過程，他深信如能假以時日，則漢、滿、蒙、回、藏諸民族終將成爲歷史名詞，而「中華民族」也終將自然形成，中山先生對於這一歷史趨勢懷有信心，深具把握。

就對外關係來說，中山先生主張廢除不平等條約，聯合世界上以平等待我之民族，共同奮鬥。換言之，中華民族必須自求解放，中華民國必須是一個獨立自由的主權國家。對其他的民族國家而言，中山先生不但不主張中國具有野心，成爲一個黷武的侵略者或和平的破壞者，相反地，更主張中國應成爲國際秩序的維持者，甚至對國際社會負起「濟弱扶傾」的責任。

嚴格地說，中山先生的構想是，不僅要求中國民族的解放，中國國家的獨立，更希望能建立一種新的世界秩序。在國際社會中，中山先生希望沒有戰爭，沒有敵對，也沒有奴役；有的是和平、繁榮和進步。這也就是禮運大同篇上所嚮往的世界大同。

乙、自由平等的民主政治

中山先生對於我國古代以來的君主專制政治懷有極深的厭惡；他認爲這種制度不但是政治腐敗的原因，而且更造成人民的不自由、社會的不進步，甚至更造成永遠無法避免的政治循環，造成一次又一次的爲爭皇帝而起的戰爭與災難。所以他主張中國應該實行民主政治——他稱之爲「民權主義」。

他的民權主義與西方所流行的民主政治，在本質上雖然相同，但是在方法上有差異。一方面他反對在君主立憲的情形下來實行民主政治，因爲他不認爲在人皆平等的原則下，有人可以獨踞皇帝的席位，他認爲皇帝應該由全體人民共同來做，所以他贊成國體應行共和。另一方面，他認爲西方的民主政治不够徹底，同時也還有一些缺點，所以他的民權主義在實質上有一些改進。他認爲全民政治、直接民權和權能區分是必需的，不如此，便不足以達成主權在民之實的民主政治理想。

關於第一點，　中山先生之所以如此堅持，對於像中國這樣一個民族而言，無異是釜底抽薪，徹底地解決幾千年來一個循環不已的大問題，中國自此獲得進入新境界的機會。關於第二點，　中山先生也讓中國得以跳過西方國家所曾經歷的近代痛苦，而直接由古代生活進入到現代生活之中。

這實在稱得上是一項偉大的創見。何況尤有甚於此者，那便是西方民主政治所一直感到棘手而無法有效解決的「自由」和「平等」的問題，　中山先生也有了新的建樹。

西方的民主政治是建築在個人主義之上的，所以自由常被濫用和假借。自由被濫用和假借的結果，社會安全有被破壞之虞，人類歷史更有開倒車回去的可能。至於其所造成的反動，對於人類前途所形成的威脅，也就更是嚴重。關於這點，絕非作者危言聳聽，我們但看二十世紀以來西方社會所面臨的重重危機，便確信此言之不誣。

中山先生的民權主義理論便有所異於是，　它是建築在個人主義與團體主義雙重基礎之上的。換言之，固然也承認自由的重要性，但却絕不容許放縱，他把個人自由的範圍，交給社會效用去加以決定。個人固然有各種的自由，但却沒有反社會的自由。這樣，社會既是一個民主的社會，則社會斷不致無端妨害個人的自由，個人自由既不得有反社會的行爲，則社會的安全自然可保無虞。無疑地，這是一種饒有價值的意見。

關於平等的問題，西方民主政治也面臨了嚴重的困難。作者的意思是說，西方人認爲「人類生而平等」，並努力追求此一境界的實現；但事實上，在西方的社會裏，平等却是一個一直未能眞正達成的問題。何以致此？主要的原因當在他們未能認淸此一問題的本質，只在手段上去設法的緣故。至於 中山先生，他固然也相信人一生下來，其權利便是平等的，但他更相信在人世上有許多其他的問題在阻撓着平等的實現，這些問題不是西方民主政治所認爲的法律所能解決的，它之獲得解決，必須借助於道德的觀念，因此，他提出服務的人生觀和「平等的精義」兩個意見。這種意見雖然格調略爲高了一些，但却並非是不可期的。我們相信，人類若是果眞走向這個途徑，則眞平等之達成，將是極爲輕易的。

丙、和平安樂的福利社會

中山先生對於我國數千年來社會的病痛也有極爲深刻的認識。他認爲中國最大的病是貧窮，他說中國人只有大貧與小貧的區分。爲什麼貧窮？他認爲土地分配不均、生產方法落後、交通不够發達、資源未能利用，都是重要的原因。這眞是一針見血的說法；自古以來，很少有人曾經持有此種看法，一般人都說中國是如何的富饒，惟獨 中山先生說中國貧窮。貧窮使中國落後，使中國停留在古代社會中。中國要進入現代社會，便非富足不克呈功，這是自明的道理。

中山先生特就此而提出了他民生主義的主張，他的目標是要使中國有一個均富的社會，不但富，而且均。富是一個追求的目標，均也是追求的一個目標。在求富的過程中，同時求均，此所以避免富足後所可能產生的不均的弊病。

他所提出的方案也極爲切實。包括：

①工業化（包括農業、手工業等之使用機器生產。

②土地改革（包括都市平均地權與農村耕者有其田。）
③控制資本（包括節制私人資本與發達國家資本。）
④發展交通與教育。
⑤開發富源（包括各種礦產的開採。）
⑥建立社會安全制度。

這些方案可以說攝取了西方社會主義思想的精華，甚至更集合了各家思想之所長。大家都知道，英國新古典學派學者凱恩斯的就業理論，幾乎一直要到二十世紀三十年代才在美國出頭露臉，但是 中山先生在一八九四年的上李鴻章書中，就已有了這種看法。所謂「人盡其才，地盡其利，物盡其用，貨暢其流」，簡言之，豈不便是一切資源都當充分就業一句話所得而概括？——這只不過「俯拾便是」中的一個例子，由此也可略見 中山先生在社會、經濟思想方面，造詣之深及其逈異常人的天賦。

中山先生的民生主義思想是極有價值的，他不僅促使中國的社會經濟步向現代化，而更重要的還是他所提倡的平易改革的精神。在這樣的構想下，中國的社會和經濟可以不必經過激烈的手段而達到安和樂利的目標。中國會有很快速的成長，而在成長過程中所可能產生的一切弊病，在經過細心的安排和事先的預防後，也將歸於零，或者歸於最少。

這種構想若是與西方國家步向現代化的經驗相較，那就顯得有計劃多了。西方國家都經歷了資本主義痛苦折磨的階段，然後才漸漸地蛻變而為民主的社會主義或民主的資本主義國家，再進而演進成為一個福利國家。而 中山先生的民生主義，則將中國由一個古老的封建社會或農業社會直接帶入到福利國家，更無需經歷任何大小的痛苦。

四、中山先生思想的三大特質

嚴格說來，中山先生爲中國現代化所提供的藍圖，還不僅是前述三民主義文化模式中所顯示的原理原則而已，更重要的，應該還是涵蘊在此一模式中的三大重要特質。

關於這一重要精神，我們可以從三方面來加以認識：

甲、以「仁愛」為心理依歸

中山先生一生特別注重「仁愛」二字，他一生的所作所爲，也總是基於一份愛心。吳稚暉先生說：「先生的全人格，以仁愛爲基本，一切表現無不爲仁愛。有過人之智，而其智惟用於知仁，有過人之勇，而其勇惟用於行仁。」當達爾文的進化論正甚囂塵上，人人都說競爭是進化的原則的時候，中山先生提出了互助的理論；當馬克斯的階級鬥爭說叫得震天價響的時候，中山先生提出了社會利益相調和的說法。在他的心目中，每一個人都是可愛的，所謂仇恨，所謂鬥爭，應當力求避免，既不必鼓吹，更不必說是軌跡或定律。

這種「仁愛」的心理狀態可說與我國固有文化密切相關。我們中國人一向主張「四海之內，皆兄弟也」，「民吾同胞，物吾與也」。所謂「老老」、「幼幼」，所謂「惻隱之心，人皆有之」。中山先生將這種思想可說作了充分的發揮。

在三民主義的文化模式中，「仁愛」可以說是一項重要的特質。此一特質有促使人類關係和諧與平衡的作用。

乙、以「民生」為哲學基礎

中山先生相信「民生」是歷史進化的動力。所謂民生，根據　中山先生的解釋：「民生就是人民的生活；社會的生存、國民的生計、羣衆的生命便是。」簡而言之，民生就是人民的生活；仔細點說，民生包括了生存、生計和生命三方面。　蔣總統闡釋說：「生存重保障，生計重發展，生命重繁衍」，是進一步的衍論。

戴季陶先生研究　中山先生的思想，認爲　中山先生的「全部著作可總名之曰民生哲學」，　蔣總統也說：「　總理主義的思想系統，是以民生爲指歸。」我人研究　中山先生的思想，也有相同的結論。中山先生的三民主義，表面上分而爲民族、民權、民生三個主義，究其實，可說只是一個民生主義。民族主義所追求的獨立自主的民族國家，民權主義所追求的自由平等的民主政治，可說都不是終極的目的，而只是中途的手段，這些手段之成爲重要，只因爲它是達到和平安樂的福利社會之所必需。天地之大德曰生；若是民生而遭到忽視，則任何的政治都是沒有意義的。若是民命而有如草菅，則無論任何形式的政治也都是暴政。

重視「民生」，是三民主義文化模式的又一特質。此一特質更指出了人類發展的方向，更確定了人的價值。

丙、以「倫理、民主、科學」爲三民主義之本質

蔣總統說：「所謂三民主義的本質，究竟是什麼？簡單地說，就是倫理、民主與科學。」他又繼續加以闡釋說：「倫理、民主和科學，與三民主義究竟有着那樣關係，是不是倫理就等於民族，民主就等於民權，科學就等於民生呢？講到這一點，我得首先說明的，就是這裏所指的倫理、民主和科學，並不是替代三民主義各個的名詞，而是說倫理、民主和科學，是三民主義的精神所在，也是達到三民主義必

經的途徑，換言之，這就是三民主義的本質，而且是實行三民主義時，決不能脫離的三個範疇，否則三民主義就會變質，甚至會失之毫厘，謬以千里了。」

我們可以肯定：倫理、民主、科學可以視爲三民主義的本質，亦深得　中山先生思想的精髓。許多研究　中山先生思想的學者，往往只注意到三民主義與民主和科學的關係，認爲它是民主的和科學的，却忽略了它同時也是倫理的；許多人也都閱讀過　蔣總統「三民主義的本質」那篇文章，但也多是囫圇吞棗，很少認眞思索其中道理的，眞是一大憾事。

殊不知　中山先生所倡導的三民主義文化模式，固然重視民主和科學，而尤其重視倫理；甚至倫理還更是民主和科學的基礎。在此，我們勢不能不引證　蔣總統在民國五十七年十二月二十五日，主持行憲紀念大會上致詞中的一段話，他說：「我們的民主憲政，雖參考西方現代政治的制度和觀念，另一方面却仍是根據我國固有的民爲邦本的民本思想之延續與發皇。而中國傳統的民主意識，更是和中國文化中另一基本特質，卽倫理精神，相互緊密的結合在一起的。這也就是說，中國文化中所追求的民主理想，乃是『導之以德，齊之以禮』的民主，所以說：『天生蒸民，有物有則，民之秉彝，好是懿德。』又說：『政之所興，在順民心，政之所廢，在逆民心。』這都是表現中國的民主進展，一定要在倫理政治的範疇之中，才能得到眞實的發揮。並且從這裏才眞正顯示出個人人格的尊嚴，和人民個性的發展，同時也才能在民主的基礎上，導引人民講信修睦和國家長治久安的目標之實現。」

蔣總統在同一講詞中，另外還有一段話，也必須在此加以引述。他說：「今天先進民主國家，已經產生了他民主制度很多的病態，比如民主而逾越了倫理與紀綱的準則，自由而脫離了道德與責任的規範，於是在意識上，是全般否定，在生活上，是極度散漫；在政治上，乃形成了一種強烈的假民主和反社會的傾向！因爲我們　國父早見及此，爲防止民主流弊，和民生不均，所以創造了倫理、民主與科學的三民主義。……大家現在就不僅要一心一德的推進三民主義的憲政，而且也正在爲創立更理想更健全的五權憲法而努力，那就是一種能够和倫理原則緊密結合，溶成一片的民主憲政。在這方面，我們要迎頭趕上時代，並爲全世界提供一項完美無缺的憲政的典範。而從這一點上來看，也就啓發了我們中國的現代化，仍是有他自己的根基來源，和自己的發展道路，絕不是把別的國家的制度文物，整個地隨意移植過來的。特別當此現代世界文化已顯示出若干病象之時，我們更有責任把屬自己文化中精華的一面，發揮出來，知本求本，而加以調整補救。……」

三民主義之以倫理爲其本質之一，可以說是三民主義文化模式的又一特質，它旣因此而有以異於西方的現代文化，也合理地、適當地修正了西方現代文化的缺點。讀了　蔣總統這兩段講詞，我們對於三民主義的文化模式不但有了更深入的體認，也有了更強烈的信心。

五、中國新型文化模式的建立

儘管有人說，世上沒有一成不變的眞理，但我們仍要堅持，人類的步伐是永遠向前踏進着的；無論許多人認爲古代是何等的美好，是何等的令他們留戀，人類的步伐還是要進入現代，並繼續邁入「來代」的。因此，就我們中國而言，中國之必須現代化，乃是一項不爭的事實，也是一個必然的趨向。但是，如何現代化？如何在現代化的過程中，有着更輕鬆的感受？如何在現代化了以後，有更美好的生活？却是值得討論的問題。

中山先生對這一連串的問題，都提供了他的答案。其答案的特色是，旣保存了中國固有文化的神髓，也吸收了西方現代文化的精華。談到他對文化的基本態度，他所注重的是「實用性」，他認爲一個文化的好壞，要看它的實用性如何而定。他對於一切文化也無偏見；他認爲中國的固有文化應該加以發揚，但他却並非毫無取捨；他認爲西方文化有許多地方值得我們學習，但並非沒有瑕疵。他對於不同的文化，都有精到的認識，尤其是中國固有文化和西方現代文化，更有深入的研究，那就遠非一般淺見之士，僅見一鱗半爪的常識而隨便提出主張者可比。

中山先生對於中國固有文化，認爲其最有價值的一部份，毋寧還是倫理道德和政治哲學，他稱這種文化爲王道文化，它是人類道德重整和世界和平的基礎。認爲其最有缺陷的一部份，則是沒有科學的方法和精神。　中山先生對於西方現代文化，認爲其最大的成就，毋寧還是科學，但它過於追求物質，乃不免成爲一種霸道文化，於是侵略性也就特別的強，那是它的缺點。　中山先生認爲中國文化中固然也有民主的氣質，但畢竟一直缺乏西方文化中民主的制度。　中山先生認爲中國固有文化雖然和平中正，但未免落於消極保守，西方現代文化雖然積極進取，但又未免迷失不穩　中國固有文化若是爲古代社會的人類所享用，則必優遊自得，但在現代生活中，則人類既然是分秒必爭，那就難免困難良多。西方現代文化固爲人類現代生活的產品，但若不加以修正，則人類勢必走上火併的最後道路。換言之，人類必須不斷的成長，不成長或衰退固然不可，高速度的成長也同樣的不可，在某種狀況下，「零成長」是有必要的。這理論在近年來已逐漸爲更多的學者所體認和提倡。

因此，　中山先生特自創了一套文化模式，他的文化模式是將中國固有文化中的優點與西方現代文化中的優點加以揉合而成。也就是發揚中國的固有道德和固有知識，並採用西方的科學方法和科學精神冶爲一爐的結果。這是一種中西合璧的新型文化，這種文化的特色在於既能有所和平中正的態度，又有所積極進取的精神，而在積極進取之餘，又不致迷失其應有的方向。

中山先生所自創的這種新型文化，可以說有兩種文化之所長，却無兩種文化之所短。就中國民族的現代化而言，具有莫大的價值。因爲它仍保留了中國固有文化的根本，只是稍微有了一些修正，而這種修正又極爲自然，與其說是修正，不如說是成長。中國若是採用此種文化模式，則其由古代而直接進入現代，將無任何痛苦之可言，因爲這根本便不是一種劇變。

六、結論

作爲一個中國人，中山先生可以說提供了他分內應有的貢獻，他是無所愧怍的。他所畫出的中國現代化的藍圖，好比凌晨的旭日，衝破了黑暗，發出了光芒，爲大地帶來了無窮的希望。可惜的是，多數人尚沉迷不醒，未能深入地認識它的價值，更未能眞正地重視它的存在。

中國迄今尚在摸索之中！有的人還在吶喊着全面復古，有的人還在高呼着全盤西化。雖然也有人在聲嘶力竭地呼喚着「實行三民主義」，但，眞的有幾人能認識它？有幾人曾重視它？

——原載仙人掌雜誌第七期

附錄：

二、超凡入聖

——爲紀念　國父一百十一年誕辰而作

一八六六年十一月十二日，也就是前清同治五年十月初六日，一個名喚孫德明的嬰兒誕生了，與一般嬰兒無異，饑時啼而寒時號。他誕生的時候，既毫無異象，而他這一個人，也毫無異禀，他是一個天生的凡人。到後來，他更名孫文，別號逸仙，世稱中山先生。在他的有生之年裏，他成就了一番偉大的事業，也樹立了一個偉大的典型，他將千千萬萬的中國人民從溝壑深淵中救起，再給他們創造一條新生之路，他也將更多的世人從迷夢中喚醒，告訴他們以一個新的時代已經來臨。在他走完了他的生命旅程之後，他不但贏得了中華民國　國父的尊稱，也贏得了包括每一個中國人在內的世界人士的尊敬，他被共許爲一位偉大的人物，他被稱頌爲一位不世出的聖人。

他是怎樣由一個凡人變成而爲一個聖人的？

當然，由於他有着淵博的學問！

他的學問從何而來？因爲手不釋卷，愛書成癖；更因爲他不僅讀了萬卷書，也行了萬里路。他的興趣廣泛，所以涉獵極多，他的觀察入微，所以每多心得，學問固不一定要從書本中來，凡事用心，則點點滴滴，皆成學問。

蔣總統曾於「如何紀念　國父」一講演中，告訴我們說：「首先我們要效法的是　國父好學不倦的精神。我們知道　國父的學問是異乎尋常的淵博而精深的。可是　國父一生只要一日不看書，即皇皇如有所失。」

吳稚暉先生著「總理行誼」一書，其中有着如下一段敍述：「我又記得總理在一九〇八年（據傅啓學先生的考證，應爲一九〇九年）……經過英倫，要往美國，有位老同志湖北的曹亞伯先生，他揣度總理的旅費不充足，就集了四十鎊錢，送到他的寓裏。……對於曹先生的四十鎊，總理因爲他是誠心獻納的，當然聽憑他放着而去。總理凡遇見各國說到中國的書，又凡遇最新講到各種主義的書，是借錢也要買的。第二天總理就拿四十鎊買了一大堆的書。曹先生見了，大爲吃驚。他告訴我，看他付房錢恐怕也付不出去了，爲什麼買這許多的書？我笑道，你管他做什麼呢？他帶有箱子四五隻，都是書；還有一部局刻的資治通鑑，他兒子在舊金山留學，要帶給他的。他不厭舟車的笨重，却帶些書；這種好習慣，我們拿淺薄的見解，代他顧慮，是不對的。」這段文字，十分值得我們一讀。

國父一生到過的地方很多，除開他的祖國（當然也是我們的祖國）外，他曾到過日本　東南亞、美洲、歐洲和中東。日本是亞洲的強國，歐洲是現代化的搖籃，美洲有第一個民主共和的國家。他曾仔細地考察各國政治的短長，經濟的結構，社會的問題，對於一切現象的成因、發展和趨向，也都曾認眞地加以探索、研究與尋求。

舉例來說，他觀察西方民主政治，便極有心得，不但對於其細微末節，均瞭若指掌，便是批評它的缺乏效率和不够民主，也是一針見血，慧眼獨具，絕非一般僅從事學術研究的學者所克提出，足可見他體會之深。

凡事都能「體會」，是十分重要的，一般人對外界的事物，常是視而不見，聽而不聞，總不肯隨時加以注意，更不肯多用心思，所以他的學問僅是以書本爲範圍，其貧乏便勢所難免。

「學問爲濟世之本」， 國父之所以能成爲一位不世出的聖人，與他那淵博的學問，當然是有關係的。但是學問是唯一的原因嗎？不是！

他不但能不斷地自外界攝取學問，以務求其淵博，使更能不斷地運用思維，以從事獨立的思想和判斷。

我們甚至必須承認 國父是一位偉大的思想家。雖然他自己固嘗如是說「余之謀中國革命，其所持之主義，有因襲吾國固有之思想者，有規撫歐洲之學說事蹟者，有余所獨見創獲者。」似乎他所倡導的三民主義，以因襲與規撫者居多，其實不然，他的創見實佔絕大部份。

他的民族主義似乎與我國古代的民族思想密切相關。便是他自己也這樣說：「余之民族主義，特就先民所遺留者，發揮而光大之，且改良其缺點。」其實， 國父民族主義的境界實遠超過我國先民所曾遺留的。換言之， 國父所從事的「發揮」「光大」和「改良」是太多而又太多了，卒致使人有面目全非之感，這便是由於多所獨創之故。

他的民權主義和民生主義也似乎與西方近代的民主政治和社會主義有着密切的關係，譬如他說：「以民主國之制，不可不取資歐美。」事實上，他的民權主義與西方近代的民主政治有着許多不同，在精神上，在方法上，民權主義均對民主政治有所重要的修正。譬如說，西方近代民主政治過於強調個人價值，過於強調分權制衡，而政權也並未對全部的人民開放，人民無能力眞正有效地控制政府， 國父的民權主義便顯然有所不同，一方面強調個人與團體關係的平衡，又主張分工合作的政府，同時更鼓吹全民政治和直接民權的理論。是可見兩者雖然相關，却並不相同。他的民生主義與西方近代的社會主義，一樣地也是相關而不相同，民生主義攝取了西方近代社會主義思想的精華，而其糟粕則一概予以棄置。

國父甚至將西方近代自從工業革命以來所發生的問題重新加以肯定，西方人說，這個問題是社會問題，因此，他們提出了社會主義來加以解救；國父說，這個問題在表象上來看，固然是社會問題，但究其本質，則是民生問題，因此，他所提出的方案是民生主義。西方近代的社會主義學者大多嚴厲批評私有財產制度，甚至主張採用暴力革命的手段，有些則認爲應該取消政府，有些則強調勞動是唯一的價值來源；國父的民生主義，便大異於是，他主張承認私有財產制，却又反對私有財產可以大量累積集中，他主張溫和改革，他主張不但要保留政府，而且要政府萬能，他主張社會價值說。他對於馬克斯的「科學的社會主義」予以無情的抨擊，他對於安那其主義及烏托邦主義不屑一顧。他對於國家社會主義則頗有好評。

他對於中國一些流行的社會觀念也獨持異議。名學者錢玄同便指出了不少的例證，他說：

「國民要大清皇帝或眞命天子坐在金鑾殿上，孫先生偏要排滿，而且要廢除皇帝。國民要爬在青天大老爺的公案下，褪下褲子，等着打屁股，孫先生偏要叫人民去管理政事。國民以富人享福而窮人受罪爲天經地義，孫先生偏要來主張平均地權，節制資本。」

我們現在愈來愈證明，他的主張是對的，他的獨見是有價值的。他的思想雖與古今中外的思想學說和典章制度有關，但却從未爲它們所囿所困，他的思維總是在獨立的運作之中。他是如此地漸漸從平凡中超脫了出來。

若問，他既能擁有淵博的學問，又能從事獨立的思維，他便當然是一位聖人嗎？仍然不是！然則何以致之？尙有待於其實踐躬行。

國父逝世後，東京朝日新聞撰文推崇他是「一位學者，一位思想家，同時也是一位實行家。」胡適之先生也有相同的看法，他說：

「中山先生是一個實行家。凡是眞實行家，都有遠見的計劃，分開進行的程序，然後一步一步的做去，沒有計劃的政客，混了一天算一天，嘴裏說，專尙實際，不務空談，其實算不得實行家，只可說是胡混。中山先生一生所受的最大寃枉，就是人都說他是理想家，不是實行家。其實沒有理想計劃的人，決不能做眞正的實行家。」

這段話說得非常中肯，也極有見地。

國父之被一般人批評爲一個「理想家」，實有侮辱誣蔑的意思，其實，這也難怪，在　國父那個時代，中國太落後了，社會太壅閉了，　國父的思想境界太高，步履章法也太怪，不是當時人所能領受得了，也不是當時人所察覺得出來的。我想他一定感到十分寂寞，總是有：「前不見古人，後不見來者，念天地之悠悠，獨愴然而涙下。」的感觸。　國父逝世之日，其好友美國的林百克先生曾有這樣的一段話來悼念他，他說：

「孫中山者，世界之大師傅也，人間之活上帝也，奮鬥成功之苦公僕也，未嘗悲觀之冒險家也，不自大，不報惡之道德家也，站在時代前面而缺乏隨從之超人也，生受嫉惡而死受崇拜之大英雄也。」

這話聽來，令人傷心落淚。古代有孟子其人，奔走列國，遊說諸侯，宣揚仁義之道，却換來一陣被稱爲「好辯」的評隲，其實有誰知道「予豈好辯哉？勢不得已也。」這話的辛酸性。

不是我非議我們中國人，我們中國人有個最大的毛病，那便是大多數的人都頭腦不清，總以爲「說」與「做」是兩回子事，說的人一定不做，做的人一定不說，所謂「咬人的狗不叫，抓老鼠的貓也是不叫的。」叫的狗是不咬人的，叫的貓是不抓耗子的。這可能是一個統計數字，但他就沒有想到凡事總有例外的。

像 國父，豈非一個例外？他一生總在勇敢地面對着萬千困難，而堅毅不懈地在奮鬥之中。他何嘗有一日休閒過？他何嘗有一日偷懶過？他不但力行不懈，他更痛恨那些畏難不行的人。他甚至手著了「孫文學說」一書，以闡明知難行易的道理，他以他的革命事業爲例，他確信有志竟成的道理。

從 國父一生的事業來看，他也確乎是一個劍及履及，一步一個脚印的人，他固然說了不少的話，却也做了更多的事。他不但做了許多的事，而且每件都是偉大的事，如推翻滿清，創立民國，如著書立說，啓導世人。

本是一個凡人，而却終於成爲一個聖人，他是可以無憾的。更何況他還爲我們證明了：「人皆可爲堯舜」這句話的正確性。我們是不是也會因而興起：「彼何人也，予何人也，有爲者亦若是」的念頭？我們不妨想上一想。

——原載國立政治大學國父思想研究社出版「中國人」第七期，其中內容，略有補充。

附錄：

三、 蔣總統的憲政思想

一、前言

無論就我國家民族而言，抑或就世界人類而言，　蔣總統之被認定為一位偉大的人物，都是絲毫不必懷疑的事。他不但是一位反共的先知，更是一位反共的先鋒，他曾一再地以其卓識和經驗，懇切地告訴世人共產主義的邪惡性，他曾獨立無援地與共產黨徒從事了數十年的艱苦奮鬥而未嘗退縮。

他為何反共？唯一的原因是：他反對極權獨裁的政治。或者說：他太愛憲政民主。因此，他一生奮鬥的目標，便是如何使他的國家有所民主的政治，使他的同胞得過憲政的生活，並得免極權獨裁之暴政的凌虐。他不但具有遠見，也具有熱誠和決心。他的這一份情操甚至且擴而大之，以至及於整個的人類。

他對於憲政民主，為何產生如此狂熱之情？自是極為值得我人之研究探索。

自另一方面而言，　蔣總統亦曾受到來自各方面的誹謗，在國內，他曾被許多反對派的人士指責為中國現代化，或者民主化，或者進步的障礙，在國外，他亦曾被許多反對他的人士指責為獨裁者。像羅隆基、黃炎培、史廸威之流者，實頗不乏人。當然，歷史在逐漸地將一切予以澄清和證明，他們所強加諸　蔣總統身上的瑕疵和陰影已慢慢地消失和淡去，他們自己已被證實為自私和無知之甚。但我人又何如從其思想之研究以更積極地、更迅速地獲得此中眞象？

此卽本文以「　蔣總統的憲政思想」爲題而擬加研究並介紹於國人之原因。

二、憲政民主與極權獨裁之判

現代政治學者對於政府的體制（form of government），大多採用兩分法來加以區別：一種是爲民主政治（Democracy），另一種是爲獨裁政治（Dictatorship）。民主政治的本質是民意政治、法治政治和責任政治。所謂民意政治，是說政府機關的一切活動，都必須以人民的意思爲準據，也就是說人民對於國家的一切活動有權參與；換言之，民主政治是民有、民治、民享的政治，不但着重在民有和民享，甚至還特別着重民治。所謂法治政治，是說政府機關的一切活動，都必須依據法律之規定。法律既由人民之代表所制定，而法律之上更有由人民直接制定或間接制定的憲法，雖然政府機關亦可頒佈行政命令，但命令不能違法，法律又不能違憲，所以這種國家看起來是由法律在治理，而其實則仍是憲法在治理；行政機關不足以爲非，立法機關亦不足以爲非，這是可以保證的。所謂責任政治，是說政府機關在行使職權之時，對其是非得失，均須負責的意思。換言之，政府機關的一切行爲，都有一個或數個機關來加以監督，這些機關在執行態度上，明察秋毫之末，在執行方法上，亦是除惡務盡。

獨裁政治與民主政治恰好相反，所以它的本質是反民意政治的，反法治政治的，反責任政治的。在獨裁政治之下，一般人民並非國家機關，也無法經由國家機關，參與國家的政治；獨裁國家也有法律，甚至也有憲法，但憲法和法律只拘束人民，却不能拘束獨裁者，誠如司米特（S. Schmitt）之所言：「他們沒有確定的權力。他們權力的範圍與內容，常由獨裁者自己決定。法治政治所謂權限，固不存在於獨裁國家。」（註一）事實上，他們無異於君主專制國家中的君主。獨裁國家當然更無所謂責任，議會只是聊備一格，有時甚至根本剷除，獨裁者對之當然無須負責，而人民甚至不能對政府行爲有任何不滿的批評，所以對政府也就當然不敢追問其責任。

民主政治的基礎是人民的擁戴和贊同，獨裁政治的基礎則是武力和恐怖。

民主政治，我們又稱之爲「憲政民主」，其特徵在實施憲政。獨裁政治，我們又稱之爲「獨裁極權」，又稱之爲「極權政治」，其特徵在極權。更具體一點說，民主政治一定是實施憲政的，而極權獨裁的政治則絕對不實施憲政。什麼叫做實施憲政呢？答案簡單得很，除了有一部爲全體人民所共同同意的憲法外，還必須要有一個共同遵守奉行的政治環境；所謂憲法，其權威是至高無上的，對平民是如此，對政府領袖和一切官吏，也是如此。不管它是成文的，或者不成文的，它都有如一部契約，全國人民——無分富貴貧賤——均是其簽訂者或當事人，大家既從它那兒取得了權利的保障，也在它那兒許下了義務的承諾。人們固然因它而得到了許多方便，（註二）却也因它而增添了許多約束。

孟德斯鳩說：「人性有權必濫。」（註三）雖非一項鐵律，但却大抵不差。憲政民主的政治制度發明了憲法這個法寶，就正如觀世音菩薩發明「緊箍兒」那玩意兒一樣偉大，偉大的齊天大聖一旦戴上了「緊箍兒」，便變成了唐僧的徒弟孫悟空，政府的官吏一旦有了「憲法」的約束，也就變成了人民的公僕。就孟德斯鳩所說的人性而言，無疑是一項有效的尅制。美國立國之初，傑佛遜(Thomas Jefferson)就心民主政治會變質而爲多數暴君的統治，（註四）現在證明他是杞人之憂，這就因爲美國是實施憲政之故。

嚴格地說，憲政和民主實有不可分離的關係，它們乃是一體的兩面；換言之，唯憲政始能確保民主，要民主便當實施憲政。這就難怪憲政和獨裁極權是如此的格格不入；而獨裁極權和民主政治是如此的冰炭不容了。

在此，我人要特加強調的是，兩種政治制度對於人民生活方式所造成的不同待遇。在憲政民主之下，人民不但有充分的自由（Liberties）和權利（Rights），而且還受到政府的尊重和保護，因此，每一個人都當然地是一個「人」，他之爲一個獨立自主的「人」，是無可懷疑的。相反地，在獨裁極權之下，人民喪失了一切，他有時被獨裁者視作機械或牲畜，所謂「人權（Human rights）」，是被剝奪得一乾二淨的，他除了勞動或被役使之外，更無任何價值。

人類唾棄獨裁極權的政治制度，人類爲憲政民主而奮鬥犧牲，是有絕對正確的理由的。同樣地，　蔣總統畢生之獻身於民主和憲政，也是殊堪我人崇敬景仰的。

三、「民主是一種生活」

蔣總統對於憲政民主的基本認識是十分透闢深入的。他在民國四十六年十二月二十五日主持行憲十週年紀念大會時曾致詞說：

「民主憲政不僅是一種制度，同時是一種生活。所以我們要確立民主的基礎，開拓憲政的前途，必須努力培養民主的生活意識與生活規範。這是一個頗爲複雜的問題，但亦可提出幾個重點來說：

一、爲羣己關係

一般人以爲民主的生活只重個人，不重國家與團體，這是一個非常嚴重的誤解。事實上，民主的生活，一方面重小己，另一方面重大羣。民主國家的人民並非一盤散沙，乃是生活在確定的組織之中，行動於確定的軌道之上。

羣的生活，需要明分盡己，互助合作，尤其要以國家之利害爲利害，以國家之榮辱爲榮辱。羣的生活，需要容忍調和，約束自我，尊重他人，服從公意，愛護全體。羣的生活，需要公義之心，明辨公是公非與大利大害，而見義勇爲。

二、爲人我界限

民主生活是平等的，故人人必須視人如己，以己度人，尊重他人的權利，一如伸張自我的權利；尊重他人的人格，一如維護自我的人格；尊重他人的意見，一如主張自我的意見。

自律乃民主生活的基本條件，故應做到「己所不欲，勿施於人」。事事約束自我，顧及他人；處處約束自我，顧及他人；時時約束自我，顧及他人；決不可只知有我，不知有人。否則，必然遭到大衆的干涉或鄙棄了。

三、爲權利與義務或權利與責任的對等關係

權利與義務或權利與責任，實際上都是一件事的兩方面，其關係是對等的，在民主生活中，個人享有權利，同時亦負有伴隨而來之義務；個人行使權利，同時亦負有伴隨而來之責任。而且權利有多少，義務便有多少，權利有多大，責任便有多大。

因爲權利與義務或權利與責任是對等的，所以個人應該主張正當的權利，同時必須履行相等的義務；個人應該行使正當的權利，同時必須承擔相當的責任。決不可只享權利，不盡義務；只爭權利，不負責任。

這不只是社會的法律、制度問題，同時也是個人的人格、道德與責任觀念問題。

四、爲自由與秩序

民主生活不僅是一種自由的生活，同時是一種秩序的生活，自由與秩序是永不分離的。民主生活所需要的，既不是混亂的絕對自由，也不是極權的強制秩序，乃是合理的自由與合理的秩序。絕對自由實際上是絕無自由，強制秩序實際上是極權恐怖。所以自由與秩序，必須永遠聯合工作，始可造成進步與幸福。」

研究政治的學者常說：「民主政治不僅是一種政治制度（a form of government），而尤其是一種生活方式（a way of life）。」　蔣總統這番話的意思便是如此。而其極具深遠價值，尤爲有識者所共許。

一般人都公認英美二國在憲政民主方面的成就爲舉世無匹。韓廷頓(Samuel P. Huntington)與雷格斯(Fred W. Riggs)等講「政治發展（Political Development）」理論，便是以英美政治楷模作爲衡量的繩準；換言之，與英美政治成就差距愈大者，則爲愈落後的國家。英美二國被稱許爲現代化的國家，應是不無原因的。其原因的所在，說來十分簡單，主要的乃是因爲它們有了長久的成長的（growth）歷史。所謂憲政民主，在英美二國而言，早已不復是一種政治制度，早已成爲了一種生活方式。其人民的一言一行，一舉一動，都是如此自然地在軌迹之中，毫不牽強，毫不虛矯，故其表現乃能優美無比。而事實上，所謂憲政民主，甚至更是產生在其生活之中，它並非政治制度的設計，而只是生活方式的累積。此言誠非浮誇，英國憲法乃是不成文憲法，其憲法的重要部份，固包括諸重要的歷史章典及巴力門所通過的諸重要規條，但更重要的，毋寧還是歷有年所的習俗慣例（Custom or usage）與憲政常規

(Constitutional convention)。美國亦然，其憲法雖號稱成文憲法，而其實則不成文性尤強，其憲法本文七條及修補案二十六條，在其全部憲政體系中，亦已愈來愈失去其應有之重要性；就其制憲以來之歷史觀察，其成長的軌迹，與英國更無絲毫的差異。這一事實，爲所有研究憲法的學者一致公認，毋待贅述。

當　蔣總統說：「民主憲政不僅是一種制度，同時是一種生活」，我人可以想見他對於憲政民主理論涵蘊之深。當　蔣總統說：「我們要確立民主的基礎，開拓憲政的前途，必須努力培養民主的生活意識與生活規範」，並特別提出要認清羣己關係，人我界限，要明辨權利與義務或權利與責任的對等關係，要識得自由與秩序的因緣之際，我人可以想見他的思想是如何的精密細緻，他的態度是如何的誠懇認眞。

四、良好憲法的條件

當然，　蔣總統亦並不輕忽一部完美憲法的重要性。他也確信，民主憲政如想獲得理想的成功，一部良好的憲法實在是不可缺少的。

一部良好的憲法，應該如何去設計？　蔣總統也有他獨到的看法。他認爲政治理想與現實環境必須兼顧，他既反對過於看重理想，也反對過於遷就現實。以我國的立憲爲例，他曾經有過如下的一段宏論。（註五）

「我們知道憲法是國家的根本大法，不是普通的法規所可比擬，憲法是全國共循的法典，一方面必須有遠大的理想，一方面又必須顧及國家現實的情況。我們的理想，就是　國父遺留的三民主義和五權憲法，我們國家的現實，就是國家社會自抗戰以來經過長期的演變和進步，惟有理想與現實兼顧的憲法，纔是適合國情而完善可行的憲法，纔是爲國家策長治久安，爲同胞謀眞正幸福，如果我們能專心一志，制定一部完善的憲法，奠立民主政治的始基，則全國各地方各階級各職業的民意，以及各政黨的意見，皆可循法定的軌轍而表達，今後一切問題，都可以依法訴諸全民的公意，以爲取法，而後我們國家才有眞正獨立的自由統一民主的基礎。」

這個見解，也是十分卓越的。一般研究憲法的學者對於德國威瑪（Weimar）憲法，一方面讚賞其理想，認爲它近乎完美，一方面惋惜其夭折，認爲它「紅顏」理當「薄命」。祇注重到理想的境界，却忽略了現實的環境，而卒致不能付諸實施，也就並無任何實質的意義。若是祇注意現實的環境，而毫無理想的境界，則不免於庸俗，社會也勢將停滯不前，至少將阻滯社會的進步。所以，二者兼顧實有其事實上的必要性。

盧梭說：「憲法鐫刻在人民的心版中。」人固然生活在現實的環境中，但却因具有理想而更富生趣。憲法規範人們的生活，也就不能不注意及此。否則斷不能獲得其人民的承認接受，並維持其長久的生命。

其次，蔣總統更認爲一部良好的憲法，甚至不是在社會中佔多數的人所能決定，他認爲少數人的意見也不容抹煞，因此，他主張各方面的意見如能妥協調和，那是最好不過。就我國現行憲法制定的過程來看，其中所經周折是够多的，國民黨以外人士的異議，國民黨以內人士的不滿，都足可使制憲事業功虧一簣，但是這最惡劣的狀況並未出現，憲法終於制定了出來。我人研究我國的憲政史，便不能不由衷地佩服 蔣總統那一份調和鼎鼐的功夫。田炯錦氏撰「 蔣總統對民主憲政與司法制度之貢獻」一

，其中曾敍述　蔣總統領導制訂我國憲法的經過說：（註六）

「當時政府，並非因遷就黨外人士的意見，而改變了　國父五權憲法的一個重要原則，乃因人民的政權，尚未培育成熟，倘使政府權力過份集中，勢必形成極權政治。對於顯明不合遺教之意見。仍與各友黨人士反覆商討，終獲一致意見。如國民大會爲有形而非無形的，立法機關對行政部門不能行使不信任權，省可有自治法但不能有省憲法等有關國家統一，政府穩定之重大問題；而對於憲政推行無甚妨害的主張，則儘量容納各方的意見。因爲苟不如此，憲法草案必將不爲黨外各方面人士所接受，縱使勉強以國民黨一黨出席國民大會的人士通過，則與一黨專政何異？又何必多此制憲一舉呢？在意見紛歧的制憲過程中，幸賴有　蔣公睿智而民主的領導，一方面召集黨員代表講話多次，告以當前國家情勢艱險，須要各方竭誠合作，以及應該通過憲法草案的理由。一方面對黨外的代表們說明政府擁護民主憲政的誠意，使其消除疑慮，代表們受其精神感召，並因已經瞭解對黨及政府關於憲法的決策，純爲國家長遠的利益着想，故制憲大業得以順利完成。」

林紀東教授著「中華民國憲法釋論」一書，特別強調憲法的妥協性；（註七）瑞典的民主政治極有成就，而其政治家，多被許爲調和的能手。（註八）要知獨斷和一意孤行乃是極權獨裁所特有的政治現象，就憲政民主而言，它是非調和、妥協、容忍、退讓不可的。胡適博士說：「容忍比自由更重要。」（註九）蔣總統可謂深明此中道理。

五、提高人口品質

蔣總統對於人口品質與憲政民主的關係，也有深刻的認識。他認爲人口品質的高低，與憲政民主的

成敗，有着密切的關係。他曾經說過這樣的一段話：（註十）

「我認爲憲法本身是否完美，是一個問題，而且行憲法的人，亦是一個問題。各位須知我今日所謂行憲的人，並不是指政府單方面而言；我對於行憲的意見，一方面政府固要負起行憲的責任和能力，而一方面，人民本身更要有行憲的責任和能力。」

這種意見可以說極高明而道精微。他不但深深地接受了　國父憲政思想的薰陶，（註十一）而且也透闢地體驗了西方民主國家實行憲政民主，其所以或則成績斐然，或則毫無績效的原因之所在。像如此意見，嚴格地說，若非於憲政民主的政治哲學有所極爲精湛深厚修養的學者，是無法提出來的。我人確知，憲政民主誠然是一種極爲完美的政治架構，但却也並非任何品質的人口所克享用的。它是一種進步的現代文化，如果該一社會而竟缺乏某種氣質和能力，那麼它也勢不配，更勢不能享用此一文化，否則畫虎不成反類犬，其所得到的害處是遠超過其所得到的利益的。

如何提高人口的品質，使其適合於實施憲政民主之需要？　蔣總統的意見與　國父之所抱持者相同。他也主張在實施憲政以前，必須先有訓政的階段。他說：（註十二）

「總理一生在政治上的奮鬥目的，是要實現三民主義而歸政於民，但是不經過訓練的人民，是決不能主政的。　總理生前勉勵我們的知識階級與革命同志，要作民衆的保姆，要以公僕的地位，實行師保的責任，這一個教訓，實在是建國成功必循之大道。」

他甚至主張增加國民教育的年限；事實上，他在國家經濟狀況最拮据的時候，毅然決然地實施了九年國民教育。他說：（註十三）

「九年制的國民教育，亦非徒爲教育時間的延長，就學機會的普及與均等，更重要的乃爲國民教育內容的充實與本質的改進。」

但是，他也並不迂腐、拘泥和固執，他並不堅持非訓政完成，絕對不實施憲政的觀念；他認爲憲政實施以後，訓政仍可繼續。他說：（註十四）

「我以爲訓政工作，不僅在訓政時期要積極進行，而憲政也不一定要在訓政完全結束之日纔開始，這是從　總理遺教的精神中間大家都能體會得出來。換言之，早日實施憲政，正是我們革命的目的，並不違反本黨的政策，同時也唯有眞正努力於訓練人民的工作，纔足以確實奠立我們憲法的基礎。所以我們一方面要求實施憲政，一方面要在憲法頒佈以後，繼續進行訓政未完的工作。」

「……

「所謂訓政，具體工作當然是實施地方自治，訓練人民行使四權。但是訓政的意義，却是要訓練人民使具備足以擔當國家政治的資格，而這個任務，在中國經濟文化事事落後的情形下，尤其是承幾千年專制腐敗政治之後，是一件艱難巨大而不是旦夕所能完成的工作。我以爲憲法儘管及早公佈，但大家不能忽視　總理設定訓政時期的一番苦心精意，一定要全國賢智之士，尤其是領導人民的分子，一致熱心積極，有公心誠意，使共負訓政的重任。將來雖在憲法頒佈以後，我們還是不能放棄訓政的工作，我認爲訓政並非一定要由中國國民黨來擔當，而是熱心國事的人士，共同應有的義務。」

「……

「我們今天要認定我們實施憲法是要爲國家立百年久遠的規模，問題不在憲法是不是實行得太早，而要問我們有沒有爲國家產生眞正憲政的誠意？如果大家都有這個誠意的話，我們儘不妨在訓政沒有完成以前，來頒行憲法，而同時仍可以貫徹訓政的精神，一方面訓練人民，提高他們對於國民責任和國家政治的認識；一方面訓練政府，來提高各級政府的效率。」

無疑地，這種理論不但深得　國父思想的精髓，而且尙具發揚光大之作用，是極有價値的。本來，訓政的目的在於提高人口的品質，但訓政時期究應多長？在何種狀況下，人口品質始堪謂業已提高？亦即人口品質的標準究竟如何？此實不易找得恰當的答案，於是「訓政」也者，就難免使人頻添疑慮之念。（註十五）現在　蔣總統的這一「訓政憲政並行不悖論」（請恕作者杜撰）之出現，可以說順利地解決了這一個問題。這就不但表示了他的智慧，也表示了他的胸襟，是如此的睿智高明，是如此的坦蕩磊落。」

六、「三民主義憲政」

蔣總統更具體地提出了「三民主義憲政」的理論，表面上似乎專爲我國的憲政民主指路，其實對人類的政治前途，亦具啓示作用。他認爲憲政民主務須表現民有、民治、民享的精神，符合自由、平等、博愛的理想，揭櫫倫理、民主、科學的眞諦，然後纔算臻於最完美，最健全之境。他說：（註十六）

「中華民國的民主憲政是三民主義的憲政。三民主義是民族、民權、民生三個主義的組合，表現民有、民治、民享的精神，符合自由、平等、博愛的理想，更重要的是揭櫫了倫理、民主、科學的眞諦。因此，只有三民主義的憲政，纔是最完美最健全的憲政。而在倫理、民主、科學三者之間，倫理尤爲其根本所繫。」

他又說：（註十七）

「我們的民主憲政，雖參考西方現代政治的制度和觀念，另一方面却仍是根據我國固有的民爲邦本的民本思想之延續與發皇。而中國傳統的民主意識，更是和中國文化中另一基本特質，即倫理精神，相互緊密的結合在一起的。這也就是說，中國文化中所追求的民主理想，乃是『導之以德，齊之以禮』的民主，所以說：『天生蒸民，有物有則，民之秉彝，好是懿德。』又說：『政之所興，在順民心，政之所廢，在逆民心。』這都是表現中國的民主進展，一定要在倫理政治的範疇之中，才能得到眞實的發揮。並且從這裏才眞正顯示出個人人格的尊嚴，和人民個性的發展，同時也才能在民主的基礎上，導引人民講信修睦和國家長治久安的目標之實現。」

「所以我們今天所實施的民主憲政，既是要依靠民本精神來發揚人性，保障人權，維護人道，和鞏固人倫；也就是要領導每一個人都能善盡其做人的責任，符合於做人的道理。人人不僅成爲民主憲政體制中受益的客體，而更是推動民主憲政、恪守民主憲政，發展民主憲政的主體。這樣才是健全的民主，足以防止和挽救一般民主制度所可能造成的偏差與流弊。」

他甚至進一步指出：(註十八)

「今天先進民主國家，已經產生了他民主制度很多的病態，比如民主而逾越了倫理與紀綱的準則，自由而脫離了道德與責任的規範，於是在意識上，是全般否定，在生活上是極度散漫；在政治上，乃形成了一種強烈的假民主和反社會的傾向！因爲我們　國父早見及此，爲防止民主流弊，和民生不均，所以創造了倫理、民主與科學的三民主義和五權憲法的新制度。

「大家現在就不僅要一心一德的推進三民主義的憲政，而且也正在爲創立更理想更健全的五權憲法而努力，那就是一種能够和倫理原則緊密結合，溶成一片的民主憲政。在這方面，我們要迎頭趕上時代，並爲全世界提供一項完美無缺的憲政的典範。而從這一點上來看，也就啓發了我們中國的現代化，仍是有他自己的根基來源　和自己的發展道路，絕不是把別的國家的制度文物，整個地隨意移植過來的。特別當此現代世界文化已顯示出若干病象之時，我們更有責任把屬自己文化中精華的一面，發揮出來，知本求本，而加以調整補充，這就是中華文化復興運動的世界性意義，也就是中華民國民主憲政，對世界人類自由的貢獻。」

這種理論有點與雷格斯敎授的意見相似。雷格斯強調社會體系可分爲社會、經濟、政治與行政四個抽象的部份，從政治發展的觀點看來，它們的關係實相互影響而不可分。（註十九）就我國的現代化，或就我國民主憲政的前途而言，我們當然不能僅注意政治一因素之重要性，而以模仿西方文化爲已足，我們勢必同時注意及我國社會結構及傳統文化所可能產生的正負兩方面的影響。更何況一如　蔣總統之所言，西方現代的政治文化已產生了弊病，那我們也就更沒有「自甘下流」的理由。

如果我們認眞的加以研究和思索，我們甚至會發現　蔣總統此一理論對於一切實行憲政民主的國家所具備之價值。就英美國家而言，將能造成「亡羊補牢」式的補救；就開發中國家及未開發國家而言，尤具「未雨綢繆」式的預防作用，它們將可免蹈英美之覆轍。換言之，縱使我人承認西方現代政治文化爲確有成就，但中國固有文化中的倫理觀念如能注入，則其臻於化境，更有可能。

七、對五權憲法之認識與忠誠

就憲法的類型而言，　蔣總統服膺　國父遺敎，不但絕對擁護　國父五權憲法的思想，而且對之也有極精深的研究與認識。他固嘗如此說：（註二十）

「我們要造成中華民國爲三民主義共和國，對於我們　國父孫先生的民權主義和五權憲法的精神，是絕對不可違反的。」

他又說：（註二十一）

「我們革命建國的奮鬥，是爲國爲民，是要實行三民主義五權憲法的民主政治，這是我們革命的最後目標，這一個最後目標，一天不能達成，就是我們國父的遺志一天沒有達到，亦就是我們對國家對人民對五十年來的革命先烈沒有盡到責任。」

這兩段話，充分表露了他對　國父五權憲法思想所抱持的忠誠態度。至於他對五權憲法的認識，他說：（註二十二）

「要知五權憲法對三權分立學說，雖亦有其淵源。但他獨特的精神，乃在於合作，而非制衡。在於互助，而非對立。」

他又說：（註二十三）

「五權憲法的精神，重在合作，而不在對立。此即所以濟三權憲法之窮；亦即所以發揚我政治設施的優良文化之傳統精神。所以我們的五權憲法，比任何一種政治形態，都能發揮其更進步、更有效的政治功能。」

觀此，我人可知他對於五權憲法的精義，也確乎知之甚深；而他之所以贊成五權憲法，也確乎並非全係基於感情因素，實尚有理性之作用，他是如此由衷地崇信。

但他爲何未能使它在中國付諸實施呢？我們且看他自己的說明。他說：（註二十四）

「自從政府公佈『五五憲草』以後，經過全國人民十年的研討，已經深入人心，『五五憲草』

是根據　國父的五權憲法而制定的，大家都知道，　國父所發明的五權憲法，是世界上最新的最進步的憲法，但是政府今天爲什麼要修正『五五憲草』，爲什麼政府今天提出的憲草，與　國父的五權憲法有不能完全符合之處？這一點本席今天必須加以解釋。

「……

「國父五權憲法的精義，在於權能分治，要使這個憲法的精義盡量發揮，必須具備兩個條件：第一必須行使政權的人民，具有掌握政權確保政權的能力和習慣；第二必須行使治權的政府，能够恪守治權的界限，不以治權來侵犯政權。如果行使治權的人，不能尊重政權而侵犯政權，同時行使政權的人，又沒有掌握政權的能力與習慣，則其結果必致完全違反　國父創制的精神。

「……

「五權憲法的中央制度，可說是一種總統制，行使政權的人民，如果沒有掌握政權的能力，對於政權不能有適當的控制，則總統權力過分集中，必致形成極權政治，這種政治不合於現在時代，而且有害於中國，有害於中華民族。各位代表諸君，信奉　國父遺敎，服膺五權憲法，決不願使國父的五權憲法，流爲極權政治，貽害於國家民族。所以我今天要請大家估量我們一般同胞行使政權的能力和習慣，審察國際環境和時代趨向，我們如果在今天就實行五權憲法，人民是否能掌握政權，而不受治權的侵犯呢？我可以說目前我國大多數的人民，還沒有這種能力和習慣，如果這樣毫無保障，就實行五權憲法，我個人認爲非常危險。

「……

「今天我代表國民政府提出憲草於大會，當然尊重大會的意見，同時我以人民代表的立場，爲保護政權發展民權着想，對於今天國民政府所提出的憲法草案，我是贊成的，擁護的，我認爲『五五憲草』在今天是不適用的。我今天將我十四年來對於憲法的體驗，貢獻於代表諸君，希望諸君爲國家民族深長考慮，奠定憲政實施良好的基礎。

「……

「總之，我們所要制定的憲法，必須切實可行，能使國家長治久安，建設工作得以邁進，而後民生樂利，民權自然可以一天天的發展而鞏固，到了這個時候，我相信我們　國父的五權憲法，一定能完全實現。」

這段話是他於民國三十五年十一月二十八日，以國民政府主席的身份，在制憲國民大會上的致詞。從這段話，我們可以看出，他並沒有背棄五權憲法；相反地，他對五權憲法之終將實現，仍然懷有信心。只是認爲在當時並非可行罷了。事實上，五權憲法之未能付諸實現，並非只此一項學理上的原因，一如本文第四節之所敍述，國民黨外人士的反對，實爲更重要的因素。國家既非一人或一黨派所有，任何個人或任何黨派也就無法獨斷獨行。　蔣總統之未能堅持，只因爲他希望民主憲政在中國能早日來臨，他是作了一項偉大的犧牲。

八、戰時憲政思想

我們現在再進一步研究　蔣總統對於戰時憲政之思想。　蔣總統對於得來不易的憲政民主——此固不獨以我國爲然，任何國家都是如此。——採極爲珍惜的態度，他甚至不願它因任何原因而有所破損。他可以說是一個堅強的憲政民主的支持者與呵護者。卽使國家進入了戰時，遭遇了緊急危難，他仍不願見它受到任何侵凌。這與馬克維尼（Machiavelli）的看法不同，與盧梭的看法也不同。

馬克維尼主張：「當國家已到生死關頭，則不復問公正或邪惡，惻隱或殘忍，值得頌揚或應受咒罵，吾人只有屏除一切顧慮而毅然採取種種能維持國家之安全與自由之有效途徑而斷然進行。」（註二十五）

盧梭主張：「法律的剛性往往不能適應於社會環境的需要，而致引起危機。在國家危急存亡之秋，更可使國家陷於破壞與萬刼不復之境。凡事太過拘泥形式者，縱令環境不許吾人躊躇，而吾人亦常浪費時日。世上固常發生立法者所不及想像之事，所以預先想像不能預想的事，實屬必要……遵從法律而竟成爲防止危險的障礙者，似可停止法律之施行。卽暫時停止主權者的活動，把最高權力委託於一人……這便是羅馬於兩人執政官之中，任命一人爲獨裁官的理由。」（註二十六）

是乃明顯地說明了，國家一旦而進入戰時，則憲政民主一變而爲憲政獨裁，亦在所不惜。此種理論誠有價值，但惜乎某種潛在危機或後遺影響之難以避免；是卽：此種暫時性或過渡性之憲政獨裁，有轉化而爲永久性或長期性的極權獨裁之可能。故此終非值得一試； 蔣總統便是反對作此嘗試的人，也具見他維護憲政民主的忠誠。

他甚至反對修改憲法上之一字一句，他要力維憲法的完整。他說：（註二十七）

「大家都知道，憲法是國家根本大法，是有其剛性和常性的，動員戡亂時期臨時條款，乃是適應國家的變故，有其特定性、權宜性的。我國此時用臨時條款來救憲法之窮，雖是屬於權宜之變，但從根本上說，乃正是要確保憲法的尊嚴性和完整性：我可以肯定的說，這次大會貫徹了不修改憲法的決策，不惟代表諸君將來對大陸選民所賦予的最高政權有一個正式的交代；而且得使政府今後這六年以內完成其反攻復國的任務時，仍能把這部中華民國全國人民所制訂的憲法帶回大陸，歸還選民，亦就是歸還他們民主憲政，和恢復他們自由生活的保障！」

他甚至認為「中華民國的一部近代史，原就是一部為自由、正義、民主、憲政而堅持不懈的奮鬥史——中華民國憲法，就是這一部奮鬥史的見證。」（註二十八） 因此，他堅持「國家既進入憲政時期，無論在何種危難狀態之中，總要遵循憲政的軌道前進。」（註二十九） 甚至更慷慨激昂的主張以生命來加以保護，他說：（註三十）

「代表諸君必能憬悟了今日大陸的淪陷，人民遭受了五千年來所未有的浩刼，使我們更加覺得這部民主憲法的可貴，我們可以說，沒有這部民主憲法，就無人民生命的保障，亦就無人民生活的自由。我們要生活得到自由，生命得到保障，就要以生命來保衞我們的憲法，以生命來保衞我們的民主！」

無可懷疑的，這是極富感情的詞句，我們也可看出，他對這部憲法關注愛護之深。他是不會做出任何傷害到憲法的行動來的。卽使為了戰爭的需要，國民大會對他擴大了統帥授權，他也仍是戒愼恐懼，時刻以憲法為念的。我們且看他所曾表示的態度。他說：（註三十一）

「我們反攻作戰、動員戡亂、總體性的行動，既是以恢復國家主權和人民自由為其標的，所以中正對『統率權』的態度，是『有所為』，而亦『有所不為』，這就是說：

「——凡有助於戡亂的行動，就是有助於憲政法治的維護！

「——凡有啓發新機活力，有裨於反攻復國革命戰爭者，則當毅然而為之。

「——凡有礙於人民生計、社會生存、及其有關基本民權自由者，則斷然不為！

「——光復地區，於清理戰場，建立政權，實施地方自治之後，亦卽恢復民主憲政之時！

「——戡亂一旦告終，卽當以授權案，歸還於我全國民意之所託的國民大會！」並無半點從事獨裁或濫用統率權的意思，這就更表現出了他之爲一憲政民主的政治家之風範。

甚至就政治現象觀察，自民國三十九年，　蔣總統復行視事，至民國六十四年，　蔣總統逝世，他在臺澎基地主持國政二十餘年中，雖然基於事實的需要，曾宣佈臺澎金馬爲戒嚴地區，但事實上，人身保護狀並未停止，普通法院亦照常執行職務，人民的各種自由權利更未因戒嚴之故而受到政府絲毫的侵損。其所以如此者，當亦與其憲政思想有着密切的關係。從這種現象，我人可以覺察到憲法在他心目中的莊嚴和神聖，是不因平時或戰時而有所變異的。

九、結　論

當我們就　蔣總統的憲政思想加以研究後，我人很快便發現他不但是一位偉大的政治家，他而且還是一位淵博的政治學者。他不但不是一位獨裁者，他而且是一位憲政民主的熱誠擁戴者。他有爲憲政民主而獻身的抱負和精神，他也具備有實施憲政民主所必需的性格和條件。有時候他似乎很堅持，而其實他極知妥協和忍讓之道。人們總覺得他是站在極右邊，殊不知那是因爲他們自己站在太左邊的關係。

姑不論他在其他方面的貢獻和成就，卽以他的憲政民主思想而言，他已經是一位頂天立地的巨人。尤其我們生活在臺澎金馬的人們，這二十餘年來，一直受他的細心照顧，不虞匱乏，無所恐懼，享有着無比幸福而安寧的生活，我們的人權受到保障，我們的價值得以發揮，都是拜受他憲政思想之賜。每念及此，我們便更加深了對他的景仰和崇敬。

他的憲政思想將是永垂不朽的。

註一　見薩孟武著政治學第二五〇頁。

註二　根據洛克（John Locke）的說法，人類最早本是生活在自然社會之中的，後來因爲大家都感到「不方便(inconveniences)」，所以才相約組織國家，建立政府。人類相處，彼此感到「方便」，是很重要的事。

註三　見所著「法意」第十一卷第六章。

註四　見 A. Hamilton, J. Jay, J. Madison, The Federaliot PP. 308~309.

註五　見　蔣總統在民國三十五年十一月十五日國民大會開會時致詞。

註六　見憲政思潮季刊第三十二期。

註七　見該書第十五頁。

註八　瑞典社會民主黨領袖浦蘭庭(Branting)曾謂，瑞典是「一個調和者橫行的國家（A compromiserridden Country)」。見半月論壇第一卷第二十二期黃谷撰「瑞典調和政治簡介」。

註九　見胡適撰「容忍與自由」一文，載自由中國半月刊第二十卷第六期。

註十　見　蔣總統，民國二十九年四月十日在國民參政會致詞。

註十一　國父在所撰建國大綱中明定軍政時期、訓政時期、憲政時期的革命建國程序，憲政是必須以訓政爲基礎的。其詳請參閱拙著「比較憲法」第五三頁至五七頁。

註十二　蔣總統講：「如何建立民主政治」。

註十三　蔣總統講：國民教育九年制開始實施及國民中學開學典禮訓詞。

註十四　蔣總統：民國二十八年九月十七日在國民參政會致詞。

註十五　民國十七年，全國統一，民國二十年，頒佈訓政時期約法，開始實施訓政，自此後，國內卽多要求提早行憲之呼聲，國民黨外人士，如張君勱、胡適等，對訓政亦頗多微詞。

註十六　蔣總統：五十八年十二月二十五日，對行憲紀念大會書面致詞。

註十七　蔣總統：民國五十七年十二月二十五日，主持行憲紀念大會致詞。
註十八　同前。
註十九　參考江炳倫著「政治發展的理論」第三六頁。
註二十　蔣總統：民國二十九年四月十日，在國民參政會致詞。
註廿一　蔣總統：民國三十五年十一月十五日，在制憲國民大會開幕典禮致詞。
註廿二　蔣總統講：黨的基本工作和發展方向。
註廿三　蔣總統講：五權憲法的功能。
註廿四　蔣總統：民國三十五年十一月二十八日，在制憲國民大會致詞。
註廿五　見張亞澐著「比較憲法」第八七頁。
註廿六　同前。
註廿七　蔣總統：民國四十九年三月二十五日，在第一屆國民大會第三次會議開幕典禮致詞。
註廿八　蔣總統：民國六十一年二月二十日，在第一屆國民大會第五次會議開幕典禮致詞。
註廿九　蔣總統：民國四十三年二月十九日，在第一屆國民大會第二次會議開幕典禮致詞。
註三十　蔣總統：民國四十三年三月二十五日，在第一屆國民大會第二次會議閉幕典禮致詞。
註卅一　蔣總統：民國五十五年三月二十五日，在第一屆國民大會第四次會議閉幕典禮致詞。

——原載國立政治大學三民主義研究所編印　蔣總統學術思想研究論集第一集

三民大專用書書目——國父遺教

書名	著者	任職
三民主義	孫　文　著	
三民主義要論	周世輔編著	前政治大學
大專聯考三民主義複習指要	涂子麟　著	中山大學
建國方略建國大綱	孫　文　著	
民權初步	孫　文　著	
國父思想	涂子麟　著	中山大學
國父思想	涂子麟 林金朝　編著	中山大學 臺灣師大
國父思想新論	周世輔　著	前政治大學
國父思想要義	周世輔　著	前政治大學
國父思想綱要	周世輔　著	前政治大學
中山思想新詮 ——總論與民族主義	周世輔 周陽山　著	前政治大學 臺灣大學
中山思想新詮 ——民權主義與中華民國憲法	周世輔 周陽山　著	前政治大學 臺灣大學
國父思想概要	張鐵君　著	
國父遺教概要	張鐵君　著	
國父遺教表解	尹讓轍　著	
三民主義要義	涂子麟　著	中山大學
國父思想（修訂新版）	周世輔 周陽山　著	前政治大學 臺灣大學

三民大專用書書目——心理學

書名	著者		單位
心理學	劉安彥	著	傑克遜州立大學
心理學	張春興、楊國樞	著	臺灣師大等
怎樣研究心理學	王書林	著	
人事心理學	黃天中	著	淡江大學
人事心理學	傅肅良	著	前中興大學
心理測驗	葉重新	著	臺中師院
青年心理學	劉安彥 陳英豪	著	傑克遜州立大學 省政府

三民大專用書書目——美術

書名	著者		單位
廣告學	顏伯勤	著	輔仁大學
展示設計	黃世輝、吳瑞楓	著	
基本造形學	林書堯	著	臺灣藝術學院
色彩認識論	林書堯	著	臺灣藝術學院
造　形（一）	林銘泉	著	成功大學
造　形（二）	林振陽	著	成功大學
畢業製作	賴新喜	著	成功大學
設計圖法	林振陽	編	成功大學
廣告設計	管倖生	著	成功大學
藝術概論	陳瓊花	著	臺灣師大
藝術批評	姚一葦	著	國立藝術學院
美術鑑賞	趙惠玲	著	臺灣師大
舞蹈欣賞	平珩	主編	國立藝術學院
戲劇欣賞——讀戲、看戲、談戲	黃美序	著	淡江大學
音樂欣賞（增訂新版）	陳樹熙、林谷芳	著	臺灣藝術學院
音　樂	宋允鵬	著	
音　樂（上）（下）	韋瀚章、林聲翕	著	